高等学校广告专业系列教材

广播电视广告

Guangbo Dianshi Guanggao

（第二版）

何建平　汪洋　编著

高等教育出版社·北京

内容提要

本书所说的“广播电视广告”需要从广义上理解，它既包括在广播里播出的广告，也包括在电视上、电影院或者网络等媒体上播出的影视广告。

本书共分七章，从应用性角度着手，详细介绍了广播影视广告业界运作的方法和流程；影视广告的创意、拍摄和后期制作；广播广告的创意、录制；全媒体时代影视广告和广播广告的变化与应对等内容。全书将理论、案例与实训有机结合。在理论系统性和完整性的基础上，力求以业界的标准强调实践指导性和可操作性，并配有大量案例和实用的附录，设置了实训栏目，以很好地适应高校的案例化教学需求。

本书既可作为高校广告、影视等专业的教材，也可作为从业人员的培训教材和参考书。

图书在版编目（CIP）数据

广播电视广告 /何建平，汪洋编著. —新1版.—北京：高等教育出版社，2014.5（2024.11重印）

ISBN 978-7-04-031785-5

Ⅰ. ①广… Ⅱ. ①何… ②汪… Ⅲ. ①广播电视-广告学-高等学校-教材 Ⅳ. ①F713. 80

中国版本图书馆CIP数据核字（2014）第021121号

策划编辑 武 黎 王友富 责任编辑 王友富 沈浮郡 封面设计 赵 阳 曾慧桢
版式设计 童 丹 插图绘制 郝 林 责任校对 刘春萍
责任印制 高 峰

出版发行 高等教育出版社
社 址 北京市西城区德外大街4号
邮政编码 100120
印 刷 固安县铭成印刷有限公司
开 本 787mm×960mm 1/16
印 张 18.75
字 数 340千字
购书热线 010-58581118
咨询电话 400-810-0598
网 址 http://www.hep.edu.cn
http://www.hep.com.cn
网上订购 http://www.landraco.com
http://www.landraco.com.cn
版 次 2014年5月第1版
印 次 2024年11月第4次印刷
定 价 37.50元

本书如有缺页、倒页、脱页等质量问题，请到所购图书销售部门联系调换

物 料 号 31785-00

前言

“广播电视广告”是广告创意人才培养体系中的核心课程，是一门实战性极强的课程，它要求教师不仅具备影视专业知识和操作技能，还必须具备广告创意的思维和技巧。长久以来，因高校学科设置的缘故，影视专业人员具备影像拍摄和制作能力，具有影像思维，但却缺乏广告思维和表达技巧；同样，广告专业人员虽具备广告表达能力，但却因缺乏影视专业训练，无法将其创意转化为影视广告作品。这种现象不仅在我国高校广告专业、影视专业学生中普遍存在，也是当前广告业界的一个普遍问题。

由于这样的教学现状，目前的广播电视广告教材存在以下症结：

第一，教材的编写缺乏“学习者”视角。目前，大量的教材只有结论，没有过程，只有概念，没有方法。事实上，教材不应该是固定的知识和定性的结论。教材应该像一座桥，将“学习者”从未知引领到已知，这个引领过程应该在教材中得到充分展现。引领过程其实是一个体验过程，无论是案例讲解还是知识的陈述，都需要有体验和反思的过程。

第二，教材体系是封闭的，所授知识是凝固的。教材过分强调知识的严谨和中立，会导致知识的陈旧和案例的老化，与现实经验、业界完全脱节。学习者无法通过学习，完成对知识的内在吸收并上升为实战能力。

因此，本书在编写过程中，力图做到以下几点：

第一，尊重学习者的未知：在教材体例上，遵循学生的认知规律，循序渐进；在知识讲解部分，强调深入浅出；在实战部分，强调操作方法的指导；在案例部分，强调案例的完整性和鲜活感，并配备与案例相关的各类素材，让学习者不仅了解案例，而且能用“复盘”的方式，站在案例操作者角度，对整个案例进行思考和延伸。

第二，强调知识的相对系统性。广播电视广告尽管具有很强的实战性，但仍需要系统的知识做支撑。因此，与业界流行的案例手册相比，本教材将系统的知识和实战的细则进行了有机的结合，希望学生在实战过程中，具备完备的理论体系和强大的学习力。

第三，强调业界的操作规则。如何使广告、影视专业的学生，尽量缩短走出校门的“不适应期”是课堂教学的基本任务之一。本教材的作者既有丰富的教学经验，也具有丰富的实战经验。本教材大量案例都来自于业界提供的一手资料，所讲述的操作方法也是业界通用的。期望通过本书的学习，实现与业界的无缝衔接。

长期以来，业界操作像一个“黑箱”，让旁观者眼花缭乱，让新来者望而生畏。本书试图对业界广播电视广告操作进行“解密”，既有对广播电视广告的实战解析，也有对实战所必须具备的理论素养的精心配制。

本书的写作，得到了深圳大学传播学院领导和老师的大力支持，在此表示诚挚的感谢！

本书的案例，一部分来源于本人的教学和实践，一部分来源于在日本电通留学时的案例研究，还有一部分来源于深圳永之禾影视广告公司的无私提供，在此深表感谢！

感谢本书教材编写团队的通力合作，特别是在资料的收集、整理以及书稿体例的编排和文字校对方面，汪洋、李向阳、张薇、王雪等我所指导的研究生们付出了艰苦努力！

感谢高等教育出版社的武黎女士。我作为教育部“马工程”系列教材《广告学概论》的专家组成员，在上海师范大学召开的教材研讨会上与武黎女士相识，我们谈及《广播电视广告》的出版事宜，她鼎力支持该书的出版，并为此付出了大量心血，而今教材终于付梓，为她的付出，我深致谢意！

我还得感谢本书的责编王友富先生，我们虽未曾谋面却相知甚笃。通过邮件和电话，我们不断地交流沟通。正是他的耐心、细致和专业，督促着我在繁杂与忙乱中，完成对本书的编写工作，感激之情难以言表！

本教材的编写必有诸多疏漏，敬请专家和读者批评指正！

编　者
2013年11月17日

目录

第一章 广播电视广告的运作

本章教学目标提示:

1. 熟悉广播电视广告的运作流程
2. 掌握竞标的基本技巧
3. 掌握提案的基本技巧
4. 掌握广告效果评估的基本方法

第一节　项目合作伙伴

无论是影视广告还是广播广告的运作，本质上都是一门生意，业界通常把这门生意称为接单或下单（Case）。影视广告和广播广告的运作通常涉及广告主、广告制作方以及广告发布方三个要素。

一、广告主

广告主即企业主，是为推销商品或者服务，付费制作、发布广告的法人、其他经济组织或者个人。在广播电视广告运作中，广告主是广告活动的发起者，充当着重要角色，也是广播电视广告的出资方。

广告主制作广告主要通过三种方式：

（1）通常情况下，广告主有了广告片的需求，要寻找专业的广告公司作为合作伙伴制作广告。

（2）广告主自己先完成广告的创意，然后将其交付给制作公司去完成，而不通过广告公司制作。

（3）广告主自己有专门的广告制作团队，广告任务不用外包，可以在公司内部完成。这种情况出现的几率很少，因为除非企业有大量的广告摄制任务，否则，供养制作团队的成本将远远大于外包成本。

本书为了阐述广告运作的一般规律，将企业主的广告活动定义为第一种情况，即广告公司提出广告需求，具体执行则由专业的广告公司或影视公司来完成。

二、广告制作方

广告制作是广播电视广告运作的核心环节，直接决定着整个运作过程能否顺利进行。在中国市场，广告制作方类型多样、规模不一，主要有以下几类。

（一）广告公司的影视制作部

这种类型的广告制作方以广告公司的运营为依托，靠强大的业务能力培植客户，除将影视广告和广播广告作为主要的经营方向外，还能为客户提供创意等全面的服务。

其主要手段是：

1. 策略先行。以综合服务或某个促销活动展开对客户的服务，以策略赢得客户的服务权，从而进行整体服务。

2. 创意为先。取得服务机会后，马上出创意，以创意锁定客户。

3. 监制为主。一旦创意通过，便可聘请专业导演成立摄制组开始拍摄。

（二）专业影视广告公司

这种类型的广告制作方以服务源头客户为主，他们一开始就从策略、方法、创意上全面把控广告片的创作，直到生产出片。另外，大部分制作人员都是由公司的员工构成，导演也是公司的领导人（多数是创始人）。与一般制作公司不同，他们在策略上具有高度，在执行上非常系列化，甚至形成一个个创意风格模块。例如，对客户需要什么风格的影片，需要什么类型的影片，是功能取向还是品牌取向，影调上需要什么样的味道，音乐、配乐等有什么要求，都形成了独特的模块化、产业化的生产模式。每个环节之间紧紧相扣，俨然成为一个生产影视广告流水作业的工厂。

（三）个人导演工作室

这里所说的导演是个体劳动者，以接广告公司的订单为主要业务来源，在创意上没有太多修改权，以表现广告公司提供的创意为主。他们不具有规模，商业化程度不够，大多依赖于导演的个性名气和人脉网络来运作。导演大多极具个性，或者以拍摄商业片见长，或者以拍摄艺术片见长。

（四）电视台的影视制作部门

与影视公司相比，电视台有现成的设备和制作人员。在完成每月各自的基本制作量以外，电视台的编导、摄像师们也会利用各种机会去接些外单。尽管按电视台的管理体制是不允许员工接外单的，但事实上这难以避免。由于对胶片拍摄不熟悉，电视台通常接一些对制作质量要求不高、以磁带拍摄为主的外单，而且以5~10分钟的专题片为主。由于电视台不是纯粹的广告公司，再加上接外单本来就不那么光明正大，而制作人员每月都有他们的节目制作量，因此，在精力、时间和效率上就难以保证。当然，与广告公司相比，聘用电视台团队的费用要便宜得多。

（五）纯粹的设备、场地租赁机构

这些机构出租设备、摄影场地。由于影视器材和摄影棚的造价非常昂贵，一般的影视公司不会配备全套的设备，几乎都需要租赁。这些设备、场地租赁机构主要有以下几类：一是个人投资购买影视设备的公司，二是提供出租业务的电视台，三是留下摄影棚、摄影机等设备的旧国营制片厂，还有一类是大学的电影电视学院，它们中有的也提供设备租赁业务。

三、广告发布方

广告发布方，是指在广告活动中具有广告发布职能的媒体经营者。既包括专门的大众传播机构，也包括具有自营媒介性质的一般广告经营者。广播电视广告发布的媒介，除传统的广播和电视外，还延伸到了户外、互联网和手机等媒体。以下介绍广播和电视媒介的特点。

（一）广播媒介的特点

1. 广播是随时伴随性媒体。广播是完全依靠听觉的媒体，它解放了人们的双眼，让人可以边听广播边干其他事情。现代人生活节奏加快而缺少专门欣赏媒介内容的时间，以及“堵车”现象日益严重造成城市居民在以广播为主要娱乐活动的汽车上的时间大幅延长，都给广播提供了很大的生存和发展空间。

2. 广播是极具个性的、生动的媒体，互动性很强。与其他传统媒体相比，广播通过电台主持人（DJ）与听众的直接交流等多种互动形式，为听众提供表达自我的空间，使得广播比其他媒体更亲切，更可依赖，从而拥有稳定的受众群。

3. 广播的受众很明确。广播节目几乎都是根据其听众的特点进行策划和编排的，如交通频道的节目往往播放的是司机感兴趣或适合在车内长时间收听的内容——路况、司机困难反馈、评书等。另外，对车载广播而言，由于听众是在封闭的空间、无聊的时间听广播，其信息的卷入度和接受度都很高。

4. 信息的保存性差。广播具有“一听而过”的特点，因此信息无法保存下来。

5. 容易导致信息的误听和混淆。广播是听觉媒介，而汉语中具有大量的多音字、双关语、谐音等，容易导致信息的误听和混淆。

6. 区域性强，市场区域受限。尽管在理论上，广播可以在全世界范围内传播，但实际上广播是区域性很强的媒体，某区域的广播对当地的受众很有吸引力和亲和力，但对超出该区域范围的受众而言，其吸引力便大打折扣。因此，对于需要推向全国市场的产品，广播广告只能起辅助性作用。

（二）电视媒介的特点

1. 渗透性强，影响力大，是普通百姓夜间最重要的休闲工具，也是塑造普通百姓价值观的重要工具，能够在极短时间里让信息广泛传播。

2. 传播形式是单向传播和线性传播，受众无法自由地选择节目的观看时间和地点，也无法实现受众与传播者间即时或深入的交流。

3. 信息卷入度较低。电视受众在收视时多处于休闲状态，且将电视作为活动背景的“伴随式”收视比较普遍，导致电视受众的注意力不够集中，对电视内容容易遗忘，但容易造成瞬间的震撼效果。

4. 信息接收方式多以家庭为主，不过，由于家庭结构的变化，目前这种现象在发生改变。

5. 信息内容上相对传统、保守，在我国会经过严格的播前审查，但也因此而使信息的可信度和权威性较高，特别是国家级电视台。

6. 正是由于电视媒介具有以上特点，因此在广告传播活动中，电视媒介具有以下作用：

（1）发布并迅速传播信息，使得信息在最短时间内得到扩散。

（2）发布简单的信息，再通过与报纸或网络媒体配合来延伸信息的广度和深度。

（3）对信息进行反复的提示，使受众不至于遗忘。

（4）强化信息本身的权威性和可信度。消除受众对信息的不信任感。

（5）适合做品牌广告。由于播出费用昂贵，因而电视广告大多短小精悍，在中国目前以30秒和15秒广告为主，无法承载过多的信息，故以品牌广告为主，产品广告较少。

第二节 竞标

广告主与广告公司的合作模式可以分为指定合作与竞标。指定合作是指广告主直接指定某家广告公司为其服务。采用指定合作的方式，说明广告主与广告公司之间已经存在信任关系，广告公司业务能力已得到认可。

当广告主不采取指定合作方式时，竞标就成为广告项目运作过程中最为关键的环节，它关系着广告公司能否生存，广告主能否实现既定的广告目标。因此，对于学习者来说，了解竞标过程，加深对广告产业链甚至生态链的理解，至关重要。

一次基本的广告竞标过程包括四个方面。

一、竞标邀请函

在正式竞标前，广告主需要提前制作和发出竞标邀请函。竞标邀请函通常包括以下内容：客户名称、产品名称、产品的主要特点（包括竞争对手、市场占有率、消费者等市场状况）、广告的目的和要求等。下面是一则有代表性的竞标邀请函。

竞标邀请函

欣闻贵公司是一家杰出的广告公司，现诚邀贵公司参与合作。

南京雨润肉食品有限公司是目前华东地区最大的熟肉制品加工基地。我公司现为配合“旺润鲜王星火腿肠”的新品上市推广，需尽快制作一部电视广告片，特邀贵公司参与竞标。

客户：南京雨润肉食品有限公司

品牌：旺润鲜王星（旺润为主品牌，鲜王星为副品牌）

产品：火腿肠

广告时长：30秒，15秒，5秒

规格：35mm胶片

竞标内容：创意、制作

提案时间：2013年1月25日

提案地点：南京雨润肉食品有限公司

制作完成时间：2013年2月20日

总预算：人民币×××元以内

广告目标：

1. 推出优于对手的新品牌形象，提升产品知名度。

2. 与双汇“王中王”挤占市场份额。

3. 提升销量。

市场概况：

1. 火腿肠市场是一个成熟的市场。

2. 双汇“王中王”是中档偏上的主流产品，仅此一个产品即占当前整个火腿肠市场份额的35%。其余主要由双汇、春都、金锣的低档产品占领。

3. 目前市场上有仿冒的中档产品“旺润”火腿肠，市场占有率约为5%。

目标受众：（如不能兼顾，则优先考虑在前的）

1. 6~14岁儿童

2. 母亲

3. 旅行者

4. 中国北部（淮河—秦岭以北）

产品状况：

1. 新品。

2. 档次中上，与主流产品双汇“王中王”类似。

3. 产品本身也与双汇“王中王”类似，都含肉块。细看可发现“鲜王星”的肉块大些、多些，另外，“鲜王星”的口味略咸于“王中王”。

4. 价格与“王中王”基本相同。

品牌状况：

1. 双汇、春都都是火腿肠市场上的名牌。

2. 旺润知名度小，可认为是一个新品牌。

诉求点、立意点：

肉（块）多，肉（块）好，与双汇“王中王”广告诉求相同。

特别要求：

作为一个新品牌，我们的目标不是做领导者，而是做第二，但这个第二要有比第一更好的感觉，要有一种“后来居上”的感觉，要让人觉得质量、品牌都好过第一。

其他建议：

1. 本次竞标内容为创意、制作。由于时间紧，要做出相关时间表及报价等可能的准备。

2. 如广告公司有其他建议，如媒体等，我们表示感谢。

二、竞标说明会

下发竞标邀请函之后不久，广告主会召开竞标说明会。在竞标说明会上，广告主会对本次广告招标活动的要求进行详细说明，并回答竞标广告公司的相关问题。它暂时不涉及竞标成败的问题，因此，容易受到广告公司的忽视。但对于广告主来说，对未来合作伙伴的考察和选择从第一次接触便开始了，广告公司若想取得本次竞标的成功甚至与广告主成为长期的合作伙伴，必须对竞标说明会给予足够的重视，主要需做到以下几点：

（一）守时

严格遵守邀请函所设定的时间、地点，并注意着装问题。

（二）确定参与竞标说明会的人员

通常情况下，广告公司的老总、创意部的代表、客户部的代表应该参加竞标说明会，以便在各个环节建立起业务联系。

（三）做好记录

广告主通常会发放一些有关公司、产品和竞标要求等方面的资料。参会人员应及时阅读相关资料，整理基本思路，并对资料中的疑问做出标注，以便在竞标说明会的提问环节有针对性地提问。

（四）明确竞标说明会的主要内容

根据广告主的不同需要，竞标说明会的内容千差万别，可能是包括策划、平面、影视、促销、公关、媒介投放等全套内容的全案代理，也可能只是单项业务。本书主要探讨广播电视广告，因此，将重点放在广播电视广告这一单项业务上。其主要内容包括：

1. 产品或者服务的名称。

2. 产品或服务的特点、功能以及目标消费群。

3. 本次广告片拍摄的目的是做品牌，做产品，还是促销？

4. 广告影片的时长：60秒？ 30秒？ 15秒？ 5秒？

目前，业界通行做法是，拍一个30秒的广告片，再套剪成15秒和5秒的两个版本。套剪是指15秒和5秒的两个版本不再重新拍摄，而是在30秒版本的基础上重新剪辑。这样做的好处是节约了成本，但问题也非常明显——30秒的广告创意和15秒的广告创意是两回事，30秒广告需要一个相对完整的故事，而15秒广告基本上只是几个场景而已，5秒广告往往只是一个标版而已。将30秒剪成15秒，故事和场景都会变得支离破碎。另一方面，不同时长广告片的作用也不一样，30秒的广告可以将产品的某一个卖点说清楚，可以营造非常浓郁的情绪和气氛，而15秒和5秒的广告片更多只是起到提醒和强化记忆的作用。因此，业界的这一通行做法未必科学合理，事实上需要进一步深思。

5. 广播广告的长度：60秒？ 45秒？ 30秒？ 由于广播广告制作简单，播出费用也比较低廉，因此，在广告时长上比电视广告要宽裕。

6. 存储介质。

广告主会根据自己的广告预算，要求广告公司用胶片或磁带作为存储介质进行拍摄。一般来说，胶片无论是画质、色彩饱和度、透视感等方面都优于磁带，但费用也比磁带昂贵得多。相关问题将在第四章做进一步的介绍。

7. 故事板提案时间。

故事板是将抽象的创意通过绘画、照片等形式非常直观地展示出来，以便让客户相对直观地看到广告片拍摄的最终效果。故事板是决定广告公司能否中标的关键环节。关于故事板的制作将在第四章详细阐述。

8. 制作周期和交片时间。

广告主会根据实际需要给出一个制作周期和交片时间，但由于很多广告主并不了解广告片拍摄需要的周期，通常留给广告公司的制作周期很短。因此，广告公司必须和广告主事先沟通，在不影响广告主广告投放的前提之下，尽量给自己争取较长的制作周期。但是，制作周期的长短会影响此次竞标的成败，因此，必须充分考虑竞争对手的制作周期，以便在竞争中处于优势。

9. 制作预算。

价格是左右竞标能否成功的关键因素。尽管每个广告主都对自己的广告制作有一个大致的预算，但他们通常不会将预算提前透露给竞标公司，一是不希望广告公司的创意因预算问题而受到制约，二是也希望能以更低的预算完成广告拍摄任务。对竞标公司而言，报价确实是一个技巧问题，既要保证广告片的质量，又必须让客户能够接受，并且最好低于竞争对手的报价。

（五）准备好要问的问题

广告公司作为企业与市场间的桥梁，在很大程度上弥补了企业对市场认知的盲点。由于受到专业分工的局限和长期形成的路径依赖，企业更多注重产品的研发及产品功能的更新，在一定程度上容易形成“产品导向”和“技术导向”，而不是“市场导向”。因此，竞标说明会上广告主想要解决的课题并不一定是真正需要解决的课题。竞标公司需要进一步明确广告主真正需要解决的课题，可以从以下几方面进行提问：

1. 产品或服务名称是否已经确定？如果确定，为什么选定那样的名称？如果没有确定，需要广告公司去完成，那么，广告主有什么具体要求？或者能否提供一些背景资料？

2. 广告主希望突出产品或服务的哪些功能或特点？这些功能或特点是否是消费者需要的？是否是竞争对手所没有的？

3. 产品和服务的目标消费群体的基本特征是什么？是否有数据可以提供？

4. 产品或服务的竞争对手的情况怎样？

5. 产品或服务的市场占有率、销售情况怎样？遇到了哪些具体的问题？消费者的市场反应如何？

6. 有哪些促销的措施或公关手段？

7. 广告片准备在什么时候播出？在哪些电视台播出？

8. 广播广告准备在什么时候播出？在哪家电台播出？

9. 广告片的基本风格是什么？是否可以提供先前的广告片进行参考？

10. 制作的预算是多少？

另外，最好用比较专业的术语进行提问，这样可以给广告主留下比较专业的印象，产生更强的信任感。[①]

三、竞标的主要内容

参加完竞标说明会后，广告公司将组建团队参与竞标，竞标内容主要包括两个方面：一是对项目的创意和策略，二是报价。由于还未进入项目实施阶段，因此，无论是团队组建还是创意策略，都只是临时性的；这个阶段最核心的是报价，因此，下面重点介绍报价的内容。

（一）报价方式

目前，广告大致有两个基本报价方式。

1. 包工报价

这是广告制作最原始的一种估价方式，至今仍被广泛地应用。一般而言，包工报价有以下三个分支条款：

A. 乙方为某广告公司，以 × × × 元人民币拍制一支广告主（甲方）委托的广告影片或广播广告；

B. 如果广告的拍制费用超过 × × × 元，乙方不再向甲方收取额外费用；

C. 如果广告的拍制费用不到 × × × 元，多出来的利润归属于乙方。

此报价方式的缺点是：报价难度大，透明度低——估价太高，广告主将不愿接受；估价太低，广告公司的利润又会减少。在竞标流程日趋复杂，广告主愈加节约开支的形势下，另外一种报价选择——成本加固定收费便出现了。

2. 成本加固定收费

该方法不像包工报价那样把利润或差价等款项也加总起来，而是只先估算所有制作方面的直接成本。再将固定收费加在直接成本上。直接成本是指广告公司为了制作广告所需的劳务、设备、素材及诸多服务等而现款支付掉的所有花费。所花费的具体数额通常都是从职责明细表及报价核对清单的各个项目里逐一累加而来。固定收费应包括所有日常的开销，以及广告公司约二成到三成半的利润营收。固定收费常常成为制作费用弹性最大的部分。因为制作的内容与流程过于复杂，在客户应诺及完整数目统计出来之前，需要上下调整费用差额。

① 和群坡著：《影视广告制作教程》，中国传媒大学出版社2006年版，第3~6页。

（二）制定摄制价目表

广告公司向广告主报价时需要列出一个详细的价目表，以清楚告知广告主摄制预算资金的具体用途。在签订广告制作合同时，详细的摄制价目表须作为合同的一部分附在其后，这是财务规定，也是相关法律的要求。对于不同类型的广告，价目表所列出的条目会有所不同，但大致分为前期拍摄和后期制作两大部分，各部分又分为人员劳务费和器材租金等具体项目，每个项目之后又有小计，以便进行最后的核算和修改。

以下是一些主要报价项目和计费方法：

1. 创意部分

创意费，故事板制作费，按作品件数计费。

2. 导演劳务部分

按作品件数计费，国外也有按日计算的付酬方式。

3. 摄影师劳务部分

一般按作品件数计酬，但如果广告的拍摄需要许多时日，则有可能会采取按日计酬的方式。

4. 编辑劳务部分

后期编辑人员的报酬，有按工作时间计费和按作品件数计费两种方式。

5. 资料收集部分

拍摄准备阶段收集资料、拍摄照片和录像的费用。

6. 摄影器材部分

摄影所需所有器材的租借费用，按日计算。

7. 特殊器材部分

摄影现场所需的移动摄影车、摇臂、吊车、发电车、降雨器、降雪器等设备的租借费用，按日计算。

8. 照明器材部分

照明所需的灯光设备及器材的租借费用，附属消耗品的购买费用，按日计算。

9. 外景拍摄费用部分

外景拍摄期间所支出的陆路、航空及海运交通费，器材搬运费，各种车辆使用费，伙食费，摄影场地租借费，拍摄协助机关或当地群众演员的费用以及为先前所没预料到的突发事件支付的费用等。

10. 摄影棚部分

摄影棚、电费和棚内设备的使用费。

摄影棚和棚内设备按日计费，电费按实际使用额计费。

11. 编辑设备部分

后期编辑设备的租金，按日计费。

12. 保险费部分

危险作业人员的保险、交通保险、贵重物品的保险。

13. 美术部分

各种大小道具及美术方面所需的一切消耗品的租借或购买费用。

美工师、化妆师、美发师、形象设计师、时装设计师、布景设计师、舞蹈编导及特殊领域美术专业人员的报酬，一般按日计算。

14. 计算机图形部分

包括动画、影视特效、图片设计、计算机造型等的制作费用，以秒计算。

15. 演出费部分

非知名演员和模特的演出费，以作品件数计费。

16. 明星代言部分

知名艺人、作家、画家、音乐家等明星的肖像使用费、演出费等，以作品件数计费。

17. 版权部分

广告中使用的现有作品的版权许可、转让费用。

18. 胶卷及冲洗部分

35 mm、16 mm以及其他用于不同用途的各种胶卷的购买和冲洗费用，35 mm和16 mm胶片的冲洗以胶片长度计费。

19. 胶转磁部分

把胶片转录成磁带所需的费用，一般以工作时间计费。

20.录音部分

录音师的报酬和租借录音室设备的费用通常合在一起收费，以作品件数计费居多,也有以工作时间计费的情况。配音人员的报酬,以作品件数计酬。选曲费、各种音效制作费、广告主题歌曲和音乐制作费，按作品件数计费。

21. 杂费部分

摄制人员工作时所花费的交通费、通信联络费等。

22. 不可预知费用

拍摄过程中发生的不可预知事件所产生的费用，一般按整个拍摄预算的一定百分比计算。

23. 营业税费

四、竞标裁决

如何判定哪家公司给出的竞价更符合广告主的预算，更符合广告公司的品质管理要求？

一般来说，广告公司给出的报价都不同，这时广告主需要弄清那些大额差价的原因。比如在“摄像机租赁天数”方面，标价较低的公司可能是因为在摄影棚里花费的时间较少，而对比那些需要更多拍摄时间的广告公司，该公司是否真的有较高的效率从而在较短时间内完成全部拍摄任务？这时还是需要找出报价的公司深入讨论一下，以了解其节省摄影时间的整个原由。

广告主在挑选广告公司的时候，需要牢记以下问题：

（1）如果三家广告公司实力相当，选择报价最低的那家；

（2）如果中意的那家公司标价并非最低，分析其高价的原因看是否合理，或与其讨论是否有降价的空间，不要带着疑虑与其合作。

（3）挑选能从头到尾符合广告主进度要求的公司。

挑选广告公司及制作价目表是整个广告影片制作的基础，这些环节对之后的制作总成本及广告制作的成败起决定性作用。

下面是一个典型的广告片摄制成本价目表（见表1–2–1）。

××30秒电视广告制作报价单[①]

QUOTATION

日期：201×年×月×日

客户：深圳××有限公司

联系人：×××

制作人：深圳××广告有限公司

报价总额：人民币240 000.00

表1–2–1　广告摄制传统价目表

序号	制作名称	设备租金/人员劳务	单价（元）	时间	数量	总价（元）
1	前期拍摄					
		摄像机租金	1 500.00	2天		3 000.00
		跟机员劳务	300.00	2天		600.00
		摄影师劳务	10 000.00	2天		20 000.00

① 和群坡著：《影视广告制作教程》，中国传媒大学出版社2006年版，第127页。

续表

序号	制作名称	设备租金/人员劳务	单价（元）	时间	数量	总价（元）
		摄影助理劳务	3 000.00			3 000.00
		导演劳务	10 000.00	2天		20 000.00
		助理导演劳务	3 000.00			3 000.00
		场记	1 000.00			1 000.00
		灯光器材租金	4 000.00			4 000.00
		灯光师劳务	6 000.00		2人	12 000.00
		美工师劳务	5 000.00		2人	10 000.00
		置景费	5 000.00			5 000.00
		轨道租金	3 000.00			3 000.00
		云台租金	3 500.00			3 500.00
		场工劳务	300.00	2天	10人	6 000.00
		摄影棚租金	5 000.00	2天		10 000.00
		电费	1 500.00			1 500.00
		演员劳务	5 000.00		7人	35 000.00
		化妆师劳务	1 500.00	2天		3 000.00
		发型师劳务	1 500.00	2天		3 000.00
		故事板绘制	1 500.00		2个	3 000.00
		创意费	2 000.00		2个	4 000.00
	小计：					153 600.00
2	后期剪辑					
		剪辑机房租金	8 000.00	7天		56 000.00
		剪辑师劳务	5 000.00			5 000.00
		声音机房	5 000.00			5 000.00
		剪辑助理劳务	1 000.00			1 000.00
		录像带	200.00		6盒	1 200.00
	小计：					68 200.00
3	杂费					
		交通费	1 500.00			1 500.00
		餐费	1 000.00			1 000.00
	小计：					2 500.00
4	合计：					224 300.00
	税金：					19 065. 00
	总计：					243 365. 00
	实收：					240 000.00

（以上各项目价格仅为示意，不具有参考意义）

第三节 组建项目团队

竞标结束并中标后，广告公司便要组建负责并执行项目的团队。当然，这个团队也可能不用重新组建，如果在竞标环节中已经组建完成的话。另外，团队成员也可不局限于公司内部。

想理解一个广播电视广告的项目团队是如何组建的，我们需要先了解一个广告公司的基本组织结构。

一、广告公司的组织架构

广告公司通常分为创意（策划）部、客户服务部、媒介部以及管理/财务部几个部门（见图1–3–1）。

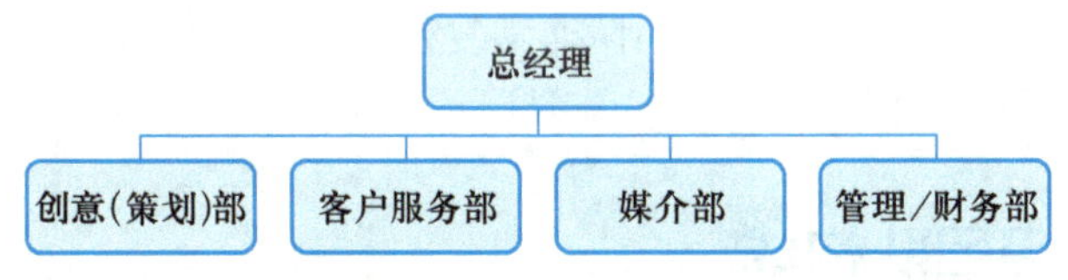

图1–3–1 广告公司架构图

创意部负责构思并执行广告创意。重点人物是执行创意总监（ECD），其下会视人手多少而分为若干组，每组由一至两位创意总监（CD）或副创意总监（ACD）带领。总监为两位时，一般一位是文案出身，另一位是美术出身，但也有不少人身兼两职。总监的工作除构思广告外，也负责指导及培训下属。

创意总监带领的每个小组由一位文案（CW）及一位美术指导（AD）组成。基本上两人会共同构思广告。由于美术指导的执行工作一般都比较繁复，所以大都有一位助理美术指导（AAD）协助。有经验的文案和美术指导将会晋升为高级文案（SCW）和高级美术指导（SAD），但工作与以前大同小异。创意部的基本结构如图1–3–2。

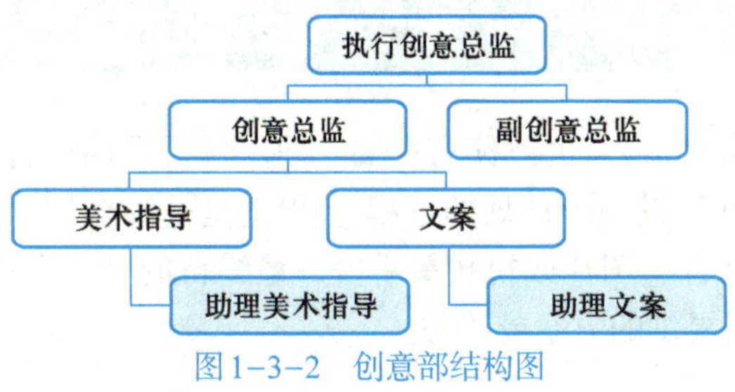

图1–3–2 创意部结构图

创意部还包括电视制作、平面制作、画房及平面统筹四个小部门。电视制作部设有监制，负责电视广告的统筹，但实际上大型广告公司的广告拍摄工作一般由广告制作公司负责。平面制作部设有平面制作经理，主要负责跟进平面广告的印制工作。画房设有绘图员、计算机绘图员、正稿员等职位。平面统筹则负责统筹平面制作事宜。

客户服务部主要工作是与客户联络及制定创意指导。重点人物是客户主管（DCS），其下按服务客户的不同划分为客户总监（AD）、副客户总监（AAD）、客户经理（AM）及客户主任（AE）。

媒介部主要为客户推荐合适的广告媒体（如广播、电视、报纸、杂志等），并为客户向媒体争取最合理的收费。重点人物是媒介主管（MD），下设媒介主任（MS）及媒介策划（MP）等。

当然，并不是所有广告公司都有如此齐全的职位设置，特别是在那些小型广告公司，几乎是一人承担多种角色，但对于国际4A广告公司而言，职位的设置既是项目运营专业化的保障，也是人才梯队培养的一种途径。

另外，广播电视广告的执行团队非常复杂，对其具体成员及职位功能的介绍将在本书第四章具体展开。

二、项目团队构成

根据上文介绍的广告公司的组织架构，组建的项目团队主要包括创意总监、文案、美术指导和客户服务人员（见图1-3-3）。

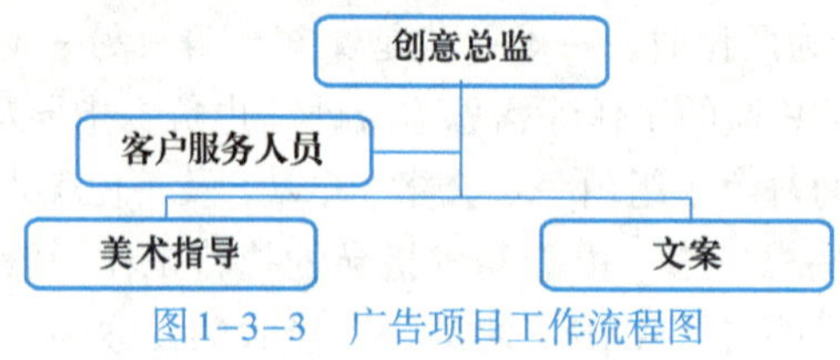

图1-3-3　广告项目工作流程图

第四节　提案

提案（Presentation），也被称为卖稿。即广告公司向广告主销售一个概念、一个点子、一个创意或一个计划的过程。 提案是一种合理、有效的说服工作，通常采用文字、声音、图片或视频等手段，最终目的是获得广告主的认可，使其购买广告公司所提供的方案或服务。

在广播电视广告项目中，提案主要包括竞标阶段的提案、竞标成功后的创意提案，以及制作完成后的交片。竞标阶段的提案内容既包括对项目的思考，也包括报价；创意阶段的提案内容通常包括策略分析、创意和创意故事阐述、分镜头脚本或故事板展示等。本节主要介绍创意阶段的提案。

一、广告公司内部提案

（一）内部演练

在正式向客户提案以前，广告公司一般会进行一次内部演练，特别是针对一些大的客户和订单，广告公司更是不敢马虎。

首先，需要选择人员分别扮演公司方与客户方。扮演客户方的人员，既可以是广告公司内部职员，也可以邀请广告行业的相关人士。

其次，认真准备提案内容。进行提案的人员需要对各个环节进行精心设计，做到有条不紊，胸有成竹。

最后，注意整个提案程序的细节问题。例如，检查相关演示仪器以保证其正常工作，对提案的相关人员进行礼仪培训，等等。提案人员的手势、语调、声音甚至眼神都可以显示出广告公司的风采，需加强练习。提案演练完毕，团队成员需要对不足的地方进行讨论，提出相关的修改意见，进一步完善提案。

（二）对创意进行检视

在广告公司的内部审核中，需仔细考虑以下问题，以斟酌该创意能否实现广告目标：

1. 做这个创意的目的是什么？
2. 这次广告运动要解决什么课题？
3. 该创意足以实现以上这些目的吗？它该怎样实现？
4. 该创意与竞争品牌的广告相比，有什么优势？
5. 该创意符合客户整体的广告策略吗？
6. 该创意是否有可能把此广告发展为系列广告？

在上述六个需要考虑的问题中，广告目的、整体广告策略、系列广告是关键，有必要做进一步阐述。

1. 广告目的

广告目的有以下几种情况：

（1）完成特定信息的传播任务；

（2）提高产品的知名度；

（3）提升产品的美誉度；

（4）树立产品的品牌形象；

（5）传达产品的独特功能；

（6）提升产品的市场占有率。

至于具体要达到什么目的，则要根据广告客户的需求而定，创意人员切不可天马行空，忽视广告的目的。内部提案时，创意人员与客户服务人员往往存在着一定的冲突。创意人员常常认为自己专业背景深厚，认为客户服务人员不懂专业，对客户服务人员的一些要求不自觉地产生抵触心理。而客户服务人员由于和客户的交往比较多，知道客户的口味和一些内幕情况，因此也会提出在创意人员看来无理的要求。其实，创意人员与客户服务人员应该是亲密合作的伙伴。在具有良好企业文化的广告公司里，常常可以听到创意人员向客户服务人员询问“你要什么样的感觉”“你要传达哪些信息”等。同时他们还会向客户服务人员索取市场资料、竞争品牌状况和广告策略等，甚至会亲自走访市场以了解消费者。

2. 整体广告策略

广告策略一般有两种，一种是单独性的广告策略，另一种是系统性的、具有较大的规模、为同一目标而做的系列广告运动的策略，也就是整体广告策略。整体广告策略是广告业专业化水平不断提高、专业功能不断完善以及广告代理制度发展完善的结果。整体广告策略的内容主要有市场调查、广告战略制定、广告预算、公共关系和促销协调等。由于整体广告策略具有系统化思考、系统化调研和系统化执行的特点，与单独广告策略相比，它具有以下优势：

第一，具有系统性，相对于单独广告策略，能够更好地把握消费者心理并准确地制订战略，不仅使广告活动具有更强的针对性和延续性，也有利于塑造统一的品牌认知，建立清晰的品牌形象，增强消费者对产品的辨识度、好感度和忠诚度。

第二，整体性广告策略带来的另一好处便是避免了单一广告策略各自为政的弊端，可以凝聚团队共识，统一运筹广告活动，节约广告费用，提高广告效益。

3. 系列广告

所谓系列广告是指针对同一个产品或品牌，利用创意中具有延续性的同一元素制作的一系列广告，它既指在同一媒介上刊播的系列广告，也指由同一创意出发，但在不同媒介刊播的系列化广告。系列广告是基于同一主题或同一风格而发展的超过一种以上的创意表现。系列广告具有以下功能：

第一，系列广告有利于提升品牌形象，增强品牌魅力。系列广告的“主题”是富有创意的，基于一个好的创意主题才能诞生一系列在风格上一致的广告。同时，系列广告在同一主题基础上，能从不同的角度，以不同的表现方法，通过不同的媒体传达给广告受众。系列广告不断变换它的表现方法和表现形式，经常给消费者以新鲜感，同时又有一个核心创意作为坚强的后盾，保持了以往广告的风格，这样就为积累品牌形象起到了重要的作用。

第二，系列广告有利于品牌文化的塑造与传播。通过系列广告对品牌文化的不断灌输，可以确立一种新的文化内涵，倡导新的生活方式甚至价值观念，从而打造独有的品牌个性。如Levis牛仔裤系列广告，就在年轻人当中塑造了以性感为内涵的牛仔裤文化。

第三，系列广告能让品牌、产品的定位更加深入人心。从同一个主题发展成的系列广告将自己的定位循序渐进、潜移默化地向消费者进行灌输，更能引起共鸣。例如，海王围绕“关键时刻，快、快、快”的主题展开了广告创意演绎，包括“剃头篇”“求婚篇”“中奖篇”等一系列电视广告，“关键时刻，怎能感冒”的漫画专栏，《虎口历险记》《倒霉的小鸟》《我怕女护士》等漫画广告，“把你的喷嚏寄给我”征集系列活动。同一主题的系列广告在不同的时空以不同的方式演绎着，海王把系列广告的魅力发挥到了极致。

需要注意的是，系列广告中的某些创意元素，包括故事、人物、音乐、场景和氛围等，应该具有延续性，这些延续的元素不仅是推动系列广告发展的动力，还可以成为广告的标识。麦当劳的系列广告中，麦当劳叔叔就充当了这样的角色。

二、向广告主正式提案

（一）提案本质上是一场表演

在给客户提案时，广告公司的提案人员，需要运用自己的各项综合能力，借助各种手段，对创意进行出色的演示与说明，从而将创意的卖点和独特之处展现在客户的面前，且最好能引起客户的共鸣。圈内有一个说法，叫“说到痛处，挠到痒处”。“说到痛处”是指客户的核心问题能够被一针见血地指出来，“挠到痒处”是指广告公司提供的方案非常有针对性，正是客户最急需的。因此，提案本质上带有表演的性质。专业的服务，精彩的创意，对提案的精心准备，都将帮助广告公司顺利通过客户的审核。因此，从心态和行为上，提案人员需要做到“五到”。

1. 眼到。纵观现场，尽量照顾到每一个人，尤其是两侧角落的人。看着他们的眼睛，表达诚意。不要躲闪，以免给人一种缺乏自信或应付的感觉。改变站立的位置，会自然改变眼神的角度。如站在讲台中央，居高临下，有控制全场的气势，具有权威感；走近发问者，专心倾听，具有亲切感。

2. 手到。适当的手势可辅助表达言语内容，不当的手势则有干扰作用。

3. 口到。用自然及诚恳的语气，避免过于严肃及高调。如果需要严肃及权威感，最简单的方法是站起来说话。利用适当的停顿引起注意，让人有时间消化和思考。采用提问的方法，增加客户的参与感。针对提案的重点或关键处，适度地强调及说明。

4. 心到。客户会先在乎你有多用心，然后才会在乎你有多了解。当你用心讲时，别人才会用心听。要清楚客户的需求，了解提案内容。准备必要的例证说明及对客户可能提出的问题的回答。

5. 耳到。懂得听——懂得听弦外之音的人，不但能抓住重点，也能抓住客户的心。听重点——归纳客户的意见，确认重复重点。

（二）提案的准备与主要内容

1. 与客户进行前期沟通。在工作全面展开之前，需与客户方进行沟通，确认提案会的时间、地点、议题、双方参与人员等。

2. 完善会议接待与服务。细节决定成败，对细节的周密安排能让客户感受到广告公司的专业性和缜密的作风。

3. 提案时要做到有的放矢，拿捏得当。在提案的时候，既要声情并茂地对创意进行展示，又要向客户说明故事板中绘制的画面是未来广告效果的示意，不要对未来的效果夸大其辞，以免影响广告公司的诚信。

4. 在对待客户的相关建议时，需要进行合理的处理。对富有建设性的建议，可以整合进创意之中。对可行性不大的建议，则需要耐心解释，说服客户放弃不切实际的想法。例如，客户要求在短短的15秒钟内表达三种不同形式的创意，那么广告公司就要告知客户此方案将造成广告的支离破碎，以说服客户放弃。在客户提出反对意见的时候，需要分两种情况对待。如果是创意本身存在问题，比如表现平淡，广告公司则需要考虑如何提高自己的创意水平。如果是客户出于其他的原因提出毁灭性的观点，提案人员需要稳住阵脚，不卑不亢，礼貌而又信心十足地对待客户的提问，强调创意的独特之处以说服客户。遇到客户的反对意见或带有情绪的看法，应避免正面的言语冲突，如：我了解（同意）您的看法，我们试着从另一个角度来看看……这个idea不错，如果……是不是会更好？

5. 耐心等待客户的回应。不要期望客户当场拍板。毕竟拍摄投资不是一笔小数目，客户也需要慎重对待，仔细研究。在准备大客户的提案时，还要具有参加二轮甚至三轮的提案竞赛的心理准备。

6. 合理估价。在客户询问广告的拍摄预算时，需要预先对报价进行合理的估算。在客户讨价还价时，可以委婉地告知对方，会在公司可以接受的范围内适当降低价格。

在为客户做完提案展示后，并不代表一切已经结束，还应该及时进行团队讨论，分析总结提案，以获取经验，迅速改善提案中出现的错误，并做好跟进工作。

（三）提案的基本手段和方法

故事板提案常常使用PowerPoint进行演示，同时把相关的PPT大纲交给客户审阅。在客户保证尊重作品创意版权的前提下，可以将电子文档拷贝给客户。专业的故事板提案通常需要注意以下内容：

1. 故事板提案封面需要注明客户名称、广告公司名称、产品名称、广告片长度、媒体表现和提案时间等。

2. 故事板提案的每个画面需要标注景别和镜头长度。每两个镜头间的剪辑方式亦需注明。

3. 文案部分要简洁生动，配以专业的词汇、精确的数据、直观的图表等。

4. 创意说明要具有感染力，配以新鲜的观念、经典的案例、精彩的图片、生动的表演和充分的资讯等。

5. 可以添加对声音及音响的文字描述，也可以配置与画面同步的声音，包括旁白、对白、音效等。

实战案例：格雅牌手表广告提案①

一、格雅牌手表介绍

格雅牌手表是由深圳飞亚达公司于2010年推出的一款时尚腕表，市场价格在200元到300元之间。格雅手表倡导一种新时尚、新商务、新运动潮流，其主要目标人群为公司白领阶层（见图1-4-1）。

① 本案例由深圳市永之禾影视广告公司提供。

图1-4-1　格雅手表电视广告截图

二、创意思考：手表与自由的关系

产品的广告语为“自由真性情”，已由客户确定。因此，作为广告公司重点思考手表与自由之间到底存在何种关系？如何将手表、自由、上班族这三者进行巧妙的衔接？

三、创意故事

办公室内总是有人问汪涵几点了，汪涵一次次地把戴有格雅表的手朝不同方向递过去给同事看时间。其实同事们不是为了问时间，而是为了欣赏汪涵手上的格雅表。恍然大悟的汪涵把格雅表递给同事们欣赏，诙谐地说道：“看表就看表嘛，还说看时间”。时针流动到下班时间。汪涵高兴地与旁边一位同事相互击掌，庆祝下班。谁知腕上精致的格雅表分身到同事的手腕上，引来男女同事们羡慕的目光，包围过来都要与汪涵击掌。无法脱身的汪涵灵机一动想出一个好办法——拥有格雅表就拥有自由，汪涵双手拍掌分身出另一个汪涵，替他被同事们包围着击掌，使得他顺利脱身。

【广告语】自由真性情　格雅表

四、提案故事板

Client（客户）：	格雅表	Duration（长度）：	30秒
Product（产品）：	格雅表	Language（语言）：	国语
Title（片名）：	自由脱身篇	Date（日期）：	2010年5月14日
1. 中景 办公室内，汪涵在办公桌前工作。传来女同事娇滴滴地问时声。汪涵把戴有格雅表的手递了过去。			【女声旁白】 涵涵，几点了？

续表

2. 中近景 另一个方向又传来男同事问时间的声音，汪涵又把戴有格雅表的手伸向另一个方向，给同事看。		【男声旁白】 几点了?
3. 中景 同事们从四周凑过头来，瞬间将汪涵团团包围。大家七嘴八舌地问他时间。		【众人旁白】 几点了？几点了?
4. 近景 处于众人包围中的汪涵一下子被这阵势惊到。犹豫着不知该把戴有格雅表的手往哪个方向递过去。		
5. 中景 发现众人目光齐刷刷地盯着手上的格雅表。汪涵恍然大悟，一边将戴有格雅表的手递向人群，一边风趣地说道:		【汪涵旁白】 看表就看表嘛，还说看时间!
6. 特写 时光流逝，光影之中，精致的格雅表表盘里指针不停地转动着。		

续表

7. 中景 身穿正装的汪涵收拾好桌子上的物品后，高兴地与旁边的一位同事相互击掌，庆祝下班。		【汪涵旁白】 下班喽！
8. 近景 同事的手腕上立刻出现了一款与汪涵腕上一样精致的格雅表。		
9. 中景 周围男女同事们羡慕的目光聚向格雅表，纷纷包围过来要与汪涵击掌，要得到格雅表。		
10. 近景 又被众人包围，如何脱身呢？汪涵看着腕上的格雅表，幽默的他灵机一动，想到一个好办法。		
11. 中景 汪涵双手拍掌，身穿休闲装的另一个汪涵随即分身出来。		

续表

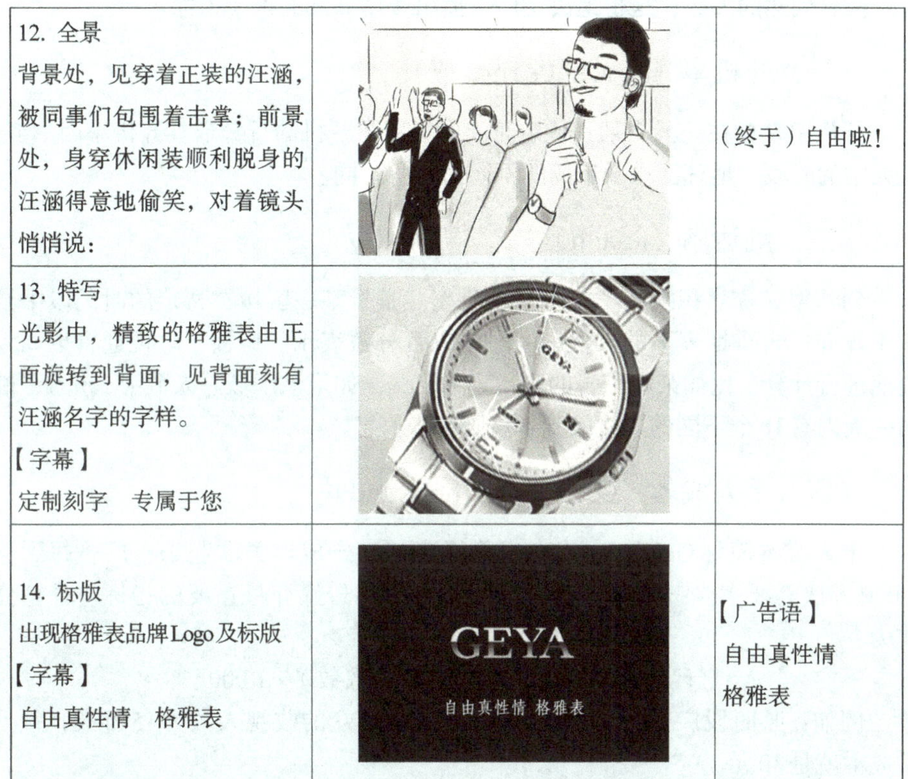

12. 全景 背景处，见穿着正装的汪涵，被同事们包围着击掌；前景处，身穿休闲装顺利脱身的汪涵得意地偷笑，对着镜头悄悄说：		（终于）自由啦！
13. 特写 光影中，精致的格雅表由正面旋转到背面，见背面刻有汪涵名字的字样。 【字幕】 定制刻字　专属于您		
14. 标版 出现格雅表品牌Logo及标版 【字幕】 自由真性情　格雅表		【广告语】 自由真性情 格雅表

第五节　广播电视广告的发布与评估

提案获得认可后，按照项目运作流程，应该是进行拍摄和制作，本书将在第四章对此进行详细介绍。本章主要介绍此后的广告的发布和效果评估。

广播电视广告制作完成后，广告主会根据事先制定的广告目标，进行广告的发布和评估工作，这是广告实现其传播效果的关键环节。

一、与广播电视广告投放相关的术语

（一）视听率（Ratings）

视听率是指收看或收听某一个节目人数的百分比，比如视听率为5%，说明

100个人中有5人收看或收听。广告主根据视听率，购买电视或广播时段，确定广告信息到达的人数，这也是决定广告播出费用高低的重要指标。

（二）开机率（Homes Using TV）

开机率是指在一天中某一特定时间电视用户开机的百分数。开机率因季节、一天中的时段、地理区域及市场的不同而有所不同。

（三）到达率（Reach）

到达率又称累积视听率或净量视听率。是指某一区域在特定的时间段中暴露于媒介广告排期表下的人数，一般均以百分数表示。广播、电视通常以周为周期进行计算。比如某则广告的到达率为10%，如果该区域总人数为100人，说明一周内有10个不同的人接触到了该则广告信息。

（四）千人成本（Cost Per Thousand）

千人成本简称CPM，它将电视收视率与广告成本关联起来：广告每到达1 000人次需要多少钱？千人成本是我们选择广告媒介最重要的指标。计算公式为：

$$千人成本=(广告费用/到达人数)\times 1\,000$$

例如：某时段广告价格是4 500元，目标受众的收视人数为15万人，每千人成本就是30元。

二、广告发布的时机策略

（一）提前策略

该策略指广告在相关营销活动开始之前就进行发布，这种策略有助于进行市场预热，比较适合新产品上市。苹果新款手机上市采用的“饥饿营销”，其实就是提前策略。

（二）同步策略

该策略指广告发布与相关营销活动同步进行。这种策略可以使广告和其他活动密切配合，收到直接促使消费者采取行动的效果，比较适合有一定知名度和市场占有率的产品。

（三）延迟策略

该策略指广告在相关营销活动开始之后再通过媒介进行发布，如在产品正式上市之后发布广告。这种策略有助于消费者按照广告诉求指名购买。

三、广告发布的媒介排期策略

（一）连续式策略

连续式策略指在一段时间内均匀地安排广告展露时间。这一排期方式比较适合于广告主市场扩大、消费者频繁购买或者产品为紧缺商品的时候。

（二）集中式策略

集中式策略指将广告安排在一个特定时间段内集中发布，适合一些季节性，或者带有节假日消费特征的产品。比如空调、饮料通常将广告集中安排在夏季，一些保健品（比如脑白金）则将广告安排在节日前后。

（三）时段式策略

时段式策略指在某个时段刊播广告，然后间歇一段时间，再继之以第二时段的广告，适合在销售季节性产品，或者维持产品的知名度时使用。

（四）脉冲式策略

脉冲式策略指在连续开展广告活动的同时，不时以间歇性的大量广告刊播来加强广告攻势。这种方法是对连续式和时间段式的一种折中，它可以使受众掌握的信息更加透彻，也节省广告费用。这种策略通常用在季节性、时令性不强的产品上。①

四、广告效果的测试

（一）发布前测试

1. 测试目的

任何一则广播、电视广告在正式发布前，都会进行事前测试，主要是测试

---

① 邓相超、王兆立、齐爱荣编著：《广告媒介策略》，山东大学出版社2004年版，第10~18页。

广告的文字、图像、声音等对人的视觉、听觉以及心理的影响。通过事前测试，能够了解到：

（1）受测者通过广告能够得到哪些信息？将测试结果和广告主本来要传达的信息进行比较，就可以了解到广告反映主题的程度。

（2）广告作品的主要信息或突出部分能否在瞬间被受测者捕捉到？

（3）受测者接触广告作品后，对产品产生了什么态度和行为？

（4）广告存在什么弱点？在哪些方面需要改善？

2. 测试方法

（1）人为观摩法。

人为观摩法的具体手段包括：

A. 自由记述法。以询问的方式，或以小组讨论的形式，请受测者自己阐述感想或意见，了解受测者对广告信息的理解和记忆程度。

B. 联想法。针对一些单字、文章或图形，让受测者自由记述所联想到的事物。从中获得受测者对广告的看法，分析广告表达的意图是否与受测者的理解一致。如果记述限于某一特定范围时，称为限制联想法。

C. 比较法。把要测定的广告放在两个或两个以上的广告中，让受测者将所有广告按自己喜欢的程度排列顺序，从而在多种方案中选出最好的一个。

D. 填充法。给受测者一个不完整的广告，或少图，或少文字，让受测者在几个可供选择的文字和图案中，按自己的意愿挑选，填充到广告中，被选中频率最高的就是比较适合的。

E. 雪林测定法。由美国雪林调查公司发明的测定电视广告心理效果的方法。邀请有代表性的观众到剧场，欣赏接受测试的各电视广告。在看影片之前，要求入场者选择自己喜爱的商品，并按其所持有的号码进行记录，在备选的商品中，既有企业在广告影片中要宣传的商品，也包括其他有竞争力的同类商品。看完影片之后，请测试对象再做一次选择，如果这次所测验的广告商品偏爱转换度高，那么就归功于广告的沟通效果。最后，把各人所选择的商品赠送给受测者。

F. 要点采分法。将几种不同方案的广告稿展示给受测者，让他们给每份广告稿打分，以此测验哪一幅广告引起的反响最好。

（2）仪器测试法。

主要用来测试受测者对广告的注意力及观看广告时的心理变化，主要包括：

A. 视向测验。使用眼睛活动瞬间摄影机，测定人的双眼在广告上的移动状况，以此确定广告主题是否突出、布局是否合理。

B. 瞬间显露测定。根据瞬间显示器的显示频率和明暗变动来测试人对广告的视觉反应。

C.双目镜测试。利用双目镜测试广告内容各部分对每只眼睛产生的影响，以确定广告主题是否突出，要传达的信息能否尽快地被读者抓住。

D.心理电流器的测谎测试。通过对人的汗腺活动等本能反应的测定，来确定广告导致的心理变化状况。

E.瞳孔变化装置测试。利用测定瞳孔变化的状况，来反映广告所引起的兴趣大小。瞳孔放大，说明兴趣减弱，反之，说明兴趣增强。

F.唾液测试。主要适用于食品广告。通过测定受测者唾液分泌的多少，来说明广告的诱人程度。

G.声音测试与分析。人对外界的不同心理感受直接反映在语调和声音上，通过语调和声音的状况可以知道人的心理变化。

（二）发布中的测试

1. 测试目的

（1）了解广告是否有效地传达给目标消费者？

（2）目标消费者对广告的反应如何，在何种程度上实现了预定目标？

（3）实际效果与预期之间存在差距吗？为什么会有这样的差距？

2. 测试方法

（1）询问法。即在广告活动进行的同时，对消费者进行一系列追踪访问，以确定消费者对广告的接触与反应程度。最常用的方法是通过电话或入户访问的形式，询问以下问题：你曾看过或听过某类产品的广告吗？是什么品牌的广告？是从何种媒体上看到或听到的？广告说了些什么？你平常购买何种品牌？

（2）消费者日记法。受测者将每日购物与接触广告的情况记入日记，记录的内容包括：所买的品牌？为什么购买？品牌转换的情况及原因？媒体使用习惯（经常接触的媒体、接触时间、地点等）？看过的广告？

（3）家中物品查核法。调查研究人员亲自到目标消费者家中，询问消费者最近买了与用了什么品牌的产品，实际点计家中的产品，并加以记录；也可以使用“垃圾箱法”，即要求消费者保留他们使用产品的包装，由调查研究小组收集，点计并记录这些包装。这一方法在调查期间要做几次，从而确定广告进行期间消费者的购买习惯是否有所改变。

（三）发布后的测试

前两个分阶段的效果测定是推断性的、局部的、阶段性的。它含有较多主观判断的成分，也没有充分考虑广告的累积效果。因此在广告运动结束后，有必要对整个广告运动的总体效果做一评估。

1. 测试目的

求证原定目标是否已经达成？此时，广告效果好不好，标准就是看其是否达到了先前所制定的广告目标。也就是说，要以预先设定的广告目标作为衡量标准。例如，如果广告活动的目的是为了提高知名度，那么就必须以知名度的提高程度来测定广告是否成功；如果做广告是为了产生直接销售，那么就必须以销售量的变化来测定广告的结果。

2. 测试方法

下面以销售量变化测定为例介绍几种广告效果测试方法。

（1）单一变数测试法。即先选择几个测试区和几个比较区，在其他条件都相同的前提下，将广告作为测试的唯一变数，在测试区播放广告，而在比较区不播放广告，通过比较这两个区在广告播出前后广告产品销售额的变化情况，即可测出广告对销售的促进程度。

（2）销售效果指数法（AEI法）。从看到广告而购买的人当中，减掉因广告以外因素影响而购买的人数，得到真正因广告而产生购买行为的人在总人群中所占比例，即广告效果指数AEI。例如，表1-5-1为一个广告销售效果模型：

表1-5-1　广告效果模型

广告情况 / 购买情况	接触广告者（人）	未接触广告者（人）	总计人数
购买者人数	A（8）	B（4）	12
未购买者人数	C（16）	D（12）	28
总计	24	16	40

$$AEI=[A-(A+C)\times B/(B+D)]/(A+B+C+D)=[8-(8+16)\times 4/(4+12)]/(8+4+16+12)=1/20$$

（3）直接询问法。直接询问购买者是什么原因促使购买这一品牌？是广告吗？是产品品质因素吗？还是其他情境因素？根据回答，统计出真正是由于广告而促成购买的人数占购买总数的比例，就可以看出广告在多大程度上促进了销售。

第六节　项目运作流程

前面五节对项目的合作方、合作模式、竞标、报价、组建团队、提案环节进行了详细讲解，提案通过后，便是项目的具体拍摄和制作阶段，本书将在接下来的章节中进行讲述。项目的整个运作流程可以概括为以下几步。

第一步：广告主有广告拍摄任务，通过指定（不用竞标）或发竞标邀请函邀请广告公司参与竞标的方式。

第二步：在需要竞标的情况下，广告公司参与竞标说明会，并根据竞标要求，组建临时团队，参与竞标。竞标主要需在两个方面下工夫：一是项目自身的策略或创意，二是报价。

第三步：竞标成功后，广告公司组建正式的项目团队，同时进行创意或策略方面的工作。

第四步：广告公司的项目团队向广告公司正式提案，使方案获得通过。

第五步：广告公司通过直接指定（不用竞标）或竞标的方式将广告片的制作任务委托给制作公司。

第六步：制作公司进行广告片的拍摄和制作。

第七步：制作公司将完成的广告片交付给广告公司或广告主，并获得认可。

第八步：广告主按照既定媒体策略，将广告作品在电视、广播、互联网、移动互联网等媒体上播出。

实战案例：OPPO Real音乐手机广告策略分析①

一、产品简介

OPPO公司为广东东莞步步高公司在走向国际化路线中重点打造的子品牌，OPPO Real音乐智能手机又是OPPO系列品牌中的一个子品牌，除OPPO Real音乐手机外，该公司还开发了OPPO Finder（针对男性）、OPPO Ulike（针对女性，强调照相功能）等系列品牌。

二、目标人群

以年轻人，尤其是高中生和大学生为主要消费群体。广告主题为“留住最真的，触动最真的”，体现的是一种真实感，无拘无束，以及对个性的自我宣泄。设计上强调精美的外观以及个性化设计，并将音质做到最好，用最真的体验表现音乐。

三、广告主题：友情/爱情

我们以其中一则广告为例：

一个十分清纯的女学生（金敏智饰）赶着去参加学长的毕业派对。琴房内两名英俊少年（BOBO组合）正在和众人一起狂欢，但女孩到达时，琴房已安静下来，只有两位英俊少年在唱着《恋爱新手》（BOBO组合最新推出的歌曲），女孩开心地笑了。最

① 案例根据网络资料整理编写。

后三人一起快乐地弹钢琴。

广告语：留住最真的。

分析：情节有韩国偶像剧特点，典型的校园环境和校园故事。

四、广告代言人

OPPO Real音乐手机先后启用BOBO组合和SJ–M组合作为产品代言人，这两个男子团体均是华语流行乐坛的新生代力量，深受年轻人喜爱。两则广告均有韩国艺人金敏智的参与，通过其演绎的热爱音乐的女孩形象，在BOBO组合和SJ–M组合的引领下，如真实亲临现场一般聆听音乐，给人以最真实的体验和感受。整个广告以故事情节的方式演绎出来，让人有看韩剧的错觉，从而获得哈韩年轻人的认可。（见图1–6–1）

图1–6–1　OPPO Real音乐智能手机品牌代言人：金敏智

五、活动策略

OPPO发起“网络海选广告女主角”，海选出的女主角将和最时尚的明星BOBO组合共同登台代言OPPO手机，这一招很容易点燃年轻人的激情。海选PK一直是年轻人挑战自我的代名词，同时还能够和自己的偶像BOBO同台表演，使得这个活动不仅具有明星效应，而且符合年轻人的个性。而新近发起的“畅我音乐创我个性”大赛，允许参与者DIY（Do it yourself，自己动手做）自己的风格主题，上传原创作品参加活动，这一活动也十分贴近年轻群体“自我”的个性特点。这些大赛活动都秉承了OPPO的时尚风格，主打音乐的定位，十分符合年轻消费者的需求，带给他们追求时尚潮流的满足感。（见图1–6–2）

图1–6–2　OPPO Real音乐智能手机品牌代言人：BOBO组合

六、媒介策略

OPPO音乐手机主要在中央电视台一套、三套，以及湖南卫视做广告，同时还赞助冠名《快乐大本营》、湖南卫视跨年音乐会等活动。其媒介选择具有较强的针对性。

【思考题】

1. 如何参与竞标说明会？如何有针对性地提出问题？
2. 如何参与提案？需要做哪些详细的准备工作？
3. 广告公司的核心竞争力是什么？

【本章实训】

1. 请以某支广告片为例，仔细分析广告片中哪些是创意的功劳，哪些是文案的功劳，哪些是后期特效的功劳，哪些是导演的功劳。

2. 请以本章的竞标邀请函为样本，分成几个小组，在老师指导下，做一次模拟提案演练。

第二章

影视广告视听语言

本章教学目标提示：

1．掌握影视艺术的基本原理
2．掌握影视画面构成的基本要素
3．掌握影视构图的基本规则
4．掌握影视叙事的基本技巧
5．掌握蒙太奇的基本内涵
6．掌握后期剪辑的基本规则

第一节　影视的基本原理与构成单位

影视语言是个比喻性的说法，它尽管没有文字语言那样完整的系统性，但了解其基本构成单位，把握其内部结构的规律，对任何学习者来说，都是从事影视工作的基本功。

一、基本原理：视觉暂留

很久以前人们就知道这样的游戏：挥动一支燃烧的火把可以将其变为一条火带。直到1824年英国人彼德·马克·罗杰特才对此现象进行了科学解释。他指出：当人眼在观察运动的形象时，每一瞬间的形象在消失后，还会在视网膜上停留不到1秒的时间（一般认为是1/10秒），这种现象叫"视觉暂留"或"视觉记忆"。实际上，电影电视利用的便是这样一个原理。下面这组奔马的静态图片，在银幕上连续放映将成为一段马匹奔跑的动态影像。（见图2–1–1）

图2–1–1　奔马的连续画面

二、影视的基本构成单位

（一）画格

对电影而言，银幕上1秒钟的画面是由24个画格，也就是24张静止的画面（图片）组成的。我们之所以感觉到画面是连续的，是因为视觉暂留的原理。

电影的光学摄影机所使用的记录材料和普通光学照相机所使用的记录材料是一样的，都是感光胶片，照相机的一张底片就是电影的一个画格。照相机与摄影机拍摄时的不同在于，照相机每摁一次快门只拍一张，而摄影机是以24格/秒的速度连续拍摄的。也即是说，一卷36张的胶卷只够拍摄1.5秒的电影镜头。画格是电影胶片进行影像记录时的最小记录单位。

（二）画帧

对电视而言，1秒钟的电视画面是由25帧静止的图片构成的，原理和电影一样，因此，画帧是磁带记录影像时的最小记录单位。画格主要针对电影而言，画帧主要针对电视而言。

不过，影视广告的拍摄和制作实际上既涉及画格，也涉及画帧。绝大部分影视广告前期拍摄通常采用胶片，但在后期制作时，会经过一个胶转磁的工序，即将胶片经过冲洗后，再将信息转存于磁带上，便于后期的剪辑合成，这时候记录方式也由画格转换成了画帧。由于发生了储存方式的转换，胶转磁通常也会导致信息的衰减，甚至出现一些丢帧、脱帧的现象。

（三）镜头

镜头有两个含义：其一是指摄影机本身的光学镜头，即由透镜系统组合而成的光学部件；其二是指摄影机每一次从开机到关机所拍摄的一段连续的画面。

1. 作为光学部件的镜头

（1）标准镜头

标准镜头的成像效果与人眼相似，其焦距在40mm到50mm之间，定视视角范围在45°至60°之间，由于这个夹角的存在，人的视觉活动才有“灭点”（消失点），产生像两条平行的铁轨在远处交汇、消失一样的效果。（见图2-1-2）

图2-1-2　标准镜头

（2）长焦镜头

焦距大于50mm的固定焦距镜头，有75mm、100mm、500mm、1 000mm等规格。它能将远处的对象拉近，取得中近景甚至特写的效果，成像比较小；缺点是环境空间被压缩、变形，轻微的抖动就会引起画面的“晃动”。（见图2-1-3）

图2-1-3　长焦镜头

（3）广角镜头（短焦距镜头）

焦距小于40mm的定焦镜头。有16mm、20mm、25mm、28mm、35mm等规格。它能将近处的对象推远，可在近处拍到中景、全景，扩大了物与物的纵向距离，让画面空间加“深”，而“灭点”变近。同时视野加宽，空间加大，“前景”多而大，对象的成像愈近愈大，愈远愈小，是对人眼视觉效果的夸张。广角镜头以其取景范围广、成像大、“景深”长，且轻微的抖动无损画面稳定等优点，被广泛应用。（见图2-1-4）

图2-1-4　广角镜头

（4）变焦距镜头

焦距可以改变的光学镜头，出现于20世纪60年代，其原理是将多种透镜组合于一个镜头，通过调节透镜间的距离、角度来改变镜头的总焦距。

变焦镜头可以部分取代移动摄影，即在摄影机位置保持不变的前提下，取得类似“推”“拉”镜头的视觉效果，为“镜头内部蒙太奇”创造条件。（见图2-1-5）

图2-1-5　变焦镜头

2. 作为连续画面的镜头

镜头最核心的特征便是它是一段“连续”的画面，中间没有间断。只要没有间断，无论多长或者多短的画面，我们都将其认定为一个镜头。

虽然画格、画帧也是视听语言的最基本构成单位，但它们只相当于英语中的字母而已，本身难以表达独立的意义，而镜头相当于一个单词，有其独立的意义。因此，镜头通常是影视作品最重要的构成单位，无论是分析还是制作影视广告，我们通常都把镜头作为思考和操作的起点。

通常意义上，无论在长度还是信息量上，镜头比画格、画帧都要大，但有一种特殊情况，即当镜头本身是一个定格镜头时，镜头的信息量便相当于一个画格或画帧。

第二节　影视画面的构成元素

尽管镜头是影视作品最重要的构成单位，但由于镜头长短不一，内容有繁有简，不便于进行分析，因此，我们借用绘画中的术语“画面”来介绍影视的基本构成元素。影视画面构成元素可以从“形象”和“形式”两个角度进行划分。

一、形象元素

（一）人

人是画面上最常见的形象。这里的人是指画面中所有的人，既包括主要角色，也包括其他角色，甚至包括角色的各种造型、各种表情，以及在空间中的分布和走动。对人的处理，是影视导演最主要的功课之一。

（二）景

1. 景的类别

我们从几个角度对景进行划分。

第一，依照景的来源，可以将景分为自然景和人工景，这些景构成了影视中或真实或虚构的“空间”。

第二，依照景所代表的空间性质，可将景分为（室）内景、（室）外景和特技合成景。特技合成景指那些用特技手段或电脑制作手段创造出来的非真实的景。

第三，依照景相对于拍摄主体所处的空间位置，可以将景分为前景（在主体前面的景）、后景（在主体后面的景）、背景（比后景更远的景）、满景四种。满景是指占满画面的景，即画面上没有其他的拍摄主体，特别是没有人存在，即使有人，也通常只是作为模糊的背景而存在，因此，满景也被称为“空镜头”。

第四，依照景在空间中所占有的空间大小（比重），可以将景分为大远景、远景、全景、中景、近景、特写、大特写等景别。这种划分方式同样适用于拍摄主体是人的画面，在一种特殊状态——环幕电影中，还会出现一个特殊景别，即360° 的“环景”。

2. 景的作用

景作为影视空间最重要的构成元素，不仅仅只具有再现价值，还具有表现价值。

第一，景可以体现一个特定的时空，这也是景最表层的含义。比如用树梢上的月亮来指示乡村的静谧夜晚，用街道上闪烁的车流来指示城市的夜晚，用马路上的洒水车、垃圾桶、清洁工来指示城市的清晨。

第二，景可以描写人物心理。即文学作品中常说的“借景写人”，这时的景是人物心理的外部延伸。比如影视作品中常用雷电来表示灾难、恐惧等，再比如王家卫的电影《重庆森林》里663的家——那个“越来越有感情的”“哭起来比谁都厉害”的房子便是663整个的内心世界（见图2-2-1）。

图2-2-1 《重庆森林》剧照：663的家

第三，景可以寄托作者的感情和评价。影视是视觉艺术，不像小说那样可以用语言直接表明创作者的观点，也难以表达抽象的含义，因此，创作者常常借用景物来暗示自己的观点和评价。比如，我们常在一些战争片中看到，英雄牺牲后总是会接上青松翠柏的镜头，以表达永垂不朽的含义。

在影视广告中，景，特别是外景，主要用来制造一种奇观的效果，吸引眼球，同时证明产品的性能，一般不表达深刻的含义，这是由广告本身的性质决定的。我们常看到汽车广告选择沙漠、戈壁或者陡峭的悬崖作为背景，便是如此。

（三）物

物体也是构成影视画面的重要元素。由于影视摄制都经过人为的组织和安排，因此，与现实生活中的物体不同，影视中的任何一个物体都应有其存在的必然性和合理性。英国导演保罗·罗沙曾说："如果静物出现在银幕上就应有其价值，否则便是浪费。"一个常用的说法是，如果影片开头时墙上挂了一把枪，那么，影片结束前这把枪一定会开火，不然，枪就失去了存在价值。

物在影视作品中可以起到说明、描写、抒情、象征等作用。比如影视作品中常用马蹄印表明骑马人刚刚经过，用地上的血迹来表明有人负伤，用枯萎的花朵来象征逝去的爱情等。王家卫的电影特别善于用物来暗示人的内心世界，《重庆森林》可以说是典型范例，其中出现了很多具有象征意义的物体："鱼缸（易碎的）、衣柜（供躲藏的）、假发（掩盖真实的）、到期的凤梨罐头（有存活期限的）、飞机模型（漂流的欲望）"①。

影视广告中的物通常都是产品，也是主角，这些物被置于注意的中心位置，通常不会去表达更多的象征含义。

二、形式元素

（一）光

光是构成视听语言的重要元素，在影视拍摄中，仅仅为灯光的布置和测试便会花去大量时间，灯光师也是摄影造型中一个举足轻重的角色。

1. 影视中光的作用

（1）完成摄影画面曝光工作。

（2）决定场景气氛效果。不同的用光，再加上不同的色调，可营造出不同的气氛效果。

（3）确定影片的视觉基调。影视片风格的外在视觉形式往往用光和色来确立。比如表现温暖的怀旧风格，则多用黄色的光调；表现大气、宁静、高雅的格调，

① 鲁涛著：《影视语言》，陕西人民出版社2003年版，第28页。

则多用蓝色光调。

（4）帮助画面构图。运动物体在不同光线条件下运动，随着光线的变化可以取得梦幻般的视觉效果，比如电影《这个杀手不太冷》开场的杀人戏便是利用光线的不断变化制造出恐惧、梦幻、迷离的效果。

（5）塑造人物形象，揭示人物内心世界。利用不同类型的光可以表现或增强人物内心的喜悦、希望、恐惧、绝望等情感。比如，内心矛盾的人物脸上多被处理成半明半暗。电影《教父》中的教父的眼睛一直被黑暗笼罩，传达出教父内心的深不可测，难以捉摸，以及黑社会的性质。（见图2–2–2）

图2–2–2　电影《教父》剧照

（6）暗示时间、季节、地点的变化。

（7）光线还可以形成影片的节奏，甚至表达象征含义。著名摄影师斯托拉罗（《末代皇帝》的摄影师）曾这样说过："当我接到一部影片的剧本时，我一直考虑这样一个问题：如何用光把这个故事讲出来。"①

因此，无论对于电影还是广告来说，用光的目的不仅仅是将场景打亮，满足其基本物理属性，而是必须用光去讲述故事，营造情绪，制造节奏，表现创意。

2. 光的类型及特点

（1）按照光源不同，可分为自然光和人工光。

自然光：包括日光和天空光，是影视摄影中常用的光线。自然光的特点是：

① 刘勇宏：《用光参与叙事和表意的电影摄影理念》，《北京电影学院学报》2001年第1期。

光照范围大，普遍照度高，光照均匀，但它无法进行人为控制，多用反光板来加强照射到被摄主体上的光线亮度。（见图2–2–3）

图2–2–3 自然光拍摄

人工光：指灯光光线。人工光可适应各种灯光要求，既可作为摄影棚内的主要光源，又可做室外摄影的辅助光或主光。人工光在光照的强度、范围与显色性方面不如自然光，不过可以进行人为控制。用于人工光的灯具主要有白炽灯、碘钨灯、卤钨灯、碳弧灯、镝灯、氙灯等，按性能分类则包括聚光灯、散光灯、高色温灯和低色温灯等。（见图2–2–4）

图2–2–4 人工光拍摄

（2）按照光的性质不同可分为直射光和散射光。

直射光：又称“硬光”，是指在被摄体上产生清晰投影的光线，如日光和聚光灯的光线。直射光造型好，光感强，并能构成多种影调形式和确定明暗的配置，主要用于主光。

散射光：又称“软光”，是指在被摄体上不产生明显投影的光线，如阴天的光线和经过柔化的灯光。它的特点是：

A.没有明显的投射方向；

B.光线均匀，能用光调描绘对象的立体形态，层次细腻，效果柔和。

散射光常用作补助光、底子光、天片光。内景拍摄时，常用纱网、钢丝网、白纸、反光伞、反光屏幕来制造，或用机械控制，使光线扩散而成柔和的光。

（3）按光源位置不同划分，可分为顺光、逆光、侧光、顺侧光、顶光、顺顶光、顶逆光、前脚光、后脚光。（见图2-2-5）

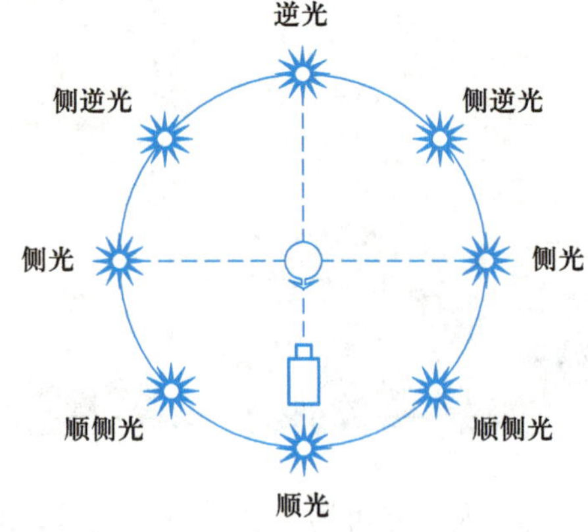

图2-2-5　不同位置的光源类型

（4）按照光源造型作用的不同可分为主光、副光、过渡光、轮廓光、背景光、环境光、眼神光、润饰光等。（见图2-2-6）

图2-2-6　不同造型作用的光源类型

主光：又称“雕塑光”，是影视摄影用于照明被摄对象的主要光线，一般由聚光灯做光源，是画面中最引人注目的强光。主光是描绘被摄体的形状，表现立体感、空间深度和表面结构的主要光线，因此，也称为塑形光。它确定被摄对象的立体形状的概貌，并决定着场景总的用光格局——明暗配置、光斑位置、光影分布以及景物和人物造型。其特点是：

A.有明确的方向性，显示光线的主要射向；

B.产生明显的阴影，亮与暗界限分明，构成一定的反差。

在户外拍摄时，白昼以阳光为主光；在室内拍摄时，可利用透过窗户的阳光、天空光作为主光。主光很多时候难以单独完成造型任务，通常需要各种副光的配合。

副光：又称“补助光”，是对主光进行补充的光线，用于平衡亮度，帮助造型。副光多为散射光，为阴影部分提供适当照明，提高影像暗部的造型表现力。副光的亮度变化可改变影调反差，形成不同的气氛。实际运用中，通常是在确定了主光亮度的条件下，对副光进行调整，因此，副光决定着画面的明暗反差。其使用原则是：

A.亮度不能强于主光而产生副光光影，破坏主光的光线效果；

B.副光的阴影部分应当保持阴影的性质，并使暗部有适当的造型。

过渡光：主光、副光光位之间的光线。主光和副光决定画面最亮部分和最暗部分之间的反差，而这种反差往往是生硬的，必须有一种光线来调节，这种对光调起调整作用，对被摄物体的形象和细节进行修饰的光线叫过渡光。它可以增加明暗过渡层次，并消灭照明死角，获得更好的造型效果。过渡光的亮度不能强于主光，但应该比副光稍强。过渡光只用来修饰被摄体的个别局部，其光线必须是发出小光束的硬光源。由于过渡光的作用是“微调”，有人把它称为执行微妙艺术的光线。

轮廓光：使被摄对象产生明亮边缘的光线，也是逆光效果的一种，能勾画出被摄对象的体态或各个部分的轮廓，突出对象富有表现力的轮廓线条。在繁杂、重叠的场景空间中，能区分此物与彼物，区分前后景次，增强空间感。轮廓光经常与主光、副光配合使用，使画面的光线描绘多样化，丰富影调层次，形成良好的造型效果。（见图2-2-7）

图2-2-7　使用了轮廓光的画面

背景光：专门用来照亮背景的光线。主要作用是使被摄体的背景在画面中得到体现。背景光除了烘托主要对象外，还有表现特定环境、时间或营造某种气氛、影调，辅助构图的作用，也是镜头组接、影调衔接时的重要元素。（见图2–2–8）

图2–2–8　使用了背景光的画面

环境光：对剧中人物生活环境的用光，多指棚内、实景的人工光，是天片光、衬景光、主景光、前景光以及大型的陈设道具光的总称。环境光的处理，是对美术师所提供的环境进行再创造，既可用来表明人物生活的环境。也可说明时间和气候。环境光的处理必须简洁、干净，不能干扰主要的光线和造型。

眼神光：用来表现眼睛及其附近肌肉、眉毛等部位的光线称为眼神光。人的心理活动可以通过面部表情，尤其是眼睛及其周围肌肉的变化来表达。在拍摄人物的近景、特写时，必须安排好眼神光。眼睛是表面光滑的球体，会反光，正是靠这种反光，画面才能得到更丰富的表现。（见图2–2–9）

有一种特制的眼神光灯，一般在拍电影时用。这种灯功率小，发光面积大，从摄影机处照向被摄人物，不会产生阴影，不会破坏其他光线效果，同时可以使眼睛产生反射光点，可以在影视广告制作时根据实际情况考虑是否选用。

图2–2–9　打上眼神光后的教父形象

润饰光：头发光和服装光都是用来对被摄对象进行局部修饰的光线，称为润饰光。头发光是用来照明头发，使之发出反光，以显示头发的特征和质感的光线，洗发水广告常常要用头发光。服装光是用来照明服装，以显示某些特点和质感的光线。

以上各种光线要根据拍摄的需要，经过导演、摄影师和灯光师的协调后合理布置，进行平衡调节，以保证整体效果。①

3. 影调

光线的处理结果形成影调，影调就是光影的基调，是由明、暗的面积对比决定的。画面上明亮区域占较大比重，就是高调（也称明调、亮调或淡调）；灰暗区域占较大比重，就是低调（也称暗调）。黑白影像除上述两个调子外，还会形成硬调（黑白对比强，反差大）、软调（黑白对比弱，反差小）、中间调（黑、灰、白分布较均衡，反差适中）等影调。影调通常用来制造氛围，传达情绪。

在影视中，影调的作用主要体现在两个层面上。

一是单个镜头。比如电影《美国丽人》中，全家人用晚餐的场景被处理成低调，同时配合稳定的三角形构图、单调的配乐以及缓慢的推移镜头来表达家庭气氛的阴郁、沉闷和单调乏味。

二是整部影片（广告片）。每部影片都是由成百上千个镜头组成的，每一个镜头尽管都有不同的情绪和气氛，但整部影片（广告片）必须有总的影调进行贯穿，以便统摄全片。这个总影调相当于文学中常说的“气韵”，或者“基调”。比如，电影《阳光灿烂的日子》的回忆部分90%都是阳光灿烂，都是高调摄影，但影片结尾的现实部分，却是黑白摄影，从而将童年世界的美好与成人世界的虚伪进行了对比。（见图2-2-10）

图2-2-10　《阳光灿烂的日子》剧照

① 李谋著：《CF大透视：影视广告创作指南》，中国摄影出版社2000年版，第286页。

再比如，第一个获得美国OneShow广告奖金奖的华人李巍然的广告片《别人的孩子》全片都采用黑白影调，来表达一种深沉的现实关怀，产生一种直击心底的力量。（见图2-2-11）

图2-2-11　广告片《别人的孩子》截图

（二）色调

1. 色调的内涵

色调也称“调子”，是一组色彩关系所形成的整体特征。镜头、场景以及整部影片都有其色调。

（1）彩色影视画面中总的色彩组织或配置，以某一种颜色为主导，画面呈现一定的色彩倾向。创作者为了表达影片的主题,有时会完全忽略色彩的写实性，通过对客观色彩的提纯和夸张变形，取得纯视觉的色彩效果，依照作者对事物的理解和创造意图，重新赋予世界主观的色彩。比较典型的例子是1964年意大利电影导演安东尼奥尼拍摄的《红色沙漠》。这部以工厂为背景的影片将工厂描绘成被各种不透明的黄色、白色等烟雾所包围的、令人压抑的视觉空间。色彩使人联想到影片中人与人之间那种淡漠、毫无生气的关系，暗示了现代工业文明是造成人们感情隔阂的根源。同时，为体现人与人之间的冷漠关系，安东尼奥尼还把道路和建筑都染成了灰色，而海边小屋那斑驳的红色则象征着无聊而空洞的情欲。

（2）特定场景或同一场景不同场戏中呈现的色调特征，即场景色调。它是构成影视片色彩形式的基本单位,具有相对完整的性质。场景色调由两个依据确定：一是现实生活中的场景色彩，二是剧情本身的内在要求。比如电影《罗拉快跑》中三段组接中的两部分都沉寂在如血的红色中，用红色加强对人物心理状态的刻画，表现对于死亡的恐惧和对于生命的渴望。（见图2-2-12、图2-2-13）

图2-2-12　《罗拉快跑》剧照1

图2-2-13　《罗拉快跑》剧照2

2. 色调使用的要求

（1）基本要求是来自形式美，形式美是绘画对色彩关系和谐、均衡的要求，比如大红不能配大绿。

（2）更高的要求来自于表现。如果色彩的作用主要以表意为主，那么和谐均衡的规则一定程度上可以被打破。表现有两个层次：浅层是人物情绪（色彩本身的寓意），深层是对人物关系的寓意。比如两个对立的色彩可表现对两个立场、态度和观点完全不同的人的隐喻。比如波兰电影导演基斯洛夫斯基的电影《红》，讲述的是一个女模特和老法官之间的由相互戒备到彼此关怀的人性故事。随着这两个角色内心关系的逐步靠近，红色在画面中所占比重也逐渐增加。当老法官在演出结束后向模特讲述自己的隐私时，背景全是红色的座椅；女模特用忧郁的眼神注视着大面积的红色的静照在影片中多次出现——在照片、巨幅的街头广告和影片结尾的定格处。这些看似不经意的处理实际上蕴含了导演对当代博爱的怀疑态度："我们每个人都只在关心自己，即使当我们注意到别人的时候，我们还是想到自己。"[①]（见图2-2-14）

图2-2-14　波兰电影《红》海报

3. 不同色彩所具有的含义

红色：生命、真诚、热情、兴奋、炽烈、太阳、凝聚、强暴、情欲、火焰、积极、奋进、吉祥、警示、危险、革命、战争。

① 颜纯均：《拜读红色》，《当代电影》1998年第5期。

橙色：热情、温和、喜庆、晨光、轻松、嫉妒、权力、诱惑。

黄色：高贵、荣耀、地位、皇室、光辉、快乐、疑惑、轻薄、统治。

绿色：春季、青春、鲜活、生机、安全、平静、和平、希望、神秘、嫉妒、阴冷。

青色：深远、淡雅、冷漠、独立、沉稳、消极、寒冷。

蓝色：深邃、太空、无限、幽静、透视、空间、安适、冷静、凄凉。

紫色：华贵、严肃、神秘、娴静、柔和、庄严、沉稳、幽婉。

黑色：沉默、肃穆、神秘、悲哀、恐惧、死亡、黑夜、诡秘、阴郁、压抑。

白色：纯洁、明快、高雅、冷清、寒雪、快乐。

灰色：和谐、稳定、静止、忧郁、温和、平常、中性。

第三节　景别和镜头

在上一节，我们主要从画面内容构成，以及灯光、色彩的角度对画面语言进行了介绍，本节内容，我们将从景别和拍摄的角度对画面的语言进行介绍。

一、机位

机位是指摄影机与被摄对象的相对位置，它将决定拍摄对象在画框内占据空间的大小、呈现的角度以及形状，这和照相机的取景原理是一样的。机位代表未来观众视点所处的位置。

二、景别

景别是指被摄主体在画面中呈现的范围。景别是一种最重要、也最外在的视觉语言，它决定了观众视界的大小。一般分为远景、全景、中景、近景和特写，也包括一些更细致的景别，包括大远景、大全景、中近景、大特写等。

景别取决于摄影机与被摄主体之间的距离和所使用的镜头焦距的长短这两个因素。景别划分并没有严格标准，多是一种经验的总结。一般分两种情况：一种是以拍摄主体（景物）在画面中所占的大小为准，凡拍摄主体全貌的均为全景，凡拍摄其局部的则为中景、近景等景别；另一种以画框截取成年人身体部位的多少为标准，拍摄人物时多采用这种方式。

（一）远景

拍摄出整个背景、景色或人群等。这种景别的画面可使观众在银幕上看到广阔深远的景象，以展示人物活动的空间背景或环境氛围，还适宜表现规模宏大的人物活动等。（见图2-3-1）

图2-3-1　远景示意图

（二）全景

人物从头到脚都被拍进镜头，即拍摄人物的全身。全景可以让观众看到人物的全身动作及周围环境，具有描述性和客观性。远景和全景均主要用于环境的介绍，远景更多起到渲染氛围的作用。因此，在蒙太奇结构中，远景和全景称作交代镜头，用来交代人与人、人与物、人与环境之间的关系。由于空间方位明确，远景和全景拍摄的方向、视角决定蒙太奇句子里其他景别的拍摄角度，所以远景、全景又被称为总角度。（见图2-3-2）

图2-3-2　全景示意图

（三）中景

中景的画面一般取人物的大半身，即人物膝盖以上的部位。中景是个有趣的景别。空间范围缩小了，环境表现不如远、全景完整，但是有限的空间还是能表现出环境的某些特征。对人物来说，上半身的形象非常突出，面部表情、形象特征、上身姿态，特别是两肢的动作等能够得到非常有力的表现。下半身虽在画外，屏幕上看不见，但是通过上身姿势、形态，观众可以感觉到下半身的动作。因此，中景具有较强的画外暗示功能，既有利于表现出环境特征，又具有表现人物动作的能力，具有良好的叙事能力。在影视作品中，叙事、讲故事主要靠中景来完成。相对来说，远、全、近、特主要是用来渲染气氛，制造意味，表现情感。大体上，中景在一部作品中会占一半，其他景别占一半。中景也是和我们人类观看世界的方式最相符的一种景别。（见图2-3-3）

图2-3-3　中景示意图

（四）近景

拍摄人物的上半身（腰部以上），记录人物的脸部表情、肩部动作和手的动作，表现人物的内心活动。近景中环境消失了，最多只有人物的背景，画面失去了明确的空间特征，人物成为主体。因此，近景要在人物塑造上下功夫，演员的所有面部表情——喜、怒、哀、乐，都要给予恰当的表现。当然，尽管大的空间环境消失，但同样可以利用光线和色彩暗示环境的时空特征。近景也是影视广告中使用较频繁的景别，它可以展现模特和产品的细部，同时又排除掉多余的信息。（见图2-3-4）

图2–3–4　近景示意图

（五）特写

通常是指表现人物肩部以上的身体，或者物体的某个局部的镜头。影视中用的较多的是人物的脸部特写、眼睛特写、手的特写，或者是物体的某个细节部分的特写。导演运用特写主要是为了表现人物的面部表情、特征、动作，以及主要事物细节，以吸引观众的注意力。特写镜头带有极强的主观性和强迫性，也具有极大的暗示作用，因为它排除了所有的多余信息，观众被强迫性地接受导演提供的信息。特写镜头也易使观众与人物产生强烈的内心共鸣。因此，特写（大特写）常常用在影视作品的高潮段落（特别是需要观众情感参与的高潮部分）。影视广告也常用特写（大特写）来展示产品细部，突出产品的品牌和标识。（见图2–3–5）

图2–3–5　特写示意图

图2-3-6为我们完整展示了景别的划分方法。

图2-3-6　景别的完整示意图

（六）景别的心理意义

景别代表摄像机与被摄体距离的远近，而摄像机的视点代表的也是观众观看的视点。心理学研究表明，人与物在物理距离上的远近同时也暗示着心理距离上的远近，生活中的许多常识也证明了这一点。比如一对亲密的恋人总是会靠得很近，而一对感情破裂的夫妻则会有意识地拉开距离；在挤满陌生人的狭窄的电梯里，你会觉得浑身不自在，但在空旷的户外，你则不会有这种感觉。所以景别越近，观众心理上的紧张感也就越强，越远则紧张感越弱。中景、近景差不多是人的“安全距离”的临界点，特写、大特写则超过了这个临界点，就像观众与人物脸对脸的状态，全景、远景则相反，观众因为心理松弛而更理性，成为了旁观者。因此，景别大小形成了一种情感的音阶。

特写——很激动、主观意识

近景——激动

中景——发生兴趣

全景——较冷静

远景——冷静、客观意识

三、拍摄角度

拍摄角度又被称为摄影角度、画面角度、镜头角度和机位角度，实际上也是摄影机的视点。

拍摄角度决定三种关系，即距离关系，摄影机与被摄主体的距离；方向关系，摄影机朝哪个方向去拍摄；高度关系，摄影机在什么高度去拍摄。拍摄角度不仅决定了画面的构图，更直接决定了画面的情感和心理含义，拍摄角度不同，观众对拍摄对象有完全不同的感觉，因此，拍摄角度带有创作者强烈的创作意图和心理好恶。

从被拍摄者与摄影机的朝向来看，拍摄角度可以分为正面、斜侧面、侧面、反侧面和背面（反面）五个拍摄角度。（见图2–3–7）

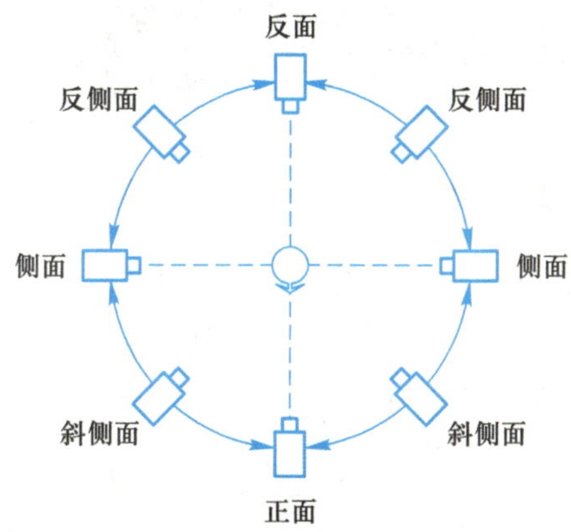

图2–3–7　拍摄方向决定的角度

正面拍摄是正常的角度，它可以获得较强的立体感和空间感，同时，因为被摄体与观众直面相对，更容易获得观众的认同和情感共鸣。

斜侧面拍摄是最常用的一个角度，它可以展示对象的两个或三个面，使被摄对象非常具有立体感。如果跟踪拍摄运动物体，可以使对象保持正常的运动速度，既没加强也未减弱，它经常用于跟拍人的行走。反侧面拍摄与此类似。

侧面拍摄只是勾勒出对象的轮廓，被摄对象无法与观众形成交流，多是沉浸在自己的内心世界里，或者与画外的对象交流，因此，多用来表达孤独、思念等含义。另外，当用此手法固定拍摄运动物体时，可以使速度加快，比如运动员从视线正前方跑过的一刹那，因此，奔马、飞机等用这种拍摄角度。

背面拍摄（反摄）造成的效果是观众只看到对象的背面，如果对象是人则完全和观众没有交流，完全被自身意识所笼罩，从而表达神秘、孤独等含义。典型的例子是，法国报纸登出了一张戴高乐将军退休后，头戴礼帽、手拄拐杖、背对观众的照片，将戴高乐的老年孤独全部表达了出来，引起了全法国人对他的怀念。（见图2–3–8）

图2-3-8　背面拍摄：海边散步的戴高乐将军

（一）平摄

平摄也称平拍，即将摄影机调置到相当于被摄对象视线的高度，使镜头保持水平状态。平摄符合正常人的观看方式，画面本身也是平稳的，它暗示被摄对象与观看者之间是一种平等关系。

（二）仰摄

仰摄又称仰拍。摄影机处于人眼视平线以下的位置，或者低于拍摄对象的位置。对人物造型来说，仰角能把人的下巴和脸部变宽，额头变窄，使人物形象显得高大，它通常用来处理英雄人物或者剧情里举足轻重的角色。对环境塑造来说，平视角常把地平线处理在画幅的下1/3位置上，仰角使地平线下降，天空部分增大，因此能把天空拍得辽阔深远。同时，仰角还能把前景增高、远景压低，使前景变得高大，远景显得矮小。拍摄时，为取得大的仰拍角度，可以采取在地面上挖坑的办法。（见图2-3-9）

图2-3-9　仰摄示意图

（三）俯摄

俯摄又称俯拍。摄影机处于高于人眼视平线的位置，与被摄对象形成一种俯视关系。对人物造型来说，俯角能把人物的额部变宽，脸部和下巴变窄，人物显得很渺小，处于劣势。如果是大俯拍，人物好像被压平在地平线上，可以暗示一种宿命式的人物命运。当拍摄角度接近90°时，称为“扣拍”，或者“顶摄”。这是一个很超脱的角度，相当于飞鸟等的视点，常用于拍摄争吵、群殴等激烈场面。对环境造型来说，俯角拍摄能清楚地交代环境的关系，地平线一般处于画幅的上1/3处，天空减少，地面增多，景物表现的层次感比较清楚。（见图2-3-10）

图2-3-10　俯摄示意图

（四）斜摄

当摄影机机身没有保持平衡而是向左或右倾斜，就变成了斜摄镜头。此时摄影机模拟的是人在侧身或侧头观看时的效果，比如视线被前面的人挡住、侧身躺在床上、斜倚在某个位置、醉酒时走路的感觉，以及倒立时所看见的形象等，这个角度通常是一种主观镜头。（见图2-3-11）

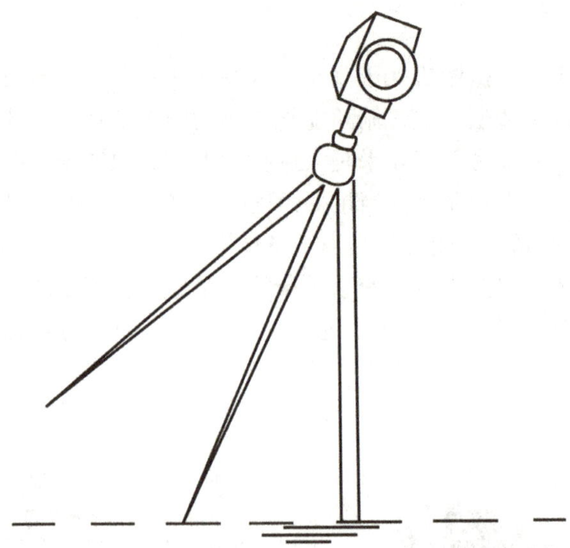

图2-3-11 斜摄示意图

四、镜头的心理角度

由于摄影机代表的是一种视点，我们也可以从心理层面对镜头进行分类。

（一）客观镜头

客观镜头也称中立镜头，它模拟的是一个旁观者、局外人的视点，对镜头展示的事物不参与，不评价，也不流露拍摄者的好恶，带有比较强的真实感。

（二）主观镜头

代表当事人的主观心理角度，模拟的是当事人的视点，让观众与当事人的视点合一，看到当事人看见的景象，体验当事人自身的感受，因此，具有极强的主观色彩。通常可分为几种情况：

1. 梦境和想象；

2. 特殊生理状态的视点，比如醉酒时的恍惚、眼神泛散时的模糊、色盲者的世界等；

3. 特殊位置的视点，比如从空中坠落时所看见的景物、在水底下所看见的景物、小孩子所看见的景物等。

（三）反应镜头

反应镜头可以看成是介于主观镜头和客观镜头之间的一种心理反应镜头，它展现的是人物对外界事物的心理反应，并体现在动作与表情上，比如人物因为紧张或惊恐而“猛回头”的表情，便是如此。

（四）借位镜头

当镜头不代表人的观点，而是假借片中的某个位置或物的视点，以获得正常状态下无法看到的视像时，便形成了借位镜头。比如从鸡窝的视点拍摄鸡在逃避迎面而来的手的镜头、从机翼的视点拍摄跳伞运动员跃出机舱的镜头。借位镜头大多借助动物的视点进行拍摄，随着数字技术的发展，影像本身的丰富已经完全超越了人眼所及的范围，将微型摄像机捆绑在海洋动物身上便可拍出海底世界，甚至也可以借助微型摄像机拍摄丰富的微观世界。

五、镜头的运动

影视天生就和运动相关，电影英文单词“movie”的词根“move”本来就是运动的意思，电影又被称为“活动影像”。影视中的运动大概有以下几种：

1. 摄影机固定，画面内的被摄体运动；
2. 画面内的被摄体不动，摄影机运动；
3. 画面内的被摄体运动，摄影机运动；
4. 画面内的被摄主体与摄影机都不动，背景移动。

这几种运动方式最终形成了影视中的推镜头、拉镜头、摇镜头、移镜头等。在讲运动摄影前，需要讲与运动镜头相关的两个概念：起幅和落幅。

（一）起幅和落幅

通常情况下，摄影机在开始和结束运动时都有一定时间长度的静止画面。起幅指的是摄影机运动前的第一个画面，落幅则是指摄影机结束运动时的最后一个画面。运动镜头一般由起幅（开始摇动时的第一个画面）——停幅（摇动过程中形成的画面）——落幅（摇动停止时的最后一个画面）这三个部分构成。

无论是起幅还是落幅，都要求构图讲究，有适当的静止长度，一般不能少于5秒，这样便于后期剪接的顺畅。如果起幅无法照顾，至少必须照顾落幅。

运动镜头在拍摄过程中讲究平、稳、准、匀。平指的是保持画面平衡。稳指的是运动过程保持稳定。准指构图的准确。匀指摄影机运动速度保持均匀，不能忽快忽慢，有特殊的表达意图除外。

（二）推镜头

推镜头就是摄影机沿着光轴方向向前推进，逐渐接近拍摄对象所形成的镜头。推镜头也代表着观众的视点。

如果拍摄主体已经出现在画框里，那么推镜头的作用就是接近主体，使主体越来越突出，而环境逐渐被排除在画框外。如果主体没有出现在画框内，推镜头的作用便是搜索和寻找主体。

推镜头是从环境到人、从大景别向小景别平滑、连续递进，相当于人眼跑上去接近主体，给人的视觉感受是“前进”，可以表达“来临”“进入”“深入”等心理效果。常常用作“叙事”的开场部分，摄影机带着观众身临其境，进入故事发生的环境，寻找并发现故事的主角。当然，电影开头也不一定要用推镜头，也可以采用由大到小的景别交代，比如好莱坞西部片常常采用这样的镜头组作为开场：大环境（沙漠）——中环境（大峡谷）——小环境（峡谷拐弯处）、（马或马车上的）人物远景——人物（西部牛仔）全景、中景、近景①。尽管两者交代的信息差不多，但推镜头会使观众更有参与感和现场感，并能制造更多的心理期待。当然，拍摄成本也更高。

推镜头还有一种替代拍摄方式即摄影机机位不变，采用变焦镜头，在拍摄过程中摄影机的焦距从短焦距逐渐调至长焦距，这种方式也能起到推镜头的效果。不过，变焦推镜头的视觉效果不是整个镜头接近主体，而是主体被迫与其背景割裂，拉到观众面前。因此，变焦推镜头改变了主体所处的空间关系，使人物与背景产生压缩感，背景通常会变模糊，因而变焦推镜头只是推镜头不得已的替代而已。不过，背景模糊在某种程度上也能产生一种抒情的效果。

（三）拉镜头

拉镜头的运动方式、视觉效果与心理效果恰好与推镜头相反。拉镜头相当于人逐渐后退，将观众的注意力从主体引向环境，并交代、揭示主体与所处环境之间的关系、局部与整体的关系。拉镜头景别逐渐变大，主体越来越小，环境越来越清楚、突出，也逐渐将观众带离叙事空间，观众参与度降低，因此，拉镜头常用于影片或一场戏的结束部分。另外，拉镜头也能制造心理期待甚至悬念，比如在电影《天堂电影院》中，主人公多多与女友第一次驾车兜风的一

---

① 鲁涛著：《影视语言》，陕西人民出版社2003年版，第47页。

场戏，首先用中景展示了他们的浪漫潇洒，如果这时候使用一个拉镜头，展示老爷车的全貌，我们就会看到车的保险杠已经被撞得支离破碎，从而制造一种“意想不到”的效果。

和推镜头一样，也可以采用变焦的方式来制造拉镜头的效果，即将变焦杆从长焦距慢慢调至短焦距。变焦距的拉镜头，能使画面背景关系由虚变实，使被剥离的主体重新与背景融为一体。

（四）摇镜头

摇镜头的运动方式与推、拉镜头的最明显区别是机位不动，摄影机不发生空间位移，只是镜头借助三脚架上的圆盘进行摇动。

摇镜头的视点不动，动的是视线，模拟的是站在原地不动，眼睛环视周围的效果。由于人眼观看周围事物也会左右、上下甚至以360° 环视的方式来观看，因此，摇镜头也分为左右摇动、上下摇动和环摇三种方式。

摇镜头不仅从运动方向上，也从心理层面对人的观看行为进行模仿。它经常代表一种情绪和兴趣，镜头从一个熟知的对象上摇开，到另一个对象上停留下来，然后再“看”其他能引起兴趣的事物，甚至很可能在它感兴趣的事物上“驻足”良久，认真“端详”。摇镜头可以展现宏大的场面和真实的空间关系。由于它不会割裂画面的连贯性，同时摇动的过程也是新事物不断进入观众视野的过程，因此，它可以制造悬念、累积兴奋度，调动观众强烈的参与感和进入感。

另外，摇镜头也是最灵活的一种运动镜头，机身不用移动，无论是摇动的方向和速度都可以自由掌控，因此，具有极强的视觉表现力。当然，使用摇镜头不能为摇而摇，应当清楚使用摇镜头所要表达的含义。不同速度的摇镜头表达的含义会有所不同。

1. 徐缓的慢摇，可以表达平静、悠闲、理性、旁观的情绪状态，就像一个人坐在咖啡馆，静静欣赏窗外景物的感觉。

2. 快速的摇动则代表了“紧张”或“急切地寻找”，就如表现在拥挤的火车站找人的场景，镜头在人群中快速搜索。快摇到一定程度，也被称为“甩”镜头，即像人甩头的动作那样，其影像是模糊的。另外，对尖细的东西（特别是前景的垂直物）不能用快摇，否则会出现“频闪”现象。

《重庆森林》一开始便是一大段甩镜头，中间也多次出现。除表达紧张、急切等心理状态外，“甩”镜头所导致的模糊、不确定的影像，也传达了作者对现实的一种评价：“看不清”的世界，“摸不清”的感情。

摇镜头有左右摇、上下摇几种方式。（见图2-3-12、图2-3-13）

图2-3-12　上下摇镜头示意图

图2-3-13　左右摇镜头示意图

（五）移镜头

移镜头的运动方式是镜头朝向不动，机位整体沿水平方向移动，而且一般与拍摄对象的位置保持相对不变。当拍摄对象呈静态时，摄影机移动，使景物从画面中依次划过，便产生了巡视或展示的效果。当被摄体呈运动状态时，摄影机运动拍摄，能够完整记录被摄体的动作，而且背景也在发生相应的变化。如果跟拍一个人在大街上跑步，我们把这样的镜头称为跟镜头；拍摄位置如果在旁边，则成为侧跟；如果在后边，则成为后跟。我们还可以让摄影机的移动方向与被摄体运动方向相反，从而产生强烈的错位感和疏离感，甚至可以表达反叛、抗拒、冲突、交错、顽强等含义。

移动镜头还有一种特殊的移动方式便是沿弧线移动，称为“弧移”。这时候被摄体作为圆心，摄影机以一定半径环绕拍摄，如果绕被摄体一周，则形成“环移”。摄影机的各种移动摄影方式见图2-3-14。

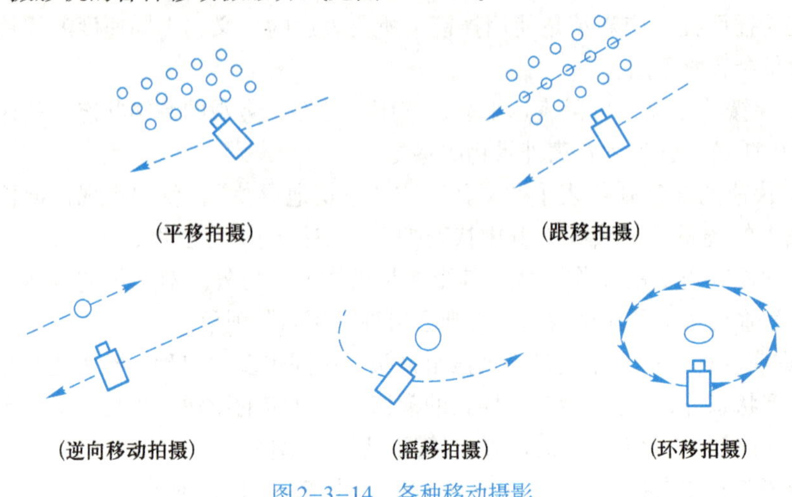

图2-3-14　各种移动摄影

移动镜头能较好地展示环境、表现人物，可以跟踪记录动作发生的过程和细节，与摇镜头一样，可以制造视觉兴奋和心理期待。不过，移动镜头的拍摄必须借助一定的摄影辅助器材（轨道移动车、斯坦尼康、摇臂等）或与场景相关的一些交通工具（飞机、汽车、火车、轮船等）。

（六）升降镜头

摄影机离开地面，在空中做上下位置移动的拍摄而形成的镜头。上升拍摄形成“升”镜头，下降拍摄形成“降”镜头。

在升镜头中，场景中的地面景物会成为画面的主要背景，利用好前景会产生高度感，形成丰富的视觉变化。在降镜头中，场景中的天空或其他景物会形成画面的主要背景，如果巧妙利用前景，则能加强空间深度感。

升降镜头常常用来展示场景、事件的规模、气氛等，或表达处于上升或下降时人物的主观感受和视点变化。升降镜头的拍摄需要借助拍摄机，如图2-3-15所示。

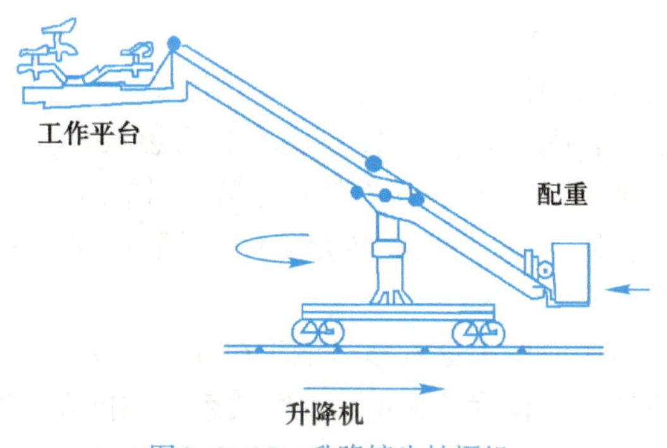

图2-3-15 升降镜头拍摄机

六、轴线

轴线是影视拍摄中的一个重要概念，在剧情片（包括电影和电视剧）的拍摄中尤其重要，因为它关系到前后拍摄的空间、视线、方向等能否衔接。不过，影视广告通常不需要注意轴线的问题，因为其拍摄目的是展示产品而不是常规叙事，因此，影视广告反而可能去打破常规的轴线规则，制造特殊效果。

轴线也被称为“180° 轴线”，是指由被摄体的运动方向、视线方向和两个被摄体之间的关系形成的一条假想的线，一旦这条线已经确定，在通常情况下，摄影机只能在假想线的一侧进行机位的设置和拍摄，而不能随意越过这条轴线进行拍摄。

我们以拍摄两个人坐在一起聊天作为例子来了解导演是如何对一场戏进行处理的。(见图2-3-16)

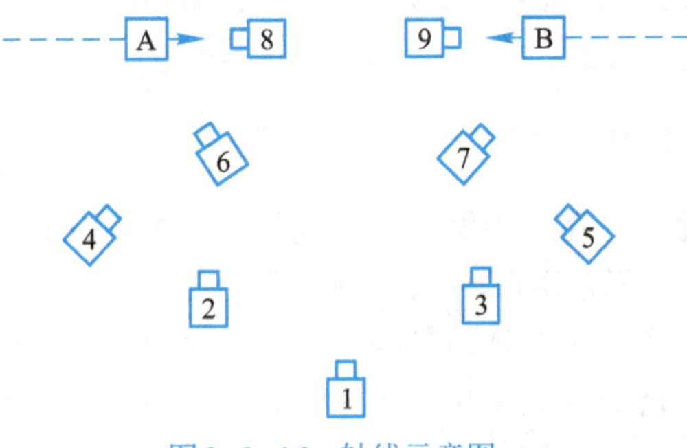

图2-3-16　轴线示意图

图中A与B坐在一起聊天，将A与B用虚线连接起来，这条虚线既是两人的交流视线，又是两人的关系线，这条虚线就是轴线，并以这条线为准，将空间分为上方和下方。

图上方被称为表现空间、背景空间、现实空间，因为这个空间在九个镜头中的任何一个中都能被拍到(整体或者局部)。

图下方被称为调度空间、想象空间、暗示空间，在这个空间中，导演可以进行镜头调度，但不会在画面中出现，永远是让人想象的。

1号镜头：这类镜头拍到的画面大都是全景系列景别，交代了画面的环境关系，决定了背景、光线、空间、画面人物的轴线关系、人物位置，所有其他镜头，都以此作为依据。

2、3号镜头：从画面形式看2、3号镜头在画面效果上与1号镜头只是景别、距离、人物数量不同，但在背景关系、视线关系、拍摄方向上都十分接近，人物面孔基本一致，在与1号镜头连接后给人产生原地跳接的感觉。2、3号镜头极容易拍摄，换景别就可以，光线可以不变。

4、5号镜头：这两个镜头处在镜头平面图的最底边外侧，被称为外反拍镜头、对称过肩镜头、局部关系镜头，景别多以中景、中近景、特写为主。人物视线在4、5号镜头中是内向的，而且是对应的。由于镜头焦距和镜头焦点的作用，4、5号镜头中往往前景人物是虚影像，后景人物是实影像。这也造成前景人物在感觉上受到限制，而后景人物则很舒展。由于观众可以清楚地看到人物、位置、环境、视线四者之间的关系，所以4、5号镜头是表现局部关系的镜头，最具交流效果，使用频率也最高。

6、7号镜头：这两个镜头称为内反拍镜头，景别一般以中景、近景、特写为主。6、7号镜头剪接在一起，视线互逆而且对应，形成交流关系。从视觉效果上分析，

6、7号镜头拍摄时越接近轴线，画面人物越有交流感、参与感、渗透感和对抗感。

8、9号镜头：也称正、反打镜头。同时，由于这两个镜头比较特殊，其视轴方向与人物轴线方向基本平行或重合，因此也称为骑轴镜头、视轴镜头。①

第四节　影视构图

构图就是指在固定大小的画框内安排各种物像的位置、大小、角度、运动、相互关系及其光影、色彩的空间分布和配置的方法。

和影调与色调相似，影视构图大体遵循两条原则：一是形式的，即纯粹的视觉美感原则；二是内容的，即服从剧情需要的原则，依次又可分为叙事、表意、维护整体三个层次。

绘画构图是静态的，而影视构图则是静态与动态的结合。静态构图与绘画原则基本一致，比如强调均衡与变化、透视与纵深、紧凑与完整。而动态构图则要复杂很多，因为画面的“运动”由三个方面构成：画面内物体的运动、摄影机的运动（包括机位和焦距的变化）以及二者相互结合产生的更丰富的变化。

下面我们将对影视构图的规则逐步进行介绍。

一、线条

（一）基本的线条类型

在影视构图中，线条是指画框内由拍摄对象形成的虚线，常见的有下面几种形式：

1. 水平式

其心理效果是稳定、平淡，如拍摄大海、草原、沙漠等。

2. 垂直式

其心理效果是挺拔、威严，如拍摄高塔、教堂等。

3. S形

其心理特征是动感、动势、优美，大体沿对角线构图，比如拍摄盘山公路、长城等。

---

① 王诗文主编：《电视广告》，中国广播电视出版社2001年版，第248页。

4. 斜线式

较标准的对角线构图，更易形成动感，画面活泼，如拍摄单个的飞机或机群、射箭、划船等。

（二）各种线形及心理效果

1. 直线

刚直。代表形象：男人。

2. 曲线

柔软、优美。代表形象：女人。

3. 水平线

稳定、平和、休息。代表形象：大海、大地、草原等。

4. 垂直线

向上、朝气。代表形象：教堂、尖塔。

5. 对角线

运动、力量。代表形象：飞机起飞，拉弓射箭。

6. 正方形

坚固、团结、呆板、封闭。代表形象：群体方阵。

7. 三角形

稳定。代表形象：金字塔。倒三角形则代表不稳定。

8. 圆形

圆满、母性、连续。代表形象：月亮、女性的脸、跳交谊舞等。

9. S形

优美、变通。代表形象：女性身体、飘飞的彩带。

10. Z形

转折、巨变，好事多磨。代表形象：盘山公路。

11. 十字形

组合、关切。代表形象：十字架、红十字会标志。

（三）物体运动方向、方式的心理效果

1. 向右的运动：自然、顺畅。

2. 向左的运动：反叛、意志，如逆水行舟。

3. “↗”运动：速度感，如炮弹出膛、飞机起飞。

4. “↘”运动：重量感及速度感，如飞机降落。

5. “↙”运动：飘动感，如降落伞。

6. “　　” 运动：强烈的意志，如登山。

7. “　　”：疏远、淡漠、结束，如机群、鸟群飞远。

8. “　　”：强烈的压迫以及意志，如围剿最后的敌人等。

9. “　　”：喜悦、欢呼，如跳舞。

10. “　　”：恐怖，如蛇行、闪电。

11. “　　”：单调、无聊，如钟摆，“晃腿”。

12. “　　”：暴乱，如炸弹落入人群。

二、影视构图的区域分布

（一）趣味线

如图2-4-1所示，线段AC在不受力的情况下本应位于虚线DE的位置，但现在它受左边线的作用力向左偏移，右边线的作用力虽处于劣势但仍未失去对它的作用，还在企图把它往右拉。这就像拔河比赛一样，最动感的点并不是绳结位于最中央的位置，而是处于比赛双方即将分出输赢，但还在僵持的那个点上。同样，线条AC就在左右力的作用下来回移动，引起观众兴趣，因此，位于该位置的物体极具动感，线条AC的位置就是画面的“趣味线”。我们通常把需要引起观众注意的角色放在趣味线上（见图2-4-2）。

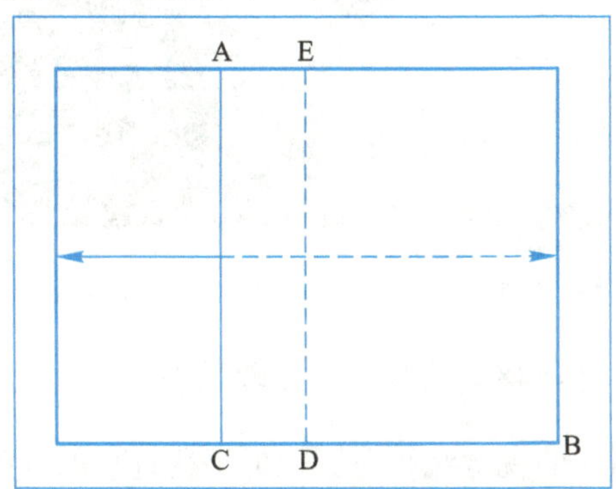

图2-4-1　趣味线示意图

图2-4-2　《卡门》中位于趣味线上的男女主角

（二）趣味点

影视屏幕有四条趣味线，各自大约位于所靠底边的1/3处，这四条趣味线相交而成的点便是趣味点，趣味点是影视画面的注意中心，把物体置于趣味点上特别引人注目。（见图2–4–3）在拍摄人物时我们通常将他们的头部置于趣味点上，而让他们的身体占据一条趣味线。如果将人物的眼睛置于趣味点上，眼睛会显得非常生动。（见图2–4–4）

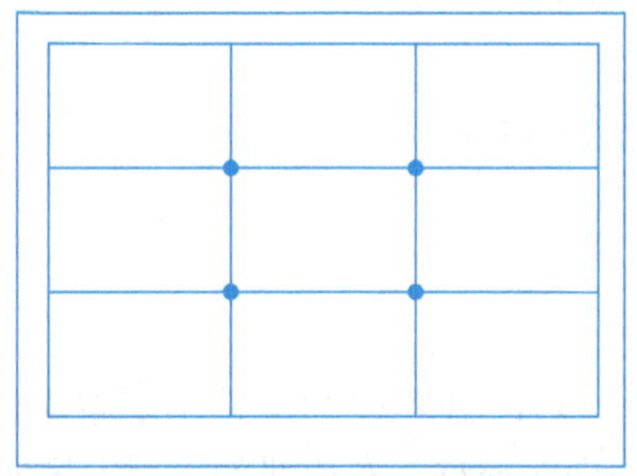

图2–4–3　趣味点分布图

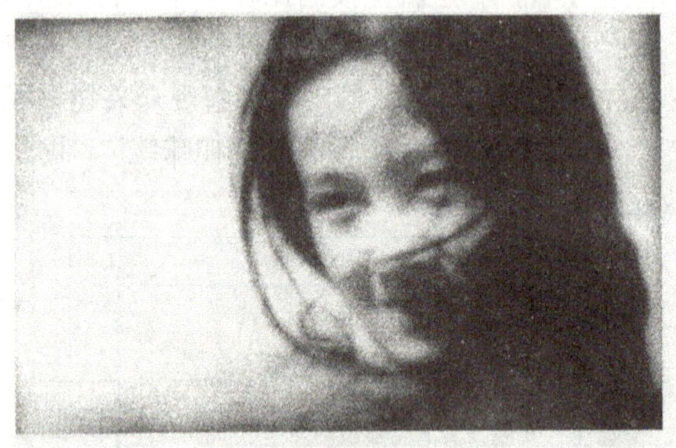

图2–4–4　人物眼睛处于趣味点上的生动效果

（三）影视屏幕各区域的视觉心理特征

图2–4–5是按照人的视觉流程对影视屏幕所进行的分区，外围的长方形画框代表摄像机的取景框，里边的长方形代表安全成像区域。影视画面被由长方形边线始发并结束的两条竖线段和一条横线段分成横三直二的六个方格，每一个方格都有其特定的视觉作用。其中，线段AB、BD、DC、CA是趣味线，而A、B、C、D点则是趣味点。将重要信息置于趣味线和趣味点上，能引起观者的极大注意，其中，由四条趣味线相交而成的阴影部分又是画面的视觉注意中心。

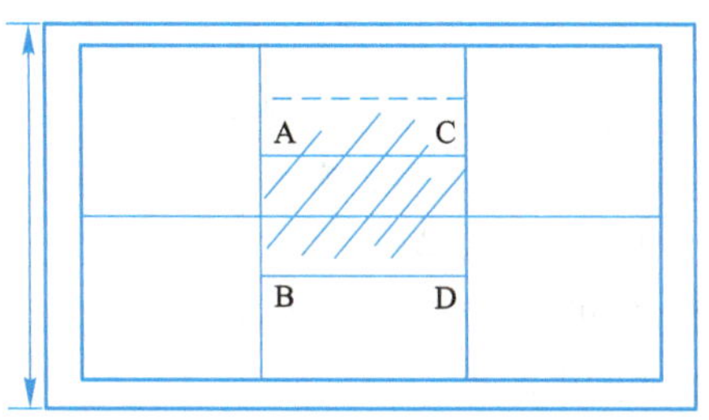

图2-4-5　影视屏幕视觉分区

左上区为第一区，是视觉运动的始发区。生理科学实验表明，人眼对事物观察顺序是从左至右，先上后下的。该区的注视度高，比较活跃，是一个具有欢快、浪漫、清新、甜美、思念、希望等色彩的区域，也是悲凄和回忆的区域，又被称为“赏月区域”。影视创作者习惯于将比较重要的信息置放于该区域，或者作为主体运动的起始区域。而影视广告也将头几秒的信息集中于此区域。

中上区为第二区，是高潮和中心区域，也被称为特写区，是安放最重要信息的区域。影视作品中居主导地位的元素、特写画面和字幕通常置放于此。该区适合于图像的上下运动和纵向活动，不适于左右运动。最常见的图像是从小到大的扩展或从远到近的推进，具有庄严、稳健、安详、优越等情感色彩。当然，如果过分倚重于该区域的信息传达，也会造成乏味呆板的效果。

右上区为第三区，该区域最适合于斜向运动，将观众视线引向中心区，是最富诗意和变化的区域，象征生命和力量。该区域往往采用中远景镜头处理，是具有青春、美妙、活力、意志、奋发等感情色彩的区域。在该区域中，如果物体从右向左运动，会因逆向运动而产生力量感和抗争感。因此，影视广告中常用一魁梧男士手握啤酒瓶向左方发出邀请，但啤酒瓶若从左上方第一区伸出，则失去了魄力。

左下区为第四区，是次要信息的区域，适合于提示和补充，比如解说员拿着解说棒站立解说一般就安排于此。它把人们的视线引向画面的其他区域，具有亲切、温暖、慰藉、引人深思、含蓄、梦幻等心理色彩。由于该区域注视度比较低，因此，影视广告通常避免将商品价格、商标等重要信息放于该区域，而将次要的信息或边缘性的人物放置于此。

中下区为第五区，是仅次于第二区的高潮和中心区域，和第二区相互联系、补充与演进，也构成支配与被支配的关系，是金字塔构图的基座，往往处于平衡状态，是电视广告结束前几秒钟的静态区和运动的终止区。第五区最适合重复、展示和强调，是戏剧的关键区域。忽视该区域的视觉信息表现，电视广告就会产生松散、凌乱和有始无终的感觉。影视作品的终止信息，如“剧终”“再见”等字幕，基本上集中于该区，是具有坚强信念、远大目标、自豪、留恋、永恒和追求等心理状态的区域。

右下方为第六区，是注视度最低、视觉信息量最少的边缘地带，极容易被人遗忘，但也常常产生戏剧效果，是冷淡、孤独的区域，也是具有神秘、意外、幽默、紧张、好奇等心理感受的区域。

第二区的2/3和第五区的1/3所构成的阴影部分是整个画面的中心区，其中，第二区的中心是整个画面的中心点。

影视作品2/3以上的镜头都是中、近景镜头，这与我们在现实生活中观察事物的方法相类似，既给予人物活动的空间，又能够交代出必要的信息和细节，而全景（远景）和特写只是起到渲染或强化作用，它很少直接用于叙事。因此，影视作品强调场面调度，即信息在空间中的分布。这与影视广告通常采用特写的方式来突出商品截然不同。

三、影视广告构图的基本原则

（一）静态构图

静态构图的总原则是对立统一。

1. 平衡与变化

平衡是画面构图中最重要的一个法则。失去平衡，画面就失去了整体性、秩序性和稳定性。但是平衡并不是要求画面对称，相反，它要求打破对称，让非对称构图产生平衡感。非对称平衡相对于对称的平衡更具有美感。举例来说，一个人四平八稳地站立，虽然平衡，但并无美感；如果是舞蹈演员或者体操演员在舞台或者平衡木上做出种种造型，虽然不对称却有很强的美感。影视广告的构图中需要的就是这种平衡，是变化中的平衡。可以利用视线的惯性，利用线条的指向、汇聚，利用相同影调的响应等，使画面给人以均衡感。

在电视广告中，严格的对称显得呆板，不能体现创造性和想象力。突破对称就要对画面做不等分割，在不等分割产生的空间上安排各种视觉信息。如果画面上有三个人，那么三个人的排列不可呈正三角形，也不可呈一条直线。即使画面上的人物围在一起，也要错落有致，避免出现中规中矩的方形或者圆形。当然，在画面需要显得稳定、庄重、典雅的时候，也还是要选择使用富有变化的对称性构图。

2. 对比与调和

对比是平面构图的基本法则。对比不仅能产生形式美感，而且是突出主题信息的最有效办法。

（1）明暗对比

把明亮的主体置于较暗的背景前，或把较暗的主体置于较亮的背景前都可以使主题得到强调。

（2）虚实对比

如果主体与背景的亮度差不多，背景显得很清楚，又找不到使主体与背景分离的角度时，可以把背景虚化，从而达到突出主体的目的。

（3）主客对比

广告商品的大小、轻重是一定的，如何把这方面的信息准确地传达给电视观众呢？显然，单独表现商品是不行的，必须有参照物才能便于人们判断。比如，可以让人站在冰箱旁边，也可以让人把药丸放在手心里。

（4）远近对比

利用近大远小这一透视原理，可以将广告商品放在远离镜头的地方，在近处放置一个适当大小的物体，用以衬托。

（5）粗精对比

某支手表的电视广告让手表藏身于一个剖开的海螺里，手表的精致与海螺的粗糙形成较大的反差，从而体现广告商品的高贵与神秘感。

此外，还有刚与柔、疏与密、残与全、轻与重、藏与露、方与圆、直与斜等对比关系。所有对比都必须达成统一，即处于调和状态。

3. 多样与秩序

一幅画面所包含的视觉要素可能很多，如果它们的组合是杂乱无章的，则不仅没有美感而且不能传达明确的信息。构图的识别性极为重要。人的视觉能否马上识别出物体，关键在于物体之间是否有序。

为了克服凌乱的感觉，主体与配景之间应力求简洁，二者之间要强调相似、关联、逻辑、整体、规则。画面一定要以单元组合来体现。例如，两只鸭子单独放置，不如一只略被另一只遮盖，使两只成为一个“单元”。一群人或一些物品，都不可散漫无拘，应当妥善组合，使之自成“单元”。这种法则在电视构图中称为“人物或工具的排列法”，它要求每一单元必须是同类。比如，化妆品用鲜花来衬托，化妆品和鲜花各自组成单元，不可混杂在一起。另外主体单元应占主体地位，同一个画面通常只出现一个完整主体单元。

4. 从属与支配

当许多对立的要素一起存在时，存在排斥、竞争的现象，这时便需要一个主调来组织它，有了主调便有了统一。这个主调在整个画面中起支配的作用，其他部分则处于从属地位。例如，一张画面里有数种颜色时，多的颜色成为主调支配整个画面，少的颜色就成为画面的点缀。

除了上例这种以量形成支配的方法外，有趣味的东西，或是具有特殊意味及个性的形体或色彩，也能达到支配的效果。例如，多数方形中的一个圆形、万绿丛中一点红或是黑暗中的一束光，皆能支配整个画面。这种情形我们称为“强度支配”。

影视广告中的静态构图的最终职责是为了表现产品。影视广告的主体是广告商品。为了表现并突出这一主体，可以在构图中把广告商品放在电视屏幕最引人瞩目的位置，即第二区和第五区之间。还可以利用陪衬来衬托广告商品，正衬或者反衬都可以。此外，可以利用明暗、虚实等手法将主体与背景分离开，还可给广告商品以特写镜头并加上轮廓光及其他光影效果等。

（二）动态构图

一幅幅静态构图组接起来构成动态构图。动态图像是影视广告相比于其他广告形式的最大优点，因此动态构图在影视广告中的重要性不言而喻。

人的视觉容易受到运动的吸引，在画面上运动起来的人物和产品能突破二维电视屏幕的限制而表现其空间的立体结构和形态。运动还能将情节在时间和空间中逐步展开。这样，影视广告不仅有三维立体形态，还有四维的时空结构。

1. 运动的基本定式

第一，运动方向定式。

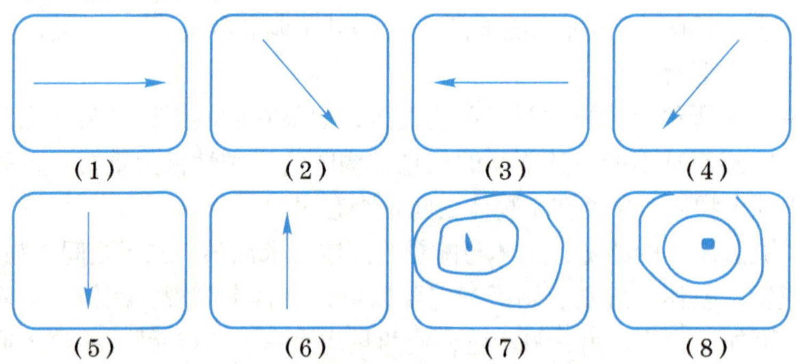

图2-4-6　运动方向定式示意

图2-4-6展示了影视广告中常用的8种运动方向定式。

（1）由左向右移动的商品，看起来感到轻快。

（2）由左上方向右下方移动，是物品下落时美丽的曲线。

（3）由右向左的运动表示坚强的反抗，给人印象强烈。

（4）从右上方进来，停止于画框之下部偏左，表示强烈的力量，用于说明、主张、证实最有效。

（5）表示正在向下落的曲线，常被用作使人想起所提示的商品，此种运动方式被广泛运用。

（6）由下向上的运动，这种方向运动的力量极强。不论在戏剧还是广告影片中，用这种运动效果甚佳，人物或商品自下向上升起，或被摄体自下向上举起，都能给人留下强烈的印象。

（7）和（8）一样，不是与屏幕平行的运动，而是与屏幕垂直的景深运动，（7）表示后退，（8）表示接近。后退给人以安定和沉静感，接近则制造兴奋感。

不同方向的运动效果比较如下：

（1）人或物自左向右或自右向左的运动，与上下的运动相比更有力度感。

（2）自左下向右上或自左上向右下所作的斜线运动，其观感是轻快的、舒适的。相反，从右上往左下或右下往左上的运动则显得沉滞、阻塞，这和人眼习惯于从左往右观看事物的习惯相吻合。

（3）景深运动（接近或远离摄影机的运动），较之左右运动更富有戏剧性，而且印象更强。人或物直接面向摄影机前进的运动，给人印象最强烈。

第二，运动速度定式。

（1）速度感

速度感与景别有关。同样的运动速度，在远景中显得慢，在中景中显得快，即：视距短，速度感强；视距长，速度感弱。

长焦追随拍摄出的横向运动物体，广角拍摄出的纵向运动物体，其速度感甚强。若横向运动体和镜头之间有较密的条状物体（如栅栏），速度感就会加强。

（2）速度与力度

速度快，给人的感觉力度大。要体现广告商品的力度，可以让商品或商标快速运动。同样，要表达欢快紧张的情绪，就得安排快速运动的物体，如滚滚车轮、疾风暴雨等，以激起观众相对应的情绪节奏。慢速度的运动具有有限、恬静的心理效果。

力度还与节奏有关。运动突然停止或有缓急变化，比恒速更能给人留下深刻印象。

2. 动态构图规律

（1）静与动的统一

静态构图在影视里出现的时间极短，影视广告尤其需要“动”。动的镜头如果太少，就无法引起观众的兴趣。

演员在表演的某个环节变成静的姿势，但是那静的姿势里蕴藏着生命力，它是为下一个运动做准备，或者是为了发展下一个剧情做铺垫。这个“静”马上被“动”所破坏，形成静—动—静的运动过程。

人类的行动是有意义的，观众想知道这种行为的意义，因此都想看到运动的结局。所以，电视画面一般都以静态构图作为一个段落的结束。画面上有一辆汽车开足了马力向前奔驰，如果它突然切断，观众就会感到悬在半空中，容易产生反感。这种情形下必须用静的画面结束。方法之一是让运动的物体自然地恢复到静止状态，另外一种方法是把摄影机放在与飞驰的汽车同样速度的另一辆汽车上拍摄，这种“视觉印象的安定化”是绝对必要的。

（2）运动的呼应性

A.方向

首先不能随意改变被摄体的方向。如果运动的被摄体出画，譬如飞驰的汽车向左画框外跑去会在观众心中造成那辆汽车“永久向左跑”的印象。假如下一镜头让汽车从左方突然入画，观众会以为是别的汽车，并且会有两辆汽车相撞的错觉。所以，连接逆转方向的运动镜头是危险的，必须拍摄转换方向的场面，即加进中间镜头。

B.时间

运动是有过程的，一个连续的动作最好能够得到全部展示。譬如在记录高尔夫球手扬杆击球这一过程时，不得忽略球在空中飞行的时间，不可让击球的镜头直接连接球躺在地上的静止画面，一般应加一个球在空中飞的镜头，也可以延长击球或球落地镜头的长度，如让球手击球后仰望天空，让球弹跳着落地等。

（三）透视原则

在影视中，可以采用多种手法来达到透视的效果。

1. 线条透视

线条透视也称为视角透视和单点透视，是用一定规律的线条来表现空间深度的方法，其特征是近大远小、近疏远密，视平线有消失点。

2. 空气透视

也称大气透视。由于空气介质对不同波长的光线吸收、反射、扩散的程度不同，导致人在视觉上产生近暗远亮、近浓远淡、近冷远暖、近清晰远模糊等错觉。加强这种透视效果可展现空间的光线角度、空气质量以及地理、气候、海拔、季节等因素。

3. 焦点透视

利用影像焦点的虚实体现空间的深度。近焦点者清晰，越远越模糊。调节焦点，可以反映前、中、后景物的空间关系及其深度。

第五节　影视广告中的声音

影视广告作为声画结合的艺术（广告艺术）形式，无论在传达信息、深化情感、营造氛围等方面，声音都起着极为关键的作用。

一、影视广告中的声音类型

（一）有声源声音

即声音和声源同时出现在画面之中，比如收音机里正在播放邓丽君的歌曲，观众同时听到了歌声也看到了收音机摆放在桌上。有声源声音强调了声音的真实性，表明声音不是由创作者人为添加的，突出了环境的真实。当然，在影视中任何元素的使用都是有目的的，有声源声音同样可以起到塑造环境和氛围、表达情感、推动叙事等作用，且显得比较自然。

（二）无声源声音

指声音和声源没有同时出现在画面中。有几种情况。第一种情况是声源是真实的，只是处于画外而已。比如画面是一个男人在躺椅上乘凉，而画外传来的是男人的老婆在屋里骂他的声音。这种情况我们也可以认为它属于有声源声音。另一种情况是声源根本就没有出现于环境之中，采用的是后期配音。比如画面是战争场面，音响却是交响乐。无声源声音因不受声源的制约，因此，使用上更加灵活，可以表达感情，可以刻画人物心理，可以营造气氛，也可以起到叙事的作用，甚至还可以表达创作者的态度等。

二、影视广告中的声画关系

（一）声画同步

声画同步指画面视觉形象与声音形象完全一致，即声音与画面的进行是完全同步的，是对画面及其变化的重复或解释，所以又称声画合一。

在这种情况下，声源一般都出现在画面内，并和声源声音同时出现，同时进行，同时消失，两者如影随形，互相吻合。观众所听到的内容也是他们所看到的内容，给人以真实感。声画合一是再现、表现现实生活的一种手段，是影视广告最基本的表现手段。

（二）声画分立

声画分立是指画面中的声音和形象不一致，互相离异，即声音和发声体不在同一画面中，声音以画外形式出现。它们在分离的基础上求得和谐与统一，使声音从依附于形象的从属地位中解放出来，成为独立要素。声画分立加强了声音同画面形象的内在联系，使之更加富于感染力，从而丰富了影视语言的表现力。比如电影《本命年》中，主人公李慧泉被街头小混混刺伤后，逆人流而行，这时音响不是街上的人声、车声，而是邻居大妈的温暖的声音："泉子，泉子……"邻居大妈的形象并未出现在银幕上，而只出现她的声音，这便是典型的声画分立，把亲情的温暖和当下的冷漠做了对比。（见图2–5–1）

图2–5–1　电影《本命年》海报

（三）声画对位

声画对位有两种情况：声画平行和声画对立。比如电影《甜蜜蜜》中，黎明饰演的黎小军找到工作，用自行车载着张曼玉饰演的李翘在大街上快活地飞奔，音乐配的是国歌，既表达黎小军的快乐心情，又暗示他的大陆人身份，这便是典型的声画平行（见图2–5–2）。再比如，一则小学生"减负"的公益广告中，在小学生上学途中、课堂上抄写背诵、灯下做作业、桌上堆满书等一系列画面中，配上了一首表现儿童烂漫天性的歌曲《童年》，强调了一种对比和反讽，便是声画对立。

图2–5–2　电影《甜蜜蜜》中黎小军载着李翘在香港街头幸福地飞奔

三、影视广告中声音的作用

（一）突出商品特性，强化记忆点

声音具有独特的魅力，可以充分调动观众的想象力，使产品特性更加清晰，记忆点更加尖锐。就像广告人常说的一句话，“不要卖牛排，要卖烤牛排的吱吱声。”有一则美国的联邦快递广告，片中为了突出联邦快递公司的服务质量——时效性，令里面的演员说话语速飞快，像个机械人一样，说话没有换气，不带停顿。这种声音叙述形式很诙谐，很夸张，在展示广告本身创意的与众不同之时又充分表现出公司极高的办事效率，员工全都训练有素，虽然不免会有些冷漠机械的感觉，但却很好地将商品特性——快速、高效传递了出来。

（二）用声音体现出商品的地域文化特色

由于商品有地方性，声音也有地域性，在什么地方推销商品，可利用具有当地特色的声音作为广告声音，接近当地消费者。例如在国内的一则药品广告中，由于产品是东北制药厂生产的，于是广告中的两只螃蟹的配音也使用了东北话，广告中的内容和商品的产地就很容易被观众记住。

（三）用声音塑造产品形象

电视广告尽管有其直观的优势，但很多商品是用画面形象难以表达的，甚至用画面表现会显得拙劣粗糙。换一种思维方式，使用声音的塑形魅力可能就会使形象更加生动起来。德国的一则杀虫剂的广告中，由于商品是杀虫剂，广告中就必然会出现商品的针对物——害虫，而虫子并不好直接被画面捕捉。这则广告就利用了声音作为叙事主体，描述了餐馆里的侍应生因为被蚊虫干扰，打翻了手中食物的场景。广告片开始的时候是音乐与蚊虫的声音，到最后则是摔瓶子的声音和盘子落地的声音，表现出一切因为蚊虫的干扰而不得安宁，这时画面出现了杀虫剂的形象，而画外音则是一个很安静很浑厚的男声：“杀虫剂给你一个宁静的夏天”。

（四）用声音塑造广告中的人物形象

声音不仅塑造产品形象，也可以用来刻画人物形象。比如一则英国的啤酒广告便是利用不同的音乐风格、调性来塑造广告中每个不同人物的形象。酒吧里走进一位性感的女顾客，她和酒吧招待说着什么，两人表情非常暧昧。酒吧里的许多男顾客都想要接近这位女顾客，想知道他们在说什么，他们各尽所能地去接近这位女士，最后大家知道他们其实是在说这种啤酒是最好的。片中女顾客的形象是利用了一种频率较低的黑管乐器来表现的，这更使她显得性感、动人，而几位身材肥胖的男顾客形象使用了小提琴的高频来表现，充分显现出他们行为的滑稽可笑。在这种声音频率、乐器与人物形象的对位关系中，不仅广告本身变得有趣、诙谐，广告的声音层次也变得丰富，满足了观众的视听需要。

（五）利用声音制造情绪和节奏

由于电视广告的时长有严格限制，因此广告中的叙事应非常简洁明了。在短短的几十秒钟之内，既要完成叙事，又要尽量给观众更多的惊奇和悬念，以强化观众对商品的记忆，因此，声音在其中便可以起到调动情绪、转换节奏的功能。例如，美国有一则丝袜广告，情绪气氛从紧张到轻松，声音的整体设计也跟随这种气氛的改变而改变。片中利用一只猫的视角，给观众带来了悬念，从猫进到屋里，房间的一切都变得紧张：玻璃缸里的金鱼、笼子里的鹦鹉和地上的玩具老鼠，可是黑猫却从这些惊惊颤颤的动物们中间走过，停留在主人的脚边，原来它是喜欢主人的丝袜的那种柔滑的感觉。整段广告的音乐成为情绪节奏的控制中心，随着旋律和节奏的转换，完成了整个故事的叙述，叙述方法既简练又显得很有新意。①

第六节　影视叙事语法——蒙太奇

一、蒙太奇的定义

蒙太奇来自法语，是“montage”的音译，原意是指建筑学上的构成、装配，借用到影视中有组接、构成的意思。《电影艺术词典》对蒙太奇的定义是：“在电影创作中，根据主题的需要、情节的发展、观众的注意力和关心的程度，将全片所要表现的内容分解为不同的段落、场面、镜头，分别进行处理和拍摄。然后再根据原定的创作构思，运用艺术技巧，将这些镜头、场面和段落合乎逻辑地、富于节奏地重新组合，使之通过形象间相辅相成和相反相成的关系，相

① 甘凌：《浅析影视广告声音设计的特征》，《北京电影学院学报》2003年第1期。

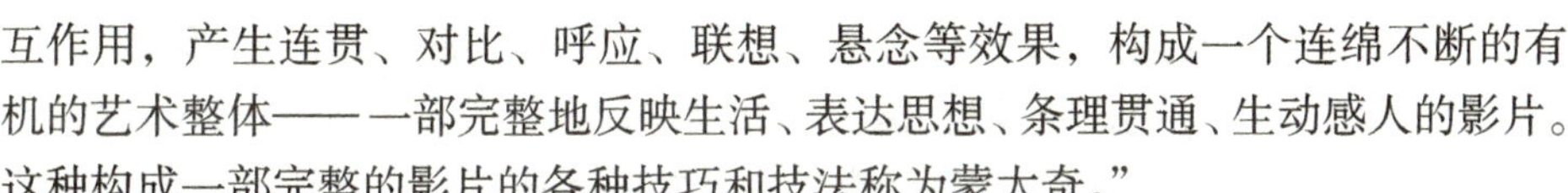

互作用，产生连贯、对比、呼应、联想、悬念等效果，构成一个连绵不断的有机的艺术整体——一部完整地反映生活、表达思想、条理贯通、生动感人的影片。这种构成一部完整的影片的各种技巧和技法称为蒙太奇。”

二、蒙太奇的含义

对蒙太奇的含义，我们可从以下三个层面来理解：

（1）影视操作层面：即蒙太奇是一种镜头组接的技巧。镜头与镜头之间按照什么方式组接成一个蒙太奇句子，句子与句子之间又按照什么方式组接成蒙太奇段落。

（2）影视观念层面：蒙太奇这一术语体现出了一种观念。一方面我们摆脱了单纯使用摄影机进行记录的阶段，开始进入对现实世界的解释和表现领域；另一方面，它摆脱了我们惯常的线性思维的逻辑束缚，逐渐认识到我们自身的视知觉的内在规律，即对外在世界进行观察、选择、重新组合，并做出解释的过程。

（3）影视效果层面：蒙太奇可以决定影片的节奏。镜头的长短、拍摄手法、长短镜头的组接方式可以产生节奏，并创造出相应的意境。

三、蒙太奇的功能

（1）选择与取舍，概括与集中。通过镜头、场面、段落的分切与组接，可以对素材进行选择与取舍，选取并保留主要的、本质的部分，省略或删除烦琐的、多余的部分；可以突出重点，强调具有特征的、富有表现力的细节，使内容表现主次分明，繁简得当，隐现适度，达到高度的概括和集中。

（2）引导观众注意力，激发观众的联想，使观众参与剧中情境。由于镜头是按照事先设计的创作意图进行组接的，能够严格规范并引导观众注意力，影响观众情绪和感受，使观众按照设计的路线做出相应的心理和情感反应。

（3）蒙太奇可以创造独特的影视时空。运用蒙太奇对现实生活的时间和空间进行加工、剪裁、组织和改造，使之成为独特的艺术元素——电影的时间和空间，使电影在时空表现上更加自由，并形成不同的影视叙述方式和结构，使影视风格多样化。

（4）形成不同的节奏。

（5）组织、综合各种元素。运用蒙太奇将影视的各种元素（表演、摄影、造型、声音等），即将视觉元素（人、景、物、光、色、构图等）和听觉元素（人声、自然音响、音乐）融合为运动的、连续不断的、统一完整的声画结合的影视作品。

（6）表达寓意，创造意境。镜头的切换与组合，声画的组合与相互作用，可以产生新的含义，即产生单个镜头、单独的画面或声音本身所不具有的思想含义，可以表达出抽象的思想，表达作者的寓意，创造出独特的意境①。

四、蒙太奇的类型

蒙太奇分为两类：叙述性蒙太奇和表现性蒙太奇。

（一）叙述性蒙太奇

叙述性蒙太奇是指通过一个个画面，来讲述动作、交代情节、演示故事。

比如拍摄田径场上的赛跑场面，可以用六个镜头：

（1）枪响，运动员跃出起跑线；

（2）赛场全景，助威声四起；

（3）一运动员跌倒；

（4）观众惊讶起立；

（5）运动员爬起，继续前进；

（6）观众热烈鼓掌。

叙述蒙太奇必须具备连续性和联系性。连续性表现在时空关系上，即时间的连续和空间的统一；联系性指镜头间的逻辑联系。叙述蒙太奇有连续式、平行式、交叉式、复现式四种。

1. 连续蒙太奇

连续蒙太奇是指按照单一的情节线索组织镜头，时间和空间转换都是按时间先后顺序组接。连续蒙太奇线索清楚，但容易造成平铺直叙，节奏拖沓、内容单调的问题，随着人们视听要求的提高，纯连续蒙太奇已经极少使用。

2. 平行蒙太奇

平行蒙太奇是指两条线索交错出现的组接方式。这两条线索在内容上有联系，比如丈夫—妻子，它有点像中国评书中“花开两朵，各表一枝”的手法。

3. 交叉蒙太奇

交叉蒙太奇又称“交替蒙太奇”或“动作的同时发展”。并列表现的两条或数条情节线索具有严格的“同时性”、密切的因果关系和迅速频繁的交替出现，

---

① 和群坡著：《影视广告制作教程》，中国传媒大学出版社2006年版，第75页。

其中一条线索的发展会影响或决定另一条或数条线索的发展，各条线索间相互依存、彼此促进，最后几条线索汇合到一起，这种手法能制造紧张的情绪和悬念，常常用于追逐场面中。

4. 复现蒙太奇

即指前面出现过的镜头、场面或物件，在关键时刻反复出现，造成强调、对比、呼应、渲染等艺术效果。

（二）表现性蒙太奇

表现性蒙太奇不是为了叙事，而是为了某种艺术表现的需要，它不是以时间发展顺序为依据的镜头组接，而是通过不同内容镜头的对列，来暗示、比喻，来表达一个原来不曾有的新义，一种比人们所看到的表面现象更深刻、更富有哲理的东西。一般是为了表达某种思想或情绪，造成一种情感冲击力。表现蒙太奇不在叙事时间的纵向上发展，而是在叙事时间的某个点上停下来，截取现实的横断面，进行空间或心理层面的横向联结。因此，即使去掉其中的一些镜头，也不会影响故事情节的完整性。

其作用可总结为：

（1）创造隐喻；

（2）创造节奏；

（3）创造悬念；

（4）创造思想。

表现蒙太奇分为对比蒙太奇、隐喻蒙太奇、并列蒙太奇、心理蒙太奇。

1. 对比蒙太奇

镜头与镜头之间的关系（段落与段落之间的关系）以一种对比的方式出现。对比包括许多方面。比如内在的对比：富与穷的对比、强与弱的对比、文明与野蛮的对比、伟大与渺小的对比、进步与落后的对比；以及外在的对比（冲突）：图形的冲突（横线条与竖线条）、体积的冲突、方向上的对比、空间的冲突、节奏的冲突（动/静）、光的冲突（亮与暗的对比）、色彩的冲突、数量的冲突、主体动作的冲突等。

2. 隐喻蒙太奇

隐喻蒙太奇是指镜头内部或前后镜头间具有一种隐喻的含义。当然镜头间可能有时空联系，也可能没有联系。比如《美国丽人》中放置在餐厅里的全家福，全家福所表现的快乐与现实中的家庭冷漠成一种反讽。这其实便是镜头内部的隐喻。而另外一部影片《阳光灿烂的日子》中的第一个镜头是毛主席塑像，第二个镜头是在塑像前载歌载舞的群众，这两个镜头暗示着时代背景是“文化大革命”，同时也暗示着那是一个英雄崇拜的年代。

3. 并列蒙太奇

利用内容、性质上相同的一些画面，按照动作和造型特征，取不同的长度组接起来，构成一定节奏的场面，造成预想的气氛。比如我们要表现春天来了，可以把各种代表春天的景物组接在一起；又比如我们要表现战争的残酷，可以把与战争相关的各种元素并置在一起。

4. 心理蒙太奇

通过镜头组接或声画结合的方式，展示人物心理活动或精神状态，如人物的闪念、回忆、梦境、幻觉、想象、遐想、思索甚至潜意识活动，是人物心理的外化表现。

下面这三组镜头可以说明表现蒙太奇的特点。

第一组：

（1）一个古老的旧天安门镜头；

（2）一个冰天雪地的镜头；

（3）一个街头人们乞讨的镜头。

（对旧社会的声讨）

第二组：

（1）一个五星红旗招展的镜头；

（2）一个冰河解冻的镜头；

（3）一朵朵鲜花的镜头。

（新生事物在成长）

第三组：

（1）一面五星红旗招展的镜头；

（2）一群儿童欢笑的镜头；

（3）一朵朵鲜花盛开的镜头。

（新中国儿童幸福成长）

上面三组镜头每一组都包含两类蒙太奇，即并列蒙太奇和隐喻蒙太奇。尽管这三组镜头中都有相似的镜头，但每一组的三个镜头连在一起，表达的含义却截然不同。比如第一组蒙太奇表达的是“对旧社会的声讨”，第二组表达的是“新生事物在成长”，第三组表达的是“新中国儿童幸福成长”。因此，就如爱森斯坦所言，蒙太奇不是两个镜头相加，而是相乘，产生了原来的镜头所没有的含义。

第七节　影视广告的剪辑规则

由于拍摄的素材带上，各组镜头是分散的、单一的，所以必须经过删减、组合，配上广告语、音乐等，才能使各方面浑然一体。在影视广告的剪辑中，必须从广告创意表现的要求考虑镜头的组合和剪辑，切不可以“机械的流畅”为最高准则。

一、影视剪辑的一般原则——匹配原则

所谓剪辑中的匹配原则，就是两幅画面在连接时要具有一种和谐、对应的关系，这种对应影响着观众的视觉和心理。

（一）位置的匹配

位置的匹配主要是指两幅画面中的主体在剪接到一起时，要相互协调，处于一种和谐的关系中。根据构图的一般原则，主体在画面中应处于视觉中心的位置，这样容易使人将注意力集中在主体上。然而，影视画面由于运动因素的介入，主体在画面中的位置不是为了寻求单幅画面自身的均衡，主要是为了上下两幅画面的对应关系，以求得视觉感受的流畅。两个镜头的主体处于不同的画面位置，可形成镜头间不同的对应关系：

1. 处于相同画面位置的两幅画面的主体在画面转换时，主体呈重合状态，视觉注意中心从前一镜头自然过渡到下一镜头，通过视觉注意力的固定位置造成视觉的连贯感觉。一般来说，对同一主体或同类物体，在同视轴变换景别时，以及在运动物体变换景别时，主体应尽量保持在画面中大致相同的位置上。

2. 相连的两幅画面中，主体处于相反的画面位置，是为了使内容之间建立起一种逻辑关系。虽然视觉注意力产生了跳动，但这种逻辑联系造成一种心理平衡，形成一种整体上的连续感。一般来说，在两种有明显对立冲突因素的主体出现时，在两个有明显对应关系的主体——如谈话的双方、讲演者与听众、动作者与动作的对象等交流时，在一个主体明显从两个截然相反的方向去拍摄时，主体应置于画面的不同位置上。

（二）视线的匹配

视线的匹配，指剪接时要注意画面人物的视线要合乎一定的逻辑关系。由

于画框对空间的分割作用，物体和人物在屏幕上表现出明显的方向性。为了保持正常逻辑关系，画面中视线的方向应符合人的心理感受。如表现人物的交流关系（对话、对视等）时，应使两幅画面中人物的视线保持相对的方向。视线的作用还在于使人的画面和物的画面联系起来，物（景物或物体）的画面常常放在人物画面之后来表现一种对应关系。

视线经常是剪辑的重要契机，视线的落点除了作为选择剪接点的依据外，还是表现人物心理活动和人物之间感情关系的重要因素。

二、影视的画面语法

画面剪辑实际就是用画面语言造句谋篇，所以必须掌握画面语法。

（一）两种基本句型

用几个镜头表现同一对象时，如果从全景开始，经过中景、近景到特写，我们称这种句子为前进式句子。因为其视点是从远到近，逐步前进的；如果从特写开始，经过近景、中景到全景、远景，我们称这种句子为后退式句子，因为其视点是从近到远，逐步后退的。如果叙述的顺序是由面到点，或者剧情的发展越来越紧张，用前进式句子；如果叙述的顺序是由点到面，或者剧情趋于松弛，用后退式句子。

在实际运用中，镜头总是有进有退，不可能只进不退或只退不进，因此前进式句子与后退式句子是交替出现的。除了前进和后退这两种形式的句子外，还有一种复合句子，这种复合句子由一对对称分布的前进式分句和后退式分句构成，所以又叫环形句子。

不同的句式对观众的情绪有不同的影响。如果我们把画面对观众情绪的影响用曲线表示，那么前进式句子是上升的情绪发展曲线，后退式句子是下降的情绪发展曲线，环形句子是抛物线形的情绪发展曲线。

分镜头时，一定要根据内容的发展，先画出内容的情绪发展曲线，然后选用相应的景别，使景别形式与内容相吻合。

（二）积累效应与剪接

当画面在屏幕上显现时，画面的内容便吸引着观众的注意力，影响着观众的情绪。影响的程度随着画面内容逐步被观众所理解而上升，当画面的内容已完全被理解时，观众的情绪便会逐渐下降，这就是内容调子曲线。

如果在内容调子曲线上升到最高峰的时候把镜头剪断，转换到下一个镜头，不仅可以避免观众对画面失去兴趣，而且使下一个镜头的内容调子不再从零开始，而是紧承上一内容调子的高峰点上升，这种现象叫做情绪积累。通过这样一次一次的情绪积累，可以使观众情绪高潮迭起。

这种通过剪接把几个镜头的内容调子累加起来的效果叫剪接调子，反映剪接调子的曲线，称为剪接调子曲线。如果上一个镜头的内容调子曲线尚未上升到最高峰的时候便把镜头剪断，或者曲线已经下降了才把镜头剪断，便收不到情绪积累的效果，这时剪接调子的效果可能为零。因此，选择恰当的剪接点是十分重要的。

积累效应的客观存在和被发现，使影视工作者能够利用它创造出理想的剪接调子。但是并不是所有的内容都可以获得明显的积累效应。它只在描写紧张的情节时才显著出现。另外，剪接调子是不能无限上升的，到一定程度便会下降。当积累效果达到饱和状态，也就是戏剧冲突得到解决之时，剪接调子曲线便会急转直下，这就是内容对剪接调子的制约现象。

在表现同一事件的各个画面中，越到后面的越熟悉，其剪接调子曲线会下降得越快。由于要在其下降前剪断，所以镜头越来越短，切换频率越来越快。

（三）叙述性与情绪性剪辑

1. 叙述性剪辑

把若干叙述性镜头按事物发展的逻辑顺序排列，以达到把事物说清楚的目的，称为叙述性剪辑。

2. 情绪性剪接

影视的镜头，除了叙述性镜头之外，还有描写性的，描写性镜头是指用来描绘某种情绪、气氛或形象的镜头。描写性镜头或者表现情绪静止的主体（如商品），或者表现情绪变化的主体（如人）。对于情绪静止的主体，一般仿照叙述性镜头处理剪接点，但欣赏性强的镜头则需要长一点。对于情绪变化的主体，其剪接点主要由以下两个因素决定：

（1）主体情绪发展所经历的时间长短

人的情绪变化比较微妙，也比较复杂，我们不要以为这只是一个近景或特写镜头，没有什么动作就让镜头一闪而过，而应该让观众有一定的时间了解人物的内心世界。

（2）内容的安排和节奏的需要

有时为了渲染气氛而安排一组与情节无关的画面甚至慢镜头，或者为了体现一种诗意的风格而减少镜头的数量但相对增加镜头的长度，此时的剪接点自然不同于叙述性镜头。

（四）连续构成

把表现同一对象的两个以上的画面,按时间先后顺序纵向排列叫做连续构成。

1. 连续构成基本定式

（1）在动作过程中切换

画面中主体的动作过程，由于惯性，能有效消除从一个画面突然转换到另一个画面的跳动感，而且最引人注目。所以动作能把上下两个镜头有机地连接在一起，使得观众不易察觉镜头的转换。即使有所察觉，也不感到突然。

在动作过程中选择的切换点，称为动作切换点。用来转换镜头的动作，其幅度越大、动感越明显越好。最佳的动作转换点在主体的动作转换时。主体每出现一次动作，便产生一个动作转换点。匀速运动的主体加速的时候、直线运动的物体转弯时，都是转换镜头的有利时机。

切换时有几个技术性的问题值得注意，当主体由静到动时，剪接点应选在动起来的一刹那间,而不应在动起来之前。如第一个镜头表现一辆停着的小车(全景)；第二个镜头表现这辆小车向远处开去（远景）。第一个镜头应在小车开动后剪断，第二个镜头则应从小车开动后开始。

当主体由动到静时，剪接点应选在静止之前，而不应选在静止之后，例如，第一个镜头表现一辆迎面而来的汽车（全景),第二个镜头表现汽车停在眼前（近景）。第一个镜头应在汽车运动中剪段，第二个镜头应该保留车停下来之前的一段运动镜头。

如果连续构成的两个镜头是后退关系（即构成后退式句子），那么应该把剪接点提前一点。这是因为：第一个镜头的视距比第二个镜头短，成像大，动作容易看清，而后一个镜头因视距长，成像小，较难看清运动，所以要让它占有更多的动作过程。

（2）出画与入画

表现主体从甲处到乙处时，为了省略从甲到乙的过程，往往采用走出画面与走进画面的方法。在出入画时，方向要一致，即遵守轴线规律。

在剪接走出画面的镜头时，不要让主体完全走出画面，而应该让主体保留一部分在画面内；在剪接走进画面的镜头时，也不要从全空的镜头开始，而应从主体已进入画面一点点的地方开始，这种连接称为交错连接法。它能保证流畅的效果。

2. 两种连续构成模式

（1）从局部开始

在连续构成的句子中，第一个镜头不是用中全景，而是用特写，并用后退叙述式句子来叙述，叫做从局部开始。

（2）结束于局部

这种构成方式是用前进式句子把连续构成中的最后一个镜头处理为特写。在局部结束有利于跟下面的镜头相连接，因为表现局部的镜头甩开了环境，在它之后接上任何环境的镜头都不会使观众感到突兀。

要使连续构成的画面连接得合理顺畅，就必须遵守以下规则：

（1）景别必须有明显的发展。

（2）不能全景接全景，中景接中景，以免画面有跳动感。

（五）对列构成

表现不同对象的画面横向连接叫作对列构成，对列构成的形式包括：

1. 动接动

动接动有两种情况：一是两个在视觉上都有明显动态的画面的连接。它是不同主体画面的连接，运用上下画面逻辑关联因素进行过渡，采用“切”的技法，节奏明快、流畅，如奔跑的人与奔驰的汽车相接；二是运用动作剪接点使两个画面相接，这是两个画面同一主体的动态相接。诸如一个人“进门”“关门”“坐下”之类的几个动态镜头连接就属此类。这一技法运用的关键是要找准动作速度快、幅度大的那些转折点，以明显的变化引起注意，收到最佳的衔接效果。

2. 静接静

这是在视觉上没有明显动感的画面相接的形式。它们的相接不强调运动的连贯性，而注重画面内部情节线索、感情线索的连贯。这种连接借助事物内部的对比、隐喻、抒情、心理诸因素作为连贯条件，以达到节奏流畅而情调含蓄的效果。

3. 静接动

这是动作不明显的画面与动作十分明显的画面相接。这种衔接推动情节加剧发展，压缩屏幕时间，视觉效果简明而洗练。如田径比赛画面的组接，前一画面是等候发令枪声的运动员，后一画面则是枪响后奔跑的运动员。

4. 动接静

这是在动感明显的画面后接静感明显的画面，通常造成明显的停顿效果。但这一技法要慎用，因为两画面间不易寻找到应有的逻辑关系，以致隔断动作、情节上的连贯。

以上四种组接方式中，“动接动”“静接静”，能较好地体现画面的连贯性；“静接动”“动接静”都是特例，运用时应谨慎铺垫，找准关系，力求连贯流畅。

对列构成还有一种特殊的方法，即偷换连接法。偷换连接法是把前一组镜头的最后一个动作或形象，偷换成下一组镜头的第一个动作或形象，这样使过渡显得自然且有令人惊喜的效果。

对列构成的类型有：

1. 镜头之间的对列

例如特写的灭蚊器与特写的孩子熟睡时脸部的对列。两个对列的镜头之间存在因果关系。

2. 句子间的对列

就是两个句子之间的穿插对列，两个句子之间是并列关系。

3. 段落之间的对列

这种形式在电视广告中很少见。

4. 声画对列

声画对列能取得声音与画面相得益彰的效果。

（六）影视广告的节奏控制

节奏是影片维持观众兴奋的手段之一。成片的质量很大程度上取决于内在和外在的节奏。因此，每一部广告片都应有独特的内在节奏和外在节奏。

1. 内在节奏

除了情调和表演的力量外，每一个镜头都有一种内在的运动，即内在节奏。内在节奏更多与叙述的内容相关联，通过摄像机的运动速度、动作的快慢、对话的内容等因素具体表现出来。

2. 外在节奏

外在节奏主要指视听形式本身形成的节奏，比如镜头组接、音乐节奏的快慢等。通常情况下，内在节奏会决定外在节奏，不过，也有相反的情况，比如激烈的故事冲突反而用慢镜头的方式去体现，吴宇森电影中的打斗场面便经常如此。

（七）画面剪辑技巧

1. 切：不加任何技巧，直接衔接，具有转换迅速、节奏快捷、结构严谨的特点，最为常用。

2. 快闪：A、B画面轮番出现，每一个画面五帧左右，视节奏要求而定。

3. 快跳：画面主体间断动作的衔接，每一剪接切三帧左右，适合表现静态物体的动感。

4. 快动作：将正常拍摄的动作加快，产生滑稽动态，一般用来创作卡通或幽默型广告。

5. 慢动作：将正常拍摄的动作放慢，产生动态的美感，一般用来表现放松或抒情的节奏。

6. 划：划是早期中国电影常用的一种特殊技巧，指A画面慢慢从银幕一侧翻向另一侧，同时B画面逐步呈现，有点像翻书的效果。具有“同时异地”或“互相比较”的意味，现在已很少使用。

7. 叠化：渐隐渐现的结合，能给人时间过程的感觉和联想性，过渡自然，但占用时间长，所以广告中无特殊的艺术追求或内容上的需要，一般不常用。

8. 叠景：两个画面重叠出现，一般用来突出或加强主题，如把商标、图形、文字甚至广告产品等叠加到另一图像上。

实战案例：金威啤酒《梦想继续篇》视听语言分析①

一、金威啤酒《梦想继续篇》创意阐释

金威啤酒作为深圳本土生产的啤酒品牌，一直为深圳本地人所喜爱，甚至有个玩笑的说法，看你是不是深圳人，就看你喝不喝金威啤酒。作为移民城市，深圳一直缺乏可作为城市认同的品牌产品，而深圳开放的市场环境和得天独厚的地理位置（比邻港澳），又吸引了五湖四海的人来深圳创业，实现他们的人生梦想。

金威啤酒《梦想继续篇》便是通过主人公从20世纪90年代初来深圳创业到成功的人生跨度（作为来深圳奋斗创业一代的缩影），演绎出对金威啤酒的一种情怀、一种感动——刚来深圳创业艰辛，喝喝老金威，就感觉融进了这座城市；扎根深圳小有成就后，金威见证的梦想还在继续。一路走来，金威一路伴随。一个人的岁月与一座城的情怀，都沉淀在一杯金色的老金威里，散发着浓郁的深圳味道与情怀。

二、金威啤酒《梦想继续篇》的镜头语言分析

镜号	画面	画面描述 声音描述	镜头语言解读
1		**全景**：深圳露天大排档，啤酒女郎穿梭于人群间。 音乐起 **字幕**：深圳　1990年	用全景交代环境，一个热气腾腾的大排档。这是深圳人最典型的吃夜宵的地方。也暗喻深圳热火朝天的社会氛围。

① 本案例由永禾精英文化传播公司提供。

续表

镜号	画面	画面描述 声音描述	镜头语言解读
2		特写：冒着火苗的炒锅。	一个冒着火苗的热腾腾的炒锅，进一步渲染夏天夜晚大排档的热闹气氛。
3		中景：主人公刚来深圳，见别人喝金威啤酒，也忍不住叫了一瓶。 对白： “来瓶老金威！”	由前面两个专门交代环境的镜头，过渡到对主人公的交代。一个中景，既交代主人公所坐的位置，同时也显出他和其他人的隔膜。
4		特写：主人公惬意地喝着金威啤酒。 内心独白：刚来深圳就喝金威。	特写镜头，主人公惬意地喝着金威。内心独白很好地诠释了内心的感受：希望更快融入这个城市。
5		中景：邻座举起金威啤酒向他示意问好。 内心独白：感觉和这个城市一下亲近起来。	这是一个神来之笔，很有人情味，邻座陌生客人向主角举杯，让人感到了深圳的温暖。和内心独白很好地衔接起来。
6		中景：办公室，主人公带领创业团队在开会。 内心独白：创业中很多挫折。	用一个中景交代创业的场景，具有代表性。独白对画面做了很好的补充。

续表

镜号	画面	画面描述 声音描述	镜头语言解读
7		特写：主人公坚毅的眼神和手势。 字幕：深圳　2006年 内心独白：但内心从未放弃。	使用特写镜头，突出主角创业过程中的坚韧和执著，和内心独白做了很好的结合。
8		小全景：主人公事业小有所成，和朋友们庆功，喝金威。	用小全景交代庆功场景，在情绪上刚好是一个转折。由创业的艰辛到成功的庆祝。
9		近景：主人公亲切地拍着一个刚来深圳的年轻人的肩膀，说道。 对白："喝完这杯你就是深圳人了！"	很精彩的创意，近景强化主角对深圳和金威啤酒的感情，同时又把自己的感情传递给新来的深圳人。
10		近景：男主角拿着一杯老金威站在窗前，俯瞰夜晚流光溢彩的深南大道（深圳最著名的一条道路，被誉为深圳的"长安街"）。 内心独白： 梦想还在继续！	用近景进一步强化主角对深圳、对金威的情感，选择最有代表性的深南大道，把情绪推向高潮。并和内心独白相呼应。
11		特写：老金威啤酒倾倒在杯中，琥珀色的液体晶莹剔透。 内心独白：老金威的味道始终未变。	特写金威啤酒的泡沫，用画面来传递啤酒的味道。

续表

镜号	画面	画面描述 声音描述	镜头语言解读
12		**全景**：老金威与深南大道的夜景叠合在一起。 **旁白**： 老金威 深圳情怀　深圳味道	通过将金威啤酒与深圳夜景重叠的画面构图，凸显两者间密不可分的关系，与旁白相呼应。
13		**特写**：标版。出老金威企业名称及Logo。 **字幕**：不添加甲醛酿造 绿色食品　金威啤酒	标版强化本支广告的记忆点“深圳情怀　深圳味道”。

【思考题】

1. 影视中的光分哪些类型？在造型、气氛的营造上各自起到什么作用？
2. 影视中的影调、色调的具体含义是什么？有何作用？
3. 影视构图中的景别主要有哪些？在造型层面、叙事层面、心理层面上有何意义？
4. 镜头的运动有哪些方式？它们在叙事和美学层面上有何意义？
5. 影视构图中，不同的线条有何不同的美学含义？
6. 蒙太奇分为哪几类？
7. 影视广告中的声音有何作用？
8. 影视广告的剪辑规则是什么？

【本章实训】

1. 找一段视频或影视广告，尝试从构图、灯光、影调、运动、剪辑等角度进行详细分析。

2. 结合本章的知识，自己拍摄一段视频，并进行剪辑。

第三章

影视广告创意

本章教学目标提示：

1. 理解并掌握头脑风暴的创意思维方法。

2. 理解垂直思考、水平思考的特点。

3. 学会运用思维导图进行创意。

4. 深刻理解消费者洞察的重要性，并学会基本的洞察方法。

5. 掌握并运用创意的常用手法，以及影视广告叙事的基本策略。

第一节 广告创意的思考方法

一、头脑风暴法

头脑风暴法(Brainstorming)是由奥斯本创立的，它是依靠互补的个性思考的集合而产生的构思创意的组织形式。头脑风暴法的本意是“向头脑发起冲击”，它发挥了小组成员思考的连锁效用，鼓励个人自由地思考，并使其源源不断地生发下去。

（一）头脑风暴法的特点

1. 由于此方法是利用小组成员潜意识思考的连锁反应来产生构思，因此，在进行过程中不对成员的构思和建议进行点评，因为点评会中止构思的连续感和飞跃。点评和反驳只能在头脑风暴法结束后，或者其他场合进行。

2. 对构思的数量和质量不做规定,不要求在头脑风暴过程中形成最终的构思。

（二）头脑风暴法的实施要点

1. 对小组成员的要求

（1）10至12人最为理想，人数太少容易冷场，人数太多则难以畅所欲言。

（2）成员中必须有一个记录员，有一个主持人（或者小组长）。

（3）参与者必须具备一定的创意思维的能力，最好有一两个创意能力特别强的人，以便激发他人的思考。

（4）团队成员最好都具有幽默感，并具有进行自嘲的勇气。

（5）头脑风暴的主持人必须具备出色的创意思考能力，特别是启发能力和调节气氛的能力，能够准确把握众人思考及情绪的节奏，也能够迅速将讨论集中到主题上来。

2. 对会议的要求

（1）实施头脑风暴时，必须有明确的创意主题，不能泛泛而谈。因此，主持人必须对主题进行简单准确的表述，并转化为具体的目标。例如，可以反复自问以下几个问题：

情况简介是否还可以进一步简化?

我们到底在寻找什么?

有没有可能把所有目标纳入一个统一的概念？

我们的战略是什么？

那么，如何进行目标的表述呢？目标应该表现为问题的形式，因为提问可以激发团队成员内在的思索过程，从而向答案迅速前进。所有成员在头脑风暴前都应该将目标烂熟于心。以下是几种类型的目标实例。

例1

标准表达方式、开放式：

我们怎样才能用一行字说明新的TB镜头是当前市场上最耐用的相机镜头？

针对某一特定想法的表达方式：

我们如何才能以幽默或启发的方式在一行文字中说明新的TB镜头是当前市场上最耐用的相机镜头？

例2

标准表达方式、开放式：

在直邮广告中用什么方式可以直接传递这样的信息，即最新上市的GR300型钻头是同类产品中第一个装配了可靠的感应器的，它能准确感知墙壁内的电线和水管并进行报警？

针对某一特定想法的表达方式：

我们应该如何在直邮广告中用游戏的方式传递如下信息，即最新上市的GR300型钻头是同类产品中第一个装配了可靠的感应器的，它能准确感知墙壁内的电线和水管并进行报警？

（2）参加头脑风暴的成员必须事先对创意主题进行个人化的深度思考，不提倡所有成员到了现场才临时抱佛脚，这会严重降低创意的质量和讨论的效率。

（3）讨论现场最好准备一块大黑板，记录员可以随时将产生的创意，记录在黑板上，并做好标识。用黑板记录比较直观，便于对已有创意进行再讨论和进一步筛选。

（4）刚开始讨论时可以采取轮流发言的形式，但发言过程中也允许自由发言。轮流发言可以使现场不至于冷场，自由发言可以使思维及时产生碰撞。

（5）主持人需要准确把握讨论方向，令成员的讨论围绕主题进行。同时，严禁对他人或自己的创意进行讥讽甚至否定。

（6）千万不要以为创意只需要讨论一轮就可以成功。第一轮只会产生一些基本的想法，它们要么过于直白，要么早已为人所用。这时，经常只需要一句话就可以推动大家进入一个新的循环，新的点子也会不断地涌现，到了这一步，发现绝妙主意的概率就大大增加了。这种过程可能会多次重复出现，所以务必要坚持下去，只有积累了大量的结果，才会离最终的结果更近，也才能思考出新颖独特的方案。

3. 避开创意杀手的方法

创意杀手就是令一个还未成型的创意被迫胎死腹中的人或想法。创意杀手来自两个方面，一个是团队中成员的讥讽和嘲笑，另一个是自己头脑中害怕被否定、害怕丢脸等想法。由于创意过程特别强调内心的松弛和自由，只有心态松弛，思维才能活跃，因此必须避免创意杀手的侵害。

如何对付团队中的创意杀手：

（1）对发言者来说。发言前，可以先进行自我矮化，创造一个相对轻松的氛围。比如，发表见解前，可以说一句："我能想出来的最荒唐的主意是……"，或者也可以这么说："我知道这听起来很蠢，不过也可以考虑一下……"，这样，其他人就不好意思进行攻击。

（2）对会议主持人来说。除了直接制止成员对他人创意进行攻击外，也可以采用更有意思的方式，比如规定，如果想对别人的创意提出负面意见时，必须先指出该创意的两个优点，这样批评就不至于扼杀进一步的想法。

（3）对于喜欢提批评意见的成员来说。不要把其他成员看成你的创意对手，而应看做是创意伙伴，即使同伴的想法毫无价值，但它能引发新的思考就行了。团队成员要理解其他成员的想法，把它们加以发展，然后传递回去，使一个成员的想法成为其他成员进行新创意的发端。

如何对待头脑风暴的创意结果？

（1）不要急于下结论。也许头脑风暴后能产生几个令人兴奋不已的创意，但不要过度迷恋，先冷静下来，再进行评估。可以反复问这些问题："它能成功吗？""是否具有强烈的感染力？""传达的概念是否清晰易懂？"也可以让其他人来看看这些创意，看他们能否理解你想表达什么。平庸作品的产生往往是把一些尚处在萌芽状态尚待完善的想法过早地变成了实施的方案。创意过程本身就意味着仔细审视、返工、改进、调整、再审视，如此地循环往复。

（2）可以通过下面一些问题来进一步审视头脑风暴后的创意：

A.艺术指导如何为主题提供可视方案，或者说怎样才能以视觉手段进一步表现原有主题？

B.哪种方法能恰如其分地表达基本构思？

C.为了让构思更有感染力，我需要做哪些改动？

D.现有创意有何不足或有悖常理之处？如何改进？

E.方案是不是最恰当的？是否还有更好的选择？

F.我应该换掉或者改变哪些方面以改进现有创意？加入新的元素，改变文案，还是更换新标题？

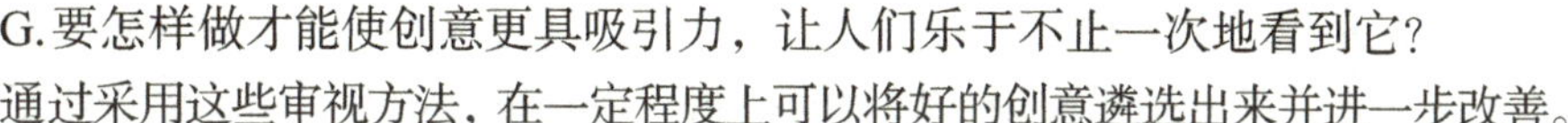

G.要怎样做才能使创意更具吸引力，让人们乐于不止一次地看到它？

通过采用这些审视方法，在一定程度上可以将好的创意遴选出来并进一步改善。

二、垂直思考法与水平思考法

（一）垂直思考法

垂直思考法又称逻辑思考法，即逻辑推论、演绎论证，创始人是古希腊的亚里士多德。

1. 垂直思考法的特点

（1）讲求按部就班、循序渐进，因此不仅要求每一步骤和每一阶段都必须是绝对的；而且要求推论过程中的每一事物都须接受严格的定义和推论。

（2）顺乎人的自然本能，因为垂直思考法重视“高度可能性”，而人在面对问题时，往往会立刻被可能性最高的解释吸引住，并沿其继续发展。

2. 垂直思考法的优点

垂直思考本质上是一种逻辑思考，它要求学习者必须掌握逻辑推理的基本原理，这种逻辑推理可以从已知推导到未知，从局部推导到整体，避免人们因限于一事一物而缺乏对事物的整体的认知和对本质的把握。因此，经过垂直思考，可以在一定程度上把握事物的普遍规律与内在联系，所获得的认知也具有普遍性和系统性。

3. 垂直思考法的缺点

（1）垂直思考最核心的问题是必须保证前提的有效性，一旦前提有误，结论必然跟着错误。

（2）垂直思考强调条分缕析，即对思绪做严密的控制，对每一件事都加以逻辑分析和综合。但如果头脑永远强制性地希求事事物物都简单、明白、有条不紊，就难以接受事情的变化，即使发现这种变化，我们或者有意忽视，或者竭力将其用旧有的观念加以解释，从而阻碍了新概念、新思维的产生，也会使我们的思维和心胸趋于保守。

（二）水平思考法

水平思考法又称发散性思考法，创始人是心理学家爱德华·博诺（Edward De Bono）。水平思考法是为弥补垂直思考之缺点而产生的，它寻求自僵硬的成规中逃脱出来，但并非叛逆而是创新。目的在于产生一个有效用、简单和理想的新概念。

1. 水平思考法的特点

（1）水平思考不受逻辑、理智的限制，是心智的自由运用。由于不受逻辑的约束，思维可以四处发散、旁敲侧击，甚至刻意把看似不合常理的事物合理化，因此，常常产生一种意想不到的顿悟效果和新的创意。

（2）水平思考法并不等于“胡思乱想”，也可以说“胡思乱想”只是水平思考法的起点，而不是终点。水平思考法有一个发散和回收的过程，发散是尽量摆脱常规思维的束缚，产生新奇的想法，而回收的过程则是衡量、筛选和深化这些新奇想法，使其具有合理性。

（3）水平思考和顿悟能力、创造力以及幽默感间的关系十分密切，这四种能力都有相同的基础，即必须具备完全松弛的心态，能瞬间深入核心的直觉，不偏执于某种观念的宽容，以及天生的敏感性。

2. 水平思考的方法

（1）寻找观察事物的不同角度，体会用不同观点解释问题的好处，具体表现为：

A. 在面对问题时，预先决定它有几种解法。

B. 刻意地把某些正常关系故意颠倒过来。

C. 试着把抽象的形势转化为具体的譬喻。

D. 刻意转移一个问题的重点，从侧面入手。

（2）跳出垂直思考的严密控制，不急于去解释、去分类、去组织什么。

让意识自由开放、接纳现状的无序和混乱，在看似无序和混乱中，寻找事物新的组合和解释的可能性。

（3）充分利用无意识和潜意识。当然，其前提是心里还装着需要解决的问题。具体方法包括：

A. 玩耍和嬉戏，让身体和内心彻底放松，我们很多的创意都是在洗澡中和马桶上产生的。

B. 多与人交流，甚至可以漫无边际地聊天。

C. 故意在某一琳琅满目、货品繁多的地方随意漫游、四处浏览。

D. 从周围环境中抽取一样物件，使它与环境脱节，然后再试着观察它和正在考虑的问题之间，能够发展出何种关系。

E. 间歇性地放下问题，考虑一些无关紧要的事情，听任外在的因素自由进入思维，透过它们的作用而改变原来固有的概念。

（三）垂直思考法与水平思考法两者相辅相成

1. 垂直思考里的逻辑判断有时会发生错误，但由于我们不可能把每一个念头逐一实验，故逻辑判断仍不失为一种取舍的基本方式。然而我们了解它有犯错的可能性之后，可调节对它的使用，避免完全依赖它，并辅以水平思考方法。

2. 垂直思考法与水平思考法两者相互运用并不存在任何矛盾，因为运用这两种方法所发现的结论均需要精密严谨的证明解释，而逻辑解释正符合这种要求。

3. 水平思考有利于产生新点子和方法，提供更多的选择，以提升垂直思考的效率。而垂直思考则有利于发展水平思考所衍生出来的点子，以增强水平思考结果的可用性。

另外，除了垂直思考和水平思考方法外，也有一些其他的方法，比如线形记忆和点形记忆、接近联想和相似联想、形象思维和抽象思维，等等。总之，这些思维的方法在本质上都是一样的，或者强调逻辑关系，或者强调偶然性和随意性。我们在进行创意思维的时候通常先进行垂直性的思维，然后再进入水平思维，最后又回到垂直思维。下面是垂直思维与水平思维的交互运用的例子(见图3-1-1)。

图3-1-1 辣味食品平面广告

图3-1-1是一则关于辣味食品的平面广告，它就是一个垂直思维和水平思维交互运用的例子。我们可以推测创意者的创意思路：由辣味食品—辣—吃完辣的东西后的感受—嗓子疼、肠胃不舒服—上厕所—肛门火辣辣的感觉—厕纸(前面这部分几乎都是接近联想，是一个简单的垂直思维过程)—肛门火辣辣，导致厕纸着火了(最后一步则是运用了水平思维，将辣的感觉进行夸张，通过厕纸着火来体现辣的程度)。

三、思维导图

思维导图(Mindmap/Mapping)又叫心智图，是由英国心理学家、教育专家东尼·博赞提出的。它是一种将发散性思考具体化的方法，按照东尼·博赞自己的定义，“思维导图结合了左脑的逻辑、顺序、条例、文字、数字，以及右脑的图像、想象、颜色、空间和整体等。”[①]思维导图绘制分为五个步骤：

① ［美］东尼·博赞著：《思维导图——大脑使用说明书》，张鼎坤、徐克茹译，外语教育与研究出版社2005年版，第32页。

（1）从白纸中心开始画，周围要留出空白；

（2）用一个图像（或文字）表达你的中心思想；

（3）尽可能多地使用色彩帮助表现；

（4）分别连接中心图像（或文字）和各主要分支，然后再连接主要分支和二级分支，然后再连接二级分支和三级分支，以此类推；

（5）每条线上注明一个关键词；

（6）试着用一句话，将两个毫无逻辑关系的事物进行连接，看能产生怎样的结果，并尝试对这种重新的组合给予合理的阐释。

对于很多没有绘画基础的学生来说，用文字同样可以进行思维导图的绘制。如图3–1–2所示，该图中的关键词是“旧家具”，由旧家具延伸出的核心主题是“存”和“废”。可以看到，“财富”“房屋”“礼品”“回忆”都是由“存”这个概念延伸出的二级分支，然后下面有三级分支。在“废”的方面同样有二级和三级分支，当然，关于“旧家具”的思维导图还可以不断延展下去，远远不止于本图的内容。

同时，“旧家具”的思维导图充分体现出广告创意中“旧元素、新组合”的概念，比如，图中“旧家具”和“死刑”是两个没有关联的词语，当我们用“旧家具被判了死刑”这样一句话进行连接时，我们可以感觉到里面隐含着可以进行挖掘和表达的创意成分。比如画面是一把五花大绑的椅子，一支枪正对着它，是不是很有冲击力呢？

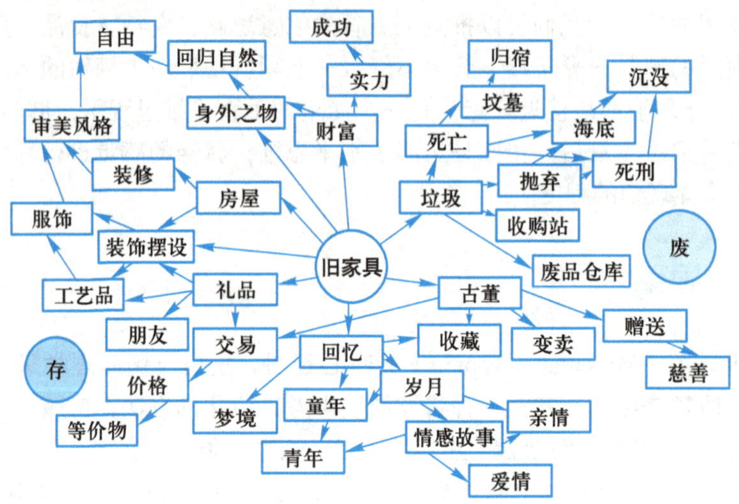

图3–1–2 “旧家具”的思维导图示意

第二节 消费者洞察

进行广告创意前必须充分地收集品牌、竞争品牌和消费者的信息，并依此制定广告目标，确定广告创意和广告的诉求点。（见图3-2-1）

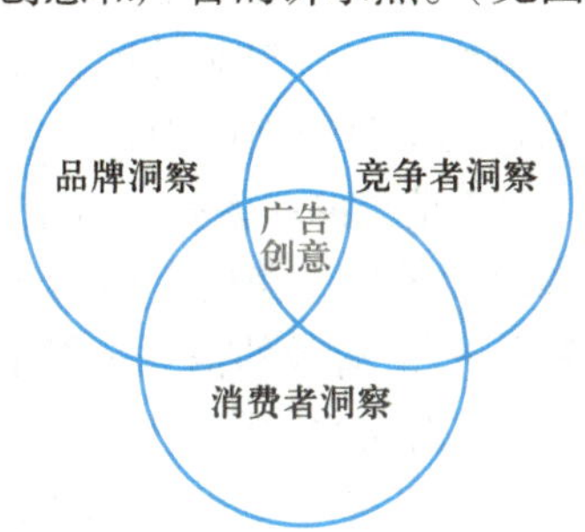

图3-2-1 广告创意确立规则示意

本书重点对消费者洞察进行介绍，这也是当今广告发展的一个潮流，即从消费者的角度，而不仅仅是从品牌和竞争者角度去制定广告战略。先前，我们对消费者洞察有许多肤浅的理解，通常把洞察和观察混为一谈，过分强调消费者的外在行为而忽略其内在心理，过分强调群体的趋同而忽略个体的差异，过分强调广告的说服作用而缺乏和消费者的沟通诚意。因此，先前的消费者对广告人来说，是抽象的，是缺乏个性的，而消费者洞察要做的便是将广告运动变成一场与消费者内心的沟通。要沟通，必须洞悉沟通的对象。

一、消费者洞察的概念和要点

心理学对消费者有两种看法：

（1）认知心理学。认知心理学认为消费者是理性地进行购物，因此强调法则、数据以及对数据进行客观的分析。

（2）行为心理学。行为心理学认为消费者并非想象的那样理性，而是在冲动的情绪下进行购买，因此，强调对个体行为的关注，对个别事件的关注，并对此进行解释。

消费者洞察在很大程度上属于行为心理学而不是认知心理学范畴。消费者洞察（Consumer Insight）是指对产品的现有或潜在消费者的行为特征、购买心理、消费心理，甚至其价值观进行深入研究，其目的是能找到潜藏在消费者内心世界的“心灵的按钮”，并以此作为创意和营销活动的支点，从而减少消费者对广告或其他营销活动的抵触情绪，达到最终的营销目的。

消费者洞察不是观察，观察只是记录人们所做的或所说的，而洞察则是回答人们为什么会那样，我们要“识破”和“看穿”，要观察人的外在行为，从结构上把握其整个的内在心理结构和行为模式。

消费者洞察要从研究个体行为开始，然后再去探索其共通性。也即是说，我们做洞察是“关注一个人整个的全方位的生活的侧面。我们就是通过寻找这个人整个的生活里面的各个侧面，来发现他是拥有什么样的行动的方式，或者说他把什么看得是最重要的，也就是说他的消费最深处里面是什么东西，我们去寻找这个心灵的按钮。”[①]由于信息的联系是非常个性化的，没有完全针对大众的群体沟通，我们必须脱离对“平均”消费者的描述，对群体的影响可以通过击中最个别的消费者洞察来实现。“有效的信息是以个人及个性表现出来的，所谓的大众沟通是不存在的，大众沟通的效果源自于对最个别消费者的洞察。”[②]

洞察的目的是为了通过洞察寻找消费者内心的细微变化与他的购买行为之间的关系，也即是通过洞察来找到“心灵按钮”。同时，通过洞察，可以对消费者的购买系统做更深入的了解，帮助在购买过程中的每个环节发现沟通的机会。举个例子，十多岁的中学生，特别是男生都喜欢穿宽松一点的衣服，喜欢穿裤脚被踩在鞋子底下的长裤，那些体型瘦小的男生更是如此，表面上看，这种穿着显得比较“酷”，而从行为心理学角度来说，这种穿着暴露了他们的内心渴望，即一方面希望自己长得更高，长得更壮，这样才能吸引女孩子的目光；另一方面又暴露了他们的恐惧，非常害怕自己长不高、长不壮（因为这刚好是个身体发育的年龄）。因此，“对身体的恐惧”可以作为一个“心灵按钮”进行广告沟通的设计。同时，通过对其行为系统的洞察，又可以为其后面的沟通点设计提供支持。比如，中学生的“课桌文化”是非常丰富的，完全可以将其作为一个媒介接触点进行设计。

消费者洞察需注意以下几点：

（1）注意意识和行动的矛盾点。这是洞察的关键点。人的意识和行为常常出现错位。比如在面试时，做客服的小姐出于礼貌，给被试者的杯子倒满水，尽管被试者并不口渴，却会很快把水喝光，只要客服小姐不断给他续水，他也会不断地喝水。喝水便是意识和行为产生的矛盾。

（2）关注大量的重复性的动作和语言。比如连续采访几个人，他们都说到

---

① 引自日本电通公司讲师山口千秋2007年8月在深圳大学举行的关于消费者洞察的讲座内容。

② 唐锐涛、劳双恩著：《智威汤逊的智》，机械工业出版社2005年版，第15页。

同样一句话，那么这句话中便隐含着“诉求点”。

（3）关注下意识的动作言行。比如一个现役军人到一个朋友家做客，一看到宽大的客厅，马上叫起来：“这客厅肯定能睡一个排！”这句话便很自然地透露出他的身份和职业。

（4）洞察时，要接近目标对象，用与目标对象相同的视线去接触和观察世界。

（5）多和洞察对象聊天，聊的越多，越能发现洞察对象的内心世界。

二、消费者洞察的常用方法

（一）焦点访谈法

这是定性调查常用的方法，就是找5~10个人，在一起进行座谈。这种方法关键在于制造聊天的氛围，使参与者减少防备心理，能够畅所欲言。

（二）朋友/家庭派对

比起焦点访谈法，这种方式更为随意，也容易营造轻松气氛，但范围比较狭窄。

（三）投影法

通过播放投影，引导被洞察者说出自己的心理，这是属于间接洞察，由于被洞察者是就第三者发表看法，因此，洞察者还需对观点再进行深入解读。

（四）绘画法

根据调查的目的，可以让被洞察对象随意画一幅画，然后请他用文字描述出他的构思过程，从中洞察到他的心理特征。也可以让他凭记忆把产品画出来，以此来了解产品在消费者心目中的认知度。

（五）照片（组合）法

拿出一沓事先准备好的照片，让被洞察者挑选，特别是对于选广告模特、服装、化妆品等比较有效。

（六）文章投影法

让采访者读完一则文章后，写出感想，或者完成一段没有完成的文字。

（七）照相法

让消费者用相机把自己感兴趣的事物拍下来，然后让他们写出自己的拍摄过程。比如为什么选择这个景物，用怎样的景别拍摄，采用怎样的拍摄角度。因为任何一次拍摄都是消费者的一次主动选择，背后隐含着无数的消费者信息。

（八）饥饿调查法

比如让被访问者一周内不能接触手机，来洞察人与手机的关系。这是采用一种逆向思维的方式，即把被调查者推到一个极端，看他们的反应。

（九）内观法（说出自己的故事）

作为消费者，亲自体验。通过反观自身，来洞察别人。

（十）对话法

围绕一个主题，请被洞察者在空白处写上一段对话。

（十一）日记法

日记法是一种简单有效的方法，日记法可以按照下例中的表格进行填写。（见表3-2-1）

表3-2-1　日记法示意

时间	动作及状态描述	心情
6：30—7：00	起床，但感觉疲倦，因天气热，睡眠不好。 盥洗间。洗脸时看见眼睛有些浮肿，用某品牌的洗脸液，但感觉不好，不够润滑，想换，又觉得习惯了。 想吃早餐，拉开冰箱，发现空空如也。害怕吃面包，喝牛奶，想吐，真希望早上有现成的稀饭、馒头和咸菜。 进卧室，很零乱，懒得整理。 还是赶紧上班去。	有些烦躁，觉没睡好，又没有早餐，觉得洗脸液不好，又懒得换。

日记写得越细越好，比如看报纸，看什么报，什么内容，在什么时间看，最好都详细地写出来。上面的一小段日记记录的是一个单身上班族早上起床的心情，从中可以发现许多广告的创意点，甚至可以推测出新的产品需求。

值得一提的是，日记法特别能训练学生的洞察能力。但日记法不等于平常所说的写日记，更多是指观察日记。可以先观察自己一天或者一周内的具体行为，将它原原本本地记录下来，不要添加任何的主观解释。由于人的行为多出于习惯，多数是不自觉的，原原本本记录后，再认真地分析这些行为背后的深层次原因。先学会洞察自己，然后再去洞察别人。可以先观察自己，然后再观察家人，最后才推及陌生人。经过长期的观察记录，人的洞察力便会得到迅速的提升。

另外，纪实性的小说在塑造人物时非常注重真实性，而电影更是在人物的真实性上下很大功夫。洞察的目的就是结构性地把握人的外在行为与内在心理之间的关系，这也是小说和电影在塑造人物时最基本的要求。因此，若想提高洞察力，除了日记法之外，也可以从阅读、写作小说和剧本中进行训练。

三、消费者洞察的案例：日本三得利公司罐装咖啡味觉调查①

我们分四个步骤对重量级消费者的味觉进行了彻底的调查。

第一个步骤，就是对重量级消费者的实际饮用情况进行调查。通过登门拜访等方式，发现重量级消费者的首选品牌是Pokka咖啡，也就是说Pokka咖啡的味道最被重量级消费者接受。

第二个步骤，我们将这些消费者召集到会议室，进行了试饮调查，通过试饮，发现有两种味道大家比较喜欢，一个是稍微苦一点的，一个是稍微甜一点的。当时我们又发现，稍微苦一点的咖啡好像更有人气一点。难道就因为知道有一点苦味道的咖啡更有人气，我们就立即决定把我们商品开发的味道定成苦味吗？其实并不是这样的。

第三个步骤，就是对重量级消费者的反复饮用进行调查。前面说了，我们在做第二个步骤的时候，是把大家都召集到一个会议室，会议室本身对他们来说就是一个非日常的一个空间。那么，这些重量级的消费者，让他到会场喝一次的味道体验，和他每天要喝五六罐的味道体验是一致的吗？所以我们就对他们进行了反复饮用调查。我们采取的措施就是把偏苦味的咖啡和偏甜味的咖啡以及最受欢迎的Pokka咖啡分别放到了出租汽车的营业所，以三周时间内饮品的消耗量测验哪一种口味最受欢迎。

通过这三周的调查，我们得到了一个很有意思的结果，即在连续饮用的时候，

---

① 此案例根据日本电通公司讲师山口千秋2007年8月在深圳大学举行的关于消费者洞察的讲座内容节选。

受欢迎的其实不是稍微有一点苦味的，而是偏甜味的，而且偏甜的这一种咖啡，比Pokka咖啡当时拿到的人气票数还多。

我们通过这个测验可以看出，只通过问卷调查并不能得到消费者最真实的想法。比如此案例中，问卷调查时往往很多人的回答都是“我喜欢喝略苦一点的”，因为略苦一点的咖啡最像咖啡，有咖啡的感觉。但是我们通过多次的反复饮用实验，发现他们喜欢的其实是稍微甜一点的味道。这在我们做商品开发的时候，特别是味觉开发的时候，是一个最关键的步骤。

第四个步骤，我们对消费者进行了细微的心理调查，由专业的调查人员与被调查者之间一对一地进行。调查内容包括他们在喝罐装咖啡时的姿势、穿着、心情等。通过这样的心理调查，我们明白了以下的事情：这些重量级的消费者他们真是从心底就喜欢喝咖啡，而且在咖啡的味道方面，他们确实比较喜欢甜味的咖啡。

四、麦肯—爱瑞克逊公司的角色扮演法

麦肯—爱瑞克逊（McCann-Erickson）公司认为，广告策略的产生必须基于对目标消费者的充分认识。在这一过程中我们先以消费者的身份来回答下面的前六个问题，再以广告人的身份回答最后一个问题。

（1）我们的目标消费群体是谁？给他们一个关于生活方式或态度的简要描述，区分消费者、重度消费者、非消费者、竞争品牌消费者等，了解其他产品或服务在使用中的关系。

（2）在目标消费者的心目中，我们的品牌处在一个什么样的位置？包括他们不知道我们的品牌、他们知道我们的品牌但是不用、他们更喜欢用别的品牌、他们不理解我们能做什么、他们的使用量不足，等等。

（3）在目标消费者的心目中，我们的竞争对手处于什么样的位置？对竞争对手的描述使用与第二个问题同样的方法。

（4）我们希望在消费者的心目中处于什么样的位置？产品被定位在什么样的状态？比如，产品是最好的选择，因为……现在他们知道产品将要做……

（5）对消费者的承诺是什么，你的大创意是什么？陈述广告活动中主要的观点。大创意不是一句广告口号或者这个阶段的收尾语，而是一个用简单语言表达的创意，它能够涵盖整个广告活动，并成为收尾语。

（6）支持点是什么？从消费者利益的角度去详细论述并增强第五个要点。积累大量事实来支持你的大创意。

（7）广告的调性是什么？决定一个适当的调性：温暖的、注重家庭价值的、令人震惊的、高科技的、冷静陈述事实的、温和并带有歉意的、荣耀的，等等。

第三节 影视广告创意的常用手法与叙事策略

一、影视广告创意的常用手法

（一）转换

即这件东西除了本来的用途之外，能否改做其他用途？或者用在其他的场合？比如一张纸除了用来写字外，还可以用来垫床脚，做成纸衣服，折成纸飞机等。

（二）双关

有别的东西像这个东西吗？是否可以从这个东西想到除它本身以外的其他东西，用句式表达为“看起来像……一样”。这种方式强调图形本身的整体性，也强调含义上的相关性。

方法：转换视角。可以变换不同的观看角度，比如从视错觉的角度或从仿生学的角度。例如，一张树叶的经脉可以变成一个植物园的交通指示图（见图3-3-1）；书包的背带形状和麦当劳的“M”标志不谋而合，制造趣味的同时也暗示放学回家后去吃麦当劳（见图3-3-2）；避孕套和救生圈不仅形状相似，而且由于救生圈和避孕套都有预防功能，意义上也具互通性（见图3-3-3）。

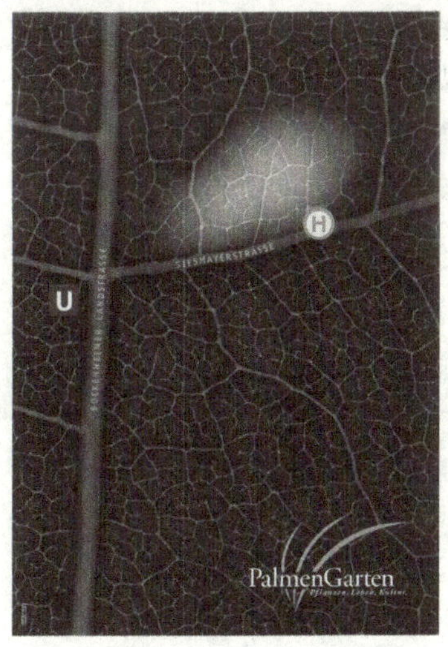

图3-3-1 树叶经脉与交通指示图

图3-3-2　麦当劳“M”标志与书包背带

图3-3-3　避孕套与救生圈

（三）替换

在保持外在形状、结构基本不变的情况下，有没有其他部分、其他材料或者制作过程可以替换？以下几例都反映了这种技巧。

图3-3-4中，用鱼罐头替换掉鱼身的一个部分，并且保持鱼的形状不发生变化，从而体现出鱼罐头“新鲜”的特点。

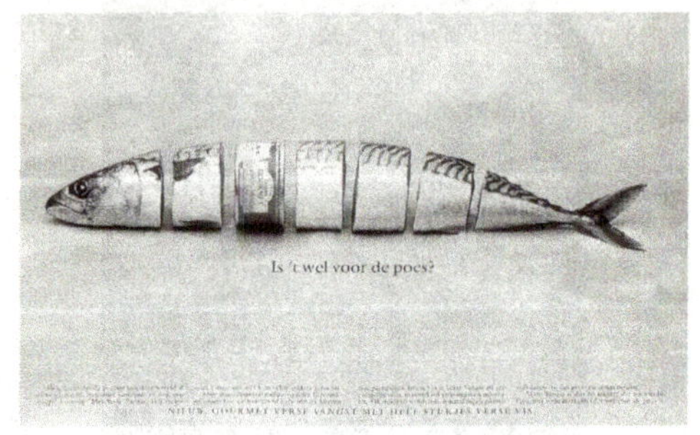

图3-3-4

图3-3-5中，汽车尾部的废气排放孔直接置换成了抽烟者吞云吐雾的嘴，

既幽默夸张，又生动形象，会让吸烟者不寒而栗。

图3-3-5

图3-3-6中，小女孩直接用绿色的笔画出了本来是黄色的黄河，这是所有中国人的共同心愿，准确地传达了“环保”的概念。

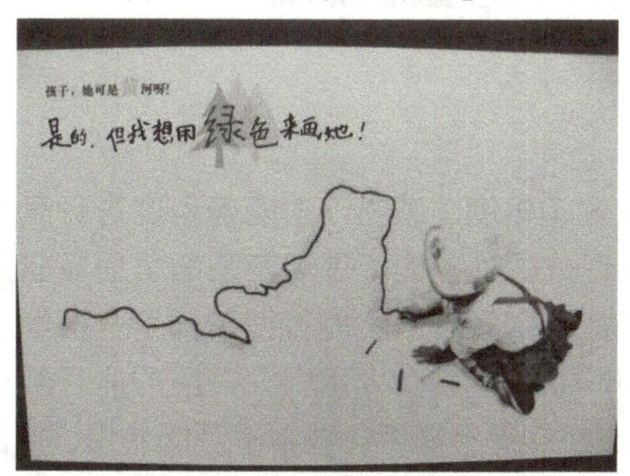

图3-3-6

图3-3-7中，素材是中国传统的山水画，创作者在保持构图不变的情况下，用城市的高楼大厦替换掉先前的山川森林，表达城市的发展已经完全破坏了原有的自然生态，可谓独具匠心。

图3-3-7

图3-3-8是一则关于世界读书日的公益广告《婚礼篇》截图，广告设定了一个结婚的场面，气氛浪漫而又甜蜜，在牧师的见证下，新郎新娘分别诉说着自己与“她”/“他”的关系，并发誓与“她”/“他”终身相爱。通过这个结婚的

场面，表达人们对书的喜爱。因为，在广告的结尾，本来是新郎新娘结婚，被替换成了与书结婚。[①]

图3-3-8　公益广告《婚礼篇》截图

（四）颠倒

即是从相反的位置、角度、感受、功能等角度进行思考。比如，可以问如下问题：能否把长处说成短处？能否展现产品的负面而非正面因素？能否抓住卖点的对立面？能否把它翻转过来？能否把结构完全颠倒过来？能否把起因和结果交换？男人用的产品能否给女人用？大人用的能否给小孩用？时间本来是流动的，可否让它静止或倒退？能否让根本不可能使用该产品的人群也使用它？如何激怒而不是取悦消费者？比方说：倒立走路，体现穿上运动休闲装后的心理状态。（见图3-3-9）又如，一个人爬梯子的过程被颠倒过来，配合的广告语是：即使你没有受伤，也可以拿到保险金。（见图3-3-10）

图3-3-9　服装广告截图

---

① 作者：尹博崴、尚南、刘莹、李宇岳、叶萌，指导老师：何建平，该作品曾在中央电视台播出。

图3-3-10　保险广告截图

（五）夸张

夸张可吸引眼球，产生大创意，但必须保证信息的简单，防止目标群的误解。可以问以下问题：怎么用夸张的方式更有力地表现优势？可以增加哪些因素？把它变大一些？变长一些？变重一些？变厚一些？时间更久一些？它的极限是什么？突破极限有什么结果？将总数乘以2？乘以20？哪些减法能更有力地展现卖点？有什么不必要的成分？把它变得更紧密一些？小一点？短一点？平一点？更加流线型？轻一些？能否将各部分分别展示？可否将产品特性所产生的结果进行夸张？例如，图3-3-11所示的某宽屏电视的广告、图3-3-12所示的“网络的吸引力”创意广告，都体现了这个思路。

图3-3-11　宽屏电视的广告

网络广告
广告语：还能有其他什么网络比我们更能吸引人。

图3-3-12 “网络的吸引力”广告

（六）拟人（拟物）法

把没有生命的东西看成有生命的，或者把有生命的看成没有生命的。比如：动物（或其他没有生命的东西）可以开口说话，动物具有了人的感情会怎么样？人突然变成了一个动物，或其他的东西会怎么样？例如，“非典”时期的某一则口罩跳起健身操的广告（见图3-3-13）、煎蛋和香肠追逐的食品广告（见图3-3-14）。

图3-3-13 口罩跳健身操

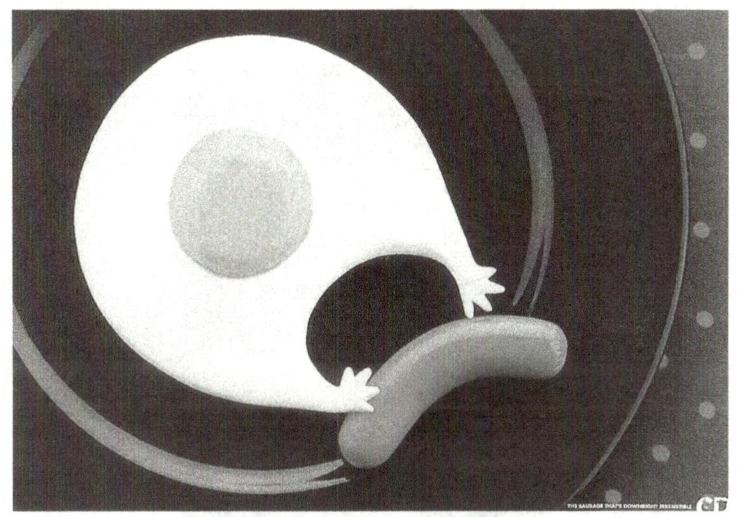

图3-3-14　煎蛋和香肠间的追逐

（七）对比法

能否用最简洁的对比的方式表达出产品使用前后的效果？为了使产品优势一眼就被看出来，应为它选择哪种对比物？哪种对比方法能令人吃惊，富有冲击力或幽默风趣，并能将问题和答案一并展现出来？能否将产品和一种看似风马牛不相及的东西通过对比说明它的优越性？例如，某去头屑洗发水广告（见图3-3-15）、大众汽车的一则广告（见图3-3-16）、某清凉含片广告（见图3-3-17）。

图3-3-15　去头屑洗发水使用的前后对比

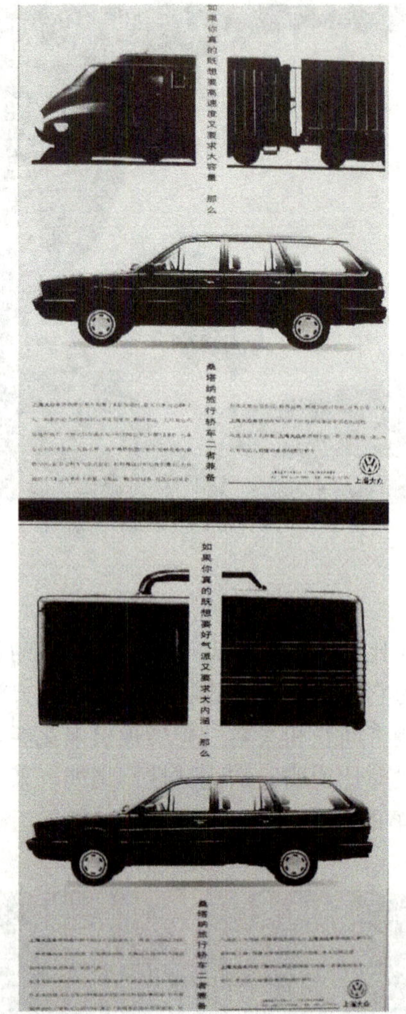

图3-3-16　用对比来突出大众汽车的大容量

图3-3-17　用对比来突出含片给人带来的清凉感

（八）戏仿

找到一个广为人知的模仿对象，可以来自电视、电影、广告、文学、音乐、美术作品等。在模仿过程中加以变化，确保在变化过程中保持原来最核心的特征。例如，保护儿童权益协会的一则广告，采用模仿古巴民族英雄切·格瓦拉的形象。（见图3-3-18）

图3-3-18 保护儿童权益协会广告

图3-3-19是借鉴了莫泊桑的小说《项链》中的情节的影视广告截图，大意是一个穷人为筹钱还富家太太一副项链，不惜吃冷面包、发传单、捡垃圾、当清洁工，最后却买了一副假项链。[1]

图3-3-19 首饰电视广告截图

---

① 作者：王丽丽、卓伊颖子、禾银茜、吴佳杰、毕晔，指导教师：何建平，该广告获得第三届全国大学生广告艺术大赛全国总决赛二等奖。

（九）重复

当重复中包含一系列令人费解的变化时，容易吸引人注意。影视广告中，可以重复强调形状和构图上的相似性，也可以通过重复性的动作来强化品牌的记忆度，比如反复地练歌，喊口令，吵架时口吃等。以下是两个运用了此种技巧的相关实例。（见图3–3–20、图3–3–21）

图3–3–20　地位越高，自我形象越模糊

图3–3–21　勺子与咖啡杯组成了时间的指针

（十）时间隧道

我们可以把时间的作用展现出来，把产品放置在时光隧道中。时间能给产品或消费者带来哪些变化？产品将会如何改变消费者的未来？它有哪些可能性？它会对今天的消费者对过去的看法产生什么影响？在没有这一产品之前，消费者如何解决这种问题？这种新产品给用户带来了什么变化？哪一历史时刻有助于突出产品卖点？怎样将产品与历史事件联系起来，以强调其功能？能否通过想象未来的生活来表现产品的某个特点？

索尼的一则电视广告《女大十八变》中，父亲坐在电视机前观看女儿小时候活泼可爱的影像，看得泪流满面，而女儿后来染着黄色头发，身材肥胖，小时候的可爱聪明荡然无存。（见图3–3–22）

图3-3-22 索尼电视广告《女大十八变》截图

（十一）禁忌

广告触碰到了人的道德底线、宗教信仰底线、讨厌的东西、害怕的东西等禁忌，有时会产生独特效果。可以做如下设问：怎样用挑衅手法把产品及其可能带来的好处表现出来？有哪些东西从未与这种产品相提并论？关于这种产品，有什么别人不敢说的话吗？你是否可能打破某种禁忌，或用其他方式激怒目标群体，从而引起他们对广告的注意？怎样将产品表现得触目惊心？有哪些恐怖或者滑稽的事情能够与产品和广告联系在一起？它能造成什么破坏？有什么危险？产品能脱离地心引力怎么办？

例如，某健身馆广告的广告语：身材不好，就会污染沙滩。（见图3-3-23）

图3-3-23 某健身馆广告

再比如一则关于戒烟的电视公益广告，整个广告由一个镜头完成，展现一位年轻女士如何随着不断吐出的烟圈逐渐变衰老，随着吸烟结束又回到年轻的状态。整个广告一气呵成，给人强烈的震撼。（见图3–3–24）

图3–3–24　戒烟电视公益广告截图

（十二）直译法

直译法即把头脑里的想法，特别是心理活动直接展现出来，可以这样设问：看到产品的第一眼头脑里浮现的是什么？比如旅游时进入一个带有海景的宾馆，你推开窗户看到大海，头脑里马上浮现的是什么呢？

例如，我国台湾声宝洗衣机的广告，它把我们住旅馆时担心床单不干净的心理恐惧直观地呈现了出来，这个床上仅仅是你一个人睡吗？当然不是，头脑里会浮现各种各样的人睡过，甚至宠物也睡过……只有声宝洗衣机能够除尽床上的细菌。

当然，广告创意的方法远远不止这些，以上是一些常用方法。这些方法需要我们不断地在实践中去运用，才会熟能生巧。

二、影视广告的叙事策略

与其他类型的广告相比，电视广告主要通过时间上的延续来完成创意的传达，因此，与单纯地只依靠画面或文案的广告相比，电视广告创意更强调其叙事的技巧和策略。电视广告的叙事策略主要包括以下四个步骤。

（一）确定广告想表现什么

常用的策略有：

（1）告知式。向目标消费者直接地、真实地传达产品新的信息，让消费者很快地记住产品的优点。

（2）产品示范式。产品示范一直是广告中最容易记忆的部分，所以不要放过任何机会向消费者展示产品的优点，而这个优点是消费者最关心的。

（3）比较式。当产品本身具有独特的卖点，而且竞争对手非常强大时，这是一个很好的方式。但切记，比较不一定要贬低对手。领导品牌应避免用比较式，如要比较，最好和自己上一代产品比较。

（4）新闻式。商业广告也能像新闻一样引起消费者关注，如果你的品牌或产品具有新闻的成分，就把它传达给消费者。由于新闻本身具有真实性，容易获得消费者的认同。

（二）确定用谁来表现

常用的策略有：

（1）消费者证言式。消费者一直认为，演员无法完全代表真实生活的角色，他更相信同为消费者的证言。消费者证言式广告必须反映现实生活，证明消费者喜欢广告中的产品。运用这个方式时，可信度、感性和幽默感缺一不可，绝不可呆板无趣。

（2）名人演出式。名人演出本身即具有一种新闻作用，选择的名人只具有名声或无争议性是不够的，应该选择与产品相关、对品牌建立有益的演出者。只有让名人去表现产品特点时，名人演出才会有效果，消费者才不会只记住名人而忘了你的产品，同时还需要预防名人绯闻等负面消息给品牌带来的伤害。

（3）塑造中心人物。很多知名品牌均塑造了属于品牌或产品的中心人物。例如，麦当劳叔叔、肯德基上校、康师傅等。中心人物可以更快地拉近品牌与消费者之间的距离，尤其适合担任服务大使的角色。

（4）婴儿表现式。以往婴儿通常被用来表现或代言婴儿产品，但现在很多看似无关的类别常用婴儿代言，如汽车、家电、IT类等。为什么婴儿表现会引起这么多青睐？因为婴儿纯真、不造作、不撒谎，能引发母爱，很容易获得消费者的好感。

（5）动物表现式。明星不一定都是人，电影里有很多动物明星，它们都是经过专业训练的。在消费者心里，动物可爱、机灵、活泼，很容易唤起同情心和爱心。

（6）产品主角式。如果产品的功能强大，一定会吸引消费者，那就让产品自身说话更有说服力。

（三）用怎样的方式来表现

常用的策略有：

（1）生活片段式。这是最普通，但最具有说服力的手法。要想在这么多雷同的手法中脱颖而出，需要做到以下几点：

A.单纯、集中、单一地去陈述产品的利益点。

B.问题与解决。产品如何解决消费者的问题，是消费者最关心的，但需要有趣味地诉求。

C.示范。在生活片段中融合产品示范，可让品牌或产品主张及利益点显得更加可信。

（2）故事情节式。人人都爱看故事，特别是精巧的、有悬念的故事更能吸引眼球，但故事必须和产品有机融合，而且故事核必须围绕产品展开。

（3）数据式。许多令人信服、成功的广告均建立在权威的数据基础上，采用这种方式能让卖点一目了然，能让消费者印象深刻。但传达的信息要与产品相关，而且具有延展性。

（4）音乐片段式。音乐、歌曲总能牵动人的情绪，视听完美结合的广告一直是心灵沟通的好方式，而且也便于记忆和传唱。

（5）动画式。动画式可分为纯动画形式及动画与真人或实物的表现形式。一般而言，动画式较多结合中心人物式。

（6）文案式。这是运用较少的一种方式，文案本身具有极强的感染力和煽动性，这些广告经常模拟一些集会、演讲等场面，诉求比较宏大的主题，以此激发观众内心的情感。

（7）舞蹈式（造型式）。这种形式的广告可能有两种形式，一种是广告中的模特充分地展示自己的舞技，同时为广告产品设计一个很有记忆点的造型；还有一种就是造型式广告，整支广告围绕产品的形状或Logo进行造型，最终形成或壮观或趣味的造型场面。

例如，麦当劳的经典广告《婴儿篇》中，婴儿坐在秋千上，往上看到麦当劳的标志就笑，掉下来看不见了就哭，非常精妙。[①]（见图3-3-25）

---

① 薛振添：《影视广告20多种手法赏析》，《电视字幕：特技与动画》2002年第8期。

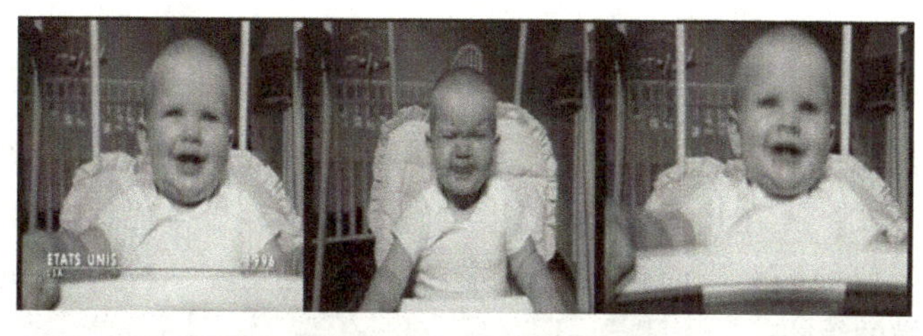

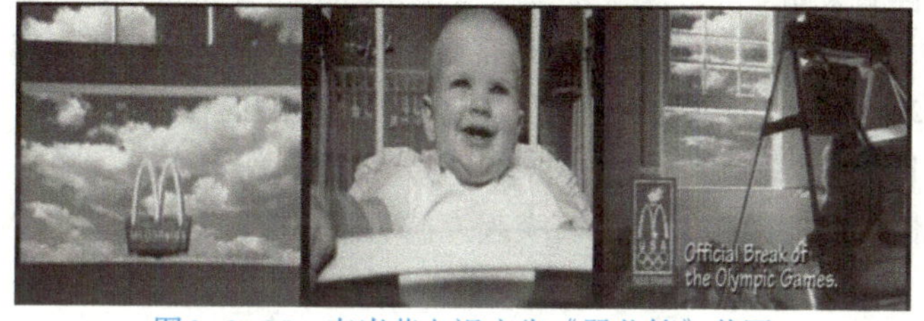

图3-3-25　麦当劳电视广告《婴儿篇》截图

（8）模仿式。政治人物、事件、历史英雄、经典的电影片段，或是简单的寓言故事，甚至于在国际上获奖的广告，都可以借用改编，引发消费者的联想，提升趣味性，这是一条创意捷径。

（9）比喻式。如果信息本身比较晦涩，或者直接表达过于直白，可适当运用隐喻的方式，使产品的信息更容易被记住。

例如，广告《键盘篇》便采用了模仿式，一个大学生在宿舍里玩电脑，听到交响乐，便把键盘当成了琴键，弹奏了起来，完全模仿在音乐厅演出的感觉。[①]（见图3-3-26）

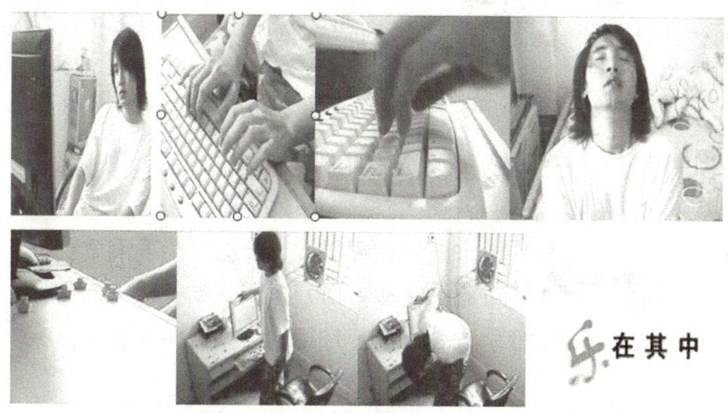

图3-3-26　《键盘篇》广告截图

① 作者：周翔、方泰、邹韵，指导老师：何建平，该广告获得全国大学生广告艺术大赛广东赛区一等奖。

（四）用怎样的情绪和格调来表现

常用的策略有：

（1）当下式。人在某些情况下，会被情绪包围，显得很感性，发掘观众的这个时刻，唤醒他们对当前自我境遇的关注，感同身受，特别是一些快速消费品常采用这样的策略。

（2）幻想式。幻想式可以带着产品的特点，让消费者进入超现实的世界去体验产品的卖点，幻想式较多出现在与年轻人相关的广告中。

（3）怀旧式。广告设计往往讲究新潮，在一片新潮的设计里，怀旧的设计反而能有独树一帜的效果，且能够唤起人们对美好时光的回忆。

（4）性感式。性感无疑很吸引观众眼球，也让世界充满美感。对于香水、化妆品、时装饰品、保健品、个人护理品等产品，性感可有助于销售，但不是所有产品都适合使用性感式，更不可为性感而性感。

（5）幽默式。幽默是国际语言，消费者也喜欢欣赏幽默广告。但需要注意的是，当心消费者只记住了笑话而忘记了产品。如果想使用幽默手法，必须要注意情节、语言和产品的相关性。

不同的教科书对影视广告的表现技巧有不同的分类，这些分类并无本质差异，只是着眼点不同而已。对于学习者而言，不应该被这些五花八门的分类所困扰，应该将其看成触发灵感的一个“触点”，而不能将其变成束缚思维的牢笼。而且这些分类，只有在创意完成，对创意进行进一步加工和检视的时候才更有价值，因为它们可促使创意更加具有形式感，雕刻得更加精致，或者更加符合广告主的要求。

【思考题】

1. 广告思维和常规思维的根本差异何在？
2. 头脑风暴法的实施要点有哪些？
3. 消费者洞察和观察的根本差异在哪里？为什么我们要洞察，而不是观察？
4. 消费者洞察主要洞察对象的哪些方面？对洞察结果该如何解读？
5. 影视广告常用的创意手法有哪些？常用的叙事策略有哪些？

【本章实训】

1. 将有着啤酒肚的中年男人作为洞察对象，全面刻画这个啤酒肚男人的行为特征和内心世界。

2. 请以某一具体物体（比如一本书）为例，通过各种变形处理，写出含有相应诉求点的广告创意文案，不少于20个。

第四章

影视广告片摄制

本章教学目标提示

1. 掌握分镜头脚本、故事板的写作和绘制方法。

2. 掌握棚内拍摄、外景拍摄中需要注意的问题以及克服的方法。

3. 掌握国外拍摄、航拍、水下拍摄以及一些特技拍摄中必须注意的问题和克服的方法。

4. 详细了解如何组织广告片的现场拍摄。

5. 掌握现场拍摄中导演、摄影师、制片、客户等的基本职责。

6. 掌握导演进行演员指导、场面调度的基本技巧。

7. 掌握广告片后期剪辑的程序和方法。

第一节　影视广告脚本的制作

影视广告的脚本，按制作流程可分为下面五种：概念脚本、分镜头脚本、故事脚本、导演执行台本、相片脚本。

一、概念脚本

概念脚本（Concept Board），是创意架构和点子的试金石，不需要很详细的情节描述，只需明确广告需要表达的重点内容、营造怎样的气氛以及突出何种情感要素等。概念脚本通常包括创意阐述、故事情节和广告语等基本内容，它以文学的形式进行表述，也被称为文学脚本。以下是概念脚本的一个实例。

世邦·一水岸之《私享无界篇》（60秒电视广告）

【创意目的】

世邦·一水岸，是珠海靠海地段的高级楼盘。在创意中将充分表现世邦·一水岸生活的美好意境。运用舞蹈、绘画、音乐的元素，以唯美的手法演绎出岸边生活的悠远境界，展示出一幅似真似幻的生活场景。在一幅幅唯美超绝的画面中，展现出楼盘自身的性格，使消费者记住楼盘形象，最终推动楼盘的实际销售。

【故事梗概】

上下颠倒的置景空间中，现实中的女主角与思想中的女主角分别呈现出不一样的状态。现实中做瑜伽的女主角，思想已经沉浸在海天一色的水岸边，自由地舞蹈着。这种无拘无束的生活写意正是在世邦·一水岸中所拥有的，也正是岸边的私享家的"私享"的完美体现。当精神上的思想与现实中的"私享"合二为一时，才体现出人生的至高追求与享受。

【广告语】

岸边的私享家　世邦·一水岸

二、分镜头脚本

分镜头脚本（Shooting Board），是以文字描述场景、动作、声音等的文字台本。分镜头脚本的标准规则是每页左半边是画面部分，按镜头顺序依次进行描述；右半边是声音部分，包括人声、音乐和音响，同时可能还包括镜号、景别、拍摄手法、长度、备注等内容。

分镜头脚本和概念脚本的主要区别在于，分镜头脚本采用了分镜头的表格形式，画面、声音等核心内容都直观地显示了出来。因此，比起概念脚本，分镜头脚本已经将创意定型了，比较直观。

（一）分镜头脚本的功能

分镜头脚本具有以下四个方面的功能：

（1）记录、修改和完善创意情节；

（2）为美工绘制故事板提供参考；

（3）可以当作计算成片时长的依据；

（4）作为和客户初步沟通的工具，将经客户选择后的分镜头脚本发展成故事板，节省开支并提高效率。

（二）分镜头脚本的写作

写作分镜头脚本，需要用生动形象的语言把创意按照镜头的顺序描写出来，以便对未来的广告片进行具体形象的勾勒。分镜头脚本的写作应符合以下要求：

（1）必须具备时间观念。对整个广告片的时间长度以及每个镜头所需要的时间，都要有精确的估算。为了准确地把握广告时间长度，需要在实践中不断观察、领悟和训练。如果在分镜头脚本阶段缺乏对时间的控制，将会给后期的故事板绘制和广告拍摄造成麻烦。平时训练时可以自己买一个秒表，测试一些日常动作所需的时间，或在看电视广告时将声音关掉，用秒表来测试镜头的长度。

（2）必须具有画面感。文字上要求形象化和直观化，令人阅读过后应能马上浮现文字所描述的相应画面和动作。因此，文字必须干净简洁，避免过多的修饰性文学语言。

（3）需要附上简洁的创意说明。包括为什么要这样设计，能够产生什么样的效果，最大的卖点在哪里，广告口号有什么特色，等等。

广告分镜头脚本的写作与电影故事片的分镜头脚本写作类似，由于广告片的长度绝大部分限制在30秒以内，因此广告分镜头脚本的写作更为浓缩和简洁。

（三）分镜头脚本的写作格式

广告分镜头脚本有三种写作格式：

第一种格式将视觉部分和听觉部分结合在一起，依照时间顺序对每个镜头逐一进行描述。

第二种格式分为画面和声音两部分。画面部分对镜头中的内容依照时间顺序进行文字描述，声音部分也是依照时间顺序标明每个镜头的人声、音乐和音响。

第三种格式分为场景、内容、声音和画面参考。相比第二种格式，多了场景的具体描述和供客户参考的图片。

其实，这三种格式只是有的简单一些，有的详细一些，并无本质区别。对学习者而言，不必花太多精力去研究脚本的格式，因为上述的区分只是相对的，关键是为了运用，为了让广告主明白你的创意，能看到创意的视觉效果。到底采用哪种格式，和个人的习惯有关系，如果想简略一点，可用第一种；如果想表达得详细点，可以用第三种。学习者可以以下面这个案例——世邦·一水岸广告的分镜头脚本作为模板进行练习。

镜号	景别	长度	画面（Video）	声音（Audio）
1	全景	3秒	上下颠倒的置景空间里，卵石点缀的水边，海天一色，身穿白色长裙，气质高雅的女主角站立在岸边。	【曼妙舒缓的音乐】
2	中景	4秒	女主角开始灵动地舞蹈起来，海风轻拂着她飘逸的长裙，将人与自然构成了一幅意境悠远的美丽画卷。	
3	近景	3秒	忽然，这幅画面上泛起了一道道淡淡的涟漪。	
4	全景	4秒	镜头拉开，屏上呈现上下两个画面。上方出现的是女主角在居所里做瑜伽冥想姿态的画面，下面的画面中女主角的舞蹈表现仍在继续，原来是女主角冥想中的画面。 【淡入字幕】一片海　一片私享的天地	
5	中景	3秒	上画面中女主角舒展肢体，安详而惬意地享受着在世邦·一水岸居室中的私享生活。	
6	全景	3秒	下画面中女主角曼妙的身姿在海风中舞蹈，激情而奔放，妩媚而动人。	
7	全景	3秒	上画面做瑜伽的女主角与下画面中舞蹈的女主角同时进行，相得益彰。	
8	中景	3秒	下画面中女主角在水岸边一路欢快地旋转舞蹈，一路舒展身姿地跃起。	

续表

镜号	景别	长度	画面（Video）	声音（Audio）
9	中景	3秒	女主角忽然停住了舞蹈，因为看到了脚下美丽的海螺。	
10	特写	3秒	女主角捡起海螺，轻轻地侧耳倾听着海的声音	
11	中景	4秒	上画面的女主角，正在世邦·一水岸居所内悬挂的巨大画布上用画笔点染着一只美丽的海螺。	
12	全景	4秒	下画面中聆听海螺的女主角仿佛是上画面中绘画贝壳的女主角的倒影，营造出唯美、悠远的画面意境。	
13	近景	3秒	上画面中，淅淅沥沥的雨水洒落在窗上，仿佛从女主角的面庞上滑下，一幅朦胧的美景。 【淡入字幕】水是一层人生意境	
14	特写	3秒	雨水滴到下画面中，水面上又泛起一阵阵涟漪。湖面上，身穿旗袍的女主角手持纸伞，形成一幅唯美的画面。	
15	近景	3秒	又一阵涟漪泛起，水面中倒立的世邦·一水岸楼体渐渐清晰。	
16	全景	3秒	世邦·一水岸楼体光影变幻，仿佛置身于水波当中。 【淡入字幕】岸　是一种理想生活	
17	全景	4秒	镜头拉开，女主角站在世邦·一水岸楼体前，凝望远方的海天一色，衣襟飞扬，神情悠然自得。 【淡入广告语】一　生停泊的　水岸	【广告语】 一生停泊的水岸
18	标版	4秒	出世邦·一水岸Logo与标版。 【字幕】世邦·一水岸	世邦·一水岸 岸边的私享家

三、故事脚本

故事脚本（Story Board）又称故事板，或故事画纲，是指在影视广告创意完成阶段，借助美术手段对广告创意所做的广告效果创意图，是广告分镜头脚本视觉化的产物。通常情况下，导演在拿到剧本后，会在正式实拍前，安排美术人员根据剧本中的场景和剧情绘制出一幅幅单独的画面，用来表示实拍时的镜头效果。

（一）故事板的作用

（1）故事板的绘制便于创意人员整理构思。通过绘制画面并配以文字，创意人员可以将想法直观化，以便对创意进一步斟酌和完善。

（2）便于向广告客户阐释广告创意。创意必须取得广告主的认可。但是由于影视广告的特殊性，以及广告客户专业知识的局限，仅仅凭口头向客户叙述影视广告脚本的内容与表现是不容易被理解的。连环画式的画面加上文字说明有助于客户理解创意情节。可以说，故事板是影视广告未成型阶段广告公司与客户沟通的最佳手段，同时，根据故事板，客户也可以对广告片摄制所需的经费预算有一个感性认识。

（3）为影视广告摄制提供依据。如果影视广告的创意获得了广告主的认可，那么故事板便成为拍摄与制作影视广告片的依据，制片公司就将根据故事板的画面安排场景、挑选演员、编制预算，导演、摄影、美术、灯光都要以故事板为依据进行二度创作。

（二）故事板的主要内容

故事板的主要内容包括：

（1）客户名称和产品名称；

（2）广告片的长度以及每个镜头的时间长度；

（3）镜头画面及其文字说明；

（4）镜头声音的文字描述；

（5）镜头的拍摄方式与镜头之间的组接方式；

（6）特殊要求及其他注意事项。

（三）制作故事板应该注意的问题

（1）故事板尽量接近最终的拍摄效果。一个好的故事板，就是导演现成的视觉分镜头脚本，导演只需要按照每个画面去拍就行了。

（2）要有镜头感。要在每个镜头画面里把景别、拍摄角度、画面构图体现出来。

（3）要有运动感。影视的画面是运动的画面，需要采取各种技术使得画面具有运动感，避免静态和呆板。

（4）要有层次感。故事板的画面应该是立体的、空间的，要将每个场景的空间层次体现出来。

（5）要细致。故事板虽然不是成稿，但是越逼真越细致越好，人物表情、环境氛围都要尽可能地表现出来。

（6）要有完整性。如果创意本身就是一个完整的故事，故事板也需要将这个故事复述出来，关键的场景画面需要重点突出，故事要具有完整性。

（7）故事板需要制作的画面数量。画面数量根据创意而定，一支30秒的电视广告大概需要制作15~20幅的关键帧画面。

（8）故事板的画面规格。一般按照电视屏幕长度和高度的比例（4:3）绘制。随着高清平板电视机的普及，按照其屏幕长高比例（16:9）绘制将成为趋势。

（四）故事板制作的训练方法

故事板的制作，一方面是技术问题，比如要掌握一些电脑软件或手绘功夫；另一方面也是思维层面的问题，即必须掌握镜头语言的基本技巧和剪辑的基本规则。对于初学者来说，学习绘制故事板的捷径便是通过画面截图的方式来进行。方法是收集一些自己喜欢的影视广告，在充分理解创意的基础上，使用电脑软件截取一些关键帧，这些关键帧其实便是故事板中必须要绘制的画面。

以下几种画面属于关键帧：

（1）故事叙述中带有核心信息的画面，特别是包含产品的关键信息的画面；

（2）不同的景别中的关键画面；

（3）处于情节转折处的画面；

（4）广告片的第一个画面和最后一个画面。

例如产品笑熬浆糊机广告的故事板。

Client（客户）：	美斯特实业	Duration（长度）：	30秒
Product（产品）：	笑熬浆糊机	Language（语言）：	国语
Title（片名）：	笑熬浆糊篇	Date（日期）：	2008年11月10日
1. 全景 清晨，五谷养身坊内仙风道骨的老者（古装打扮）正有滋有味地品糊，见五路英雄（老头老太、中年夫妇、少儿）快步冲到老者面前，异口同声问道：	 		【背景音乐起】 【众英雄对白】 浆糊在哪里？

续表

2. 近景 仙风道骨的老者一边挪开口边的碗一边慈眉善目地问道：		【老者对白】 要豆浆，还是要糊？
3. 特写 少儿英雄急不可待地回答道：		【少儿对白】 我要糊！
4. 近景 话音刚落，其他四位英雄不约而同地回答道：		【众人对白】 我们都要糊！
5. 近景 阳光洒在《黄帝内经》（竹简）、几本翻开的养身古籍（有药补不如食补、是药三分毒等字样）和一旁摆放讲究的五谷杂粮上。笑熬浆糊机立放一旁。		【旁白】 五谷
6. 中景 仙风道骨的老者摆开太极的姿势，见五谷杂粮汇聚在太极的掌力之中形成了五色圆球，老者的双手顺势向外推出，见五谷圆球冲向镜头。	 	【旁0白】 养身

续表

7. 近景 （慢镜）见五谷杂粮分成黑、白、红、绿、黄五股落入笑熬浆糊机内。	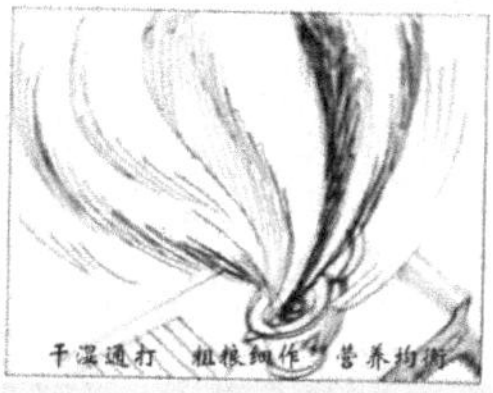	【特效字幕】 干湿通打 粗粮细作 营养均衡 【旁白】 笑熬浆糊
8. 中景 手指轻轻按动美斯特笑熬浆糊机启动按钮。	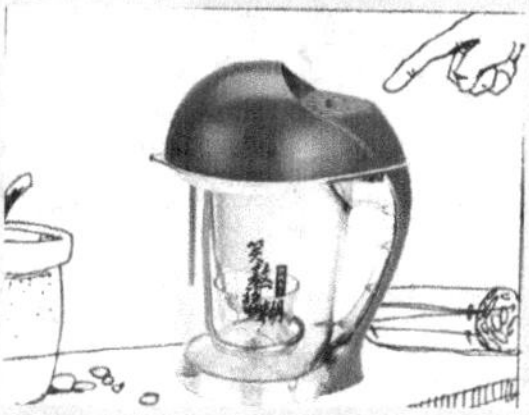	
9. 特写 五谷杂粮在笑熬浆糊机内被紊流研磨，杂粮颗粒被刀片反复切碎。		
10. 特写 被磨细的杂粮与浆汁在高速转动下翻腾熬煮。		【字幕】 每分钟72 000刀五谷精磨 智能脉冲熬煮技术 【旁白】 磨得更细 熬得更透
11. 特写 美斯特笑熬浆糊机旁，五个大碗中被倒入了五种颜色诱人可口的浆糊，飘出袅袅香气。		【旁白】 锁住营养
12. 近景 五路英雄分别享用着自己喜欢的五谷养身糊，脸上露出享受的表情。		【旁白】 安全养身

续表

13. 中景 众人仰头喝完美味的浆糊，将碗拿开，显出意犹未尽的表情。		【旁白】 更健康
14. 近景 老者举起手中的美斯特笑熬浆糊机诱惑地问道：		【老者对白】 再来碗糊？
15. 中景 少儿英雄冲向前去，很童趣地抢过老者手中的笑熬浆糊机。		
16. 近景 少儿英雄怀抱笑熬浆糊机得意地面对镜头说道：		【童声】 我要我的浆糊机！
17. 标版 五谷养身坊的背景中，出美斯特笑熬浆糊机产品，边上五碗五色浆糊飘出袅袅香气，出Logo、标版。	 	【广告语】 笑熬浆糊　营养天下 【字幕】 笑熬浆糊　营养天下

续表

		【女声旁白】 还能调口味哦

四、导演执行台本

导演执行台本也称制作脚本（Shooting Board）。从制片公司导演的拍摄角度出发，往往要标明镜头角度、焦距、灯光等具体制作要素，供正式拍摄参照。导演执行台本将决定画面的最终效果和拍摄的效率等。

当然，导演执行台本并非不可缺少，这和导演的工作习惯有关系，有的导演习惯于做执行台本，而且很详细，而有些导演可能只是在分镜头脚本上做注记，并不做专门的执行脚本。

一般来说，导演执行脚本中会对拍摄过程中的具体内容进行标注，包括摄影事项、表演事项、拍摄顺序和进度，等等，而使导演做到心中有数。下面是世邦·一水岸广告的导演执行台本。

《世邦·一水岸》导演台本（60秒）

1. 远景	颠倒的海岸线及画架（后期合成海岸线和天空）
2. 锁机位	叠化淡入女主角出现，静态造型
3. 全景	海岸线上女主角舞动的起始动作（慢镜）
4. 特写	女主角的动作（慢镜）（水的涟漪效果）
5. 全景上下画面	（5A）女主角在室内做瑜伽动作 （5B）海岸线同机位女主角舞动起来
6. 全，中，特写	室内瑜伽动作（剪辑处理）
7. 中景	女主角冥想
8. 中景	女主角舞动的侧面
9. 全景上下画面	（9A）室内女子瑜伽，双手摊开 （9B）女人舞动起来的姿态
10. 近景	女主角舞动的局部
11. 中景	女主角舞动时自然弯身，手自然垂下

12. 特写　　女子手入画，拿海螺（淡黑）
13. 淡入全景　　（同机位）上画面女人瑜伽的大动作；（后期叠化女子冥想局部特写）
下画面女子听海螺
14. 特写　　雨滴在玻璃器具上，背景女子的脚入画
15. 近景　　雨水滴在玻璃上，仿佛在女子的脸上滑落
16. 局部特写　　雨水滴在女子仰起的脸上
17. 全景　　女子站在玻璃房前，背景海岸线上（后期合成海天一色）
18. 三维　　淡入楼体
19. 标版　　水的涟漪叠化Logo

五、相片脚本

相片脚本（Photo Board）是广告测试、归档用的脚本。一些实力雄厚的大型广告公司在给大客户提案时，为了更逼真地表现广告创意，会采用这种方式制作故事板。公司会布置场景，找演员进行表演，并用相机拍摄下来，有时也借助已有照片或资料片来制作。这种故事板的效果较好，但是耗资巨大，并且制作周期会很长。

与导演执行台本一样，相片脚本也并非不可或缺。它的作用和故事板一样，也主要是将创意直观化。

第二节　摄制筹备

一、摄制团队

（一）演员

1. 演员的来源

（1）职业演员

明星、模特和一般演员，既可以依靠人脉资源进行寻找，也可以通过经纪

中介公司推荐。不过，稍有名气的演员或模特都有自己的经纪人或经纪公司，所以一般是与经纪人或经纪公司打交道。演员与演出相关的所有法律事务，均与其经纪人或经纪公司交涉。如果是经纪人代理，一般是和演员签订合同；如果是经纪公司代理，直接和公司签订合同。合同内容除了片酬、拍摄时间等最基本的内容外，还应该包含括广告片投放的时间、使用的媒体、播放区域及期间对演员接拍其他广告（特别是竞争对手的广告）的限制等内容。

（2）各行各业的名人

这里指的是在人群里有辨识度的各行各业的名人。邀请这些名人拍广告是为了增加商品的接受度和可信度，不过也要注意不要只突出了名人而忽略了对产品的表现。

（3）一般人

找普通的人来拍广告，看中的是其真实的反应及亲近一般大众的能力。这样的广告需要大众参与并表达自己的意见，以增加广告的朴实性和可信度。

2. 聘用职业演员

职业演员以塑造、表演角色为职业，他们有着良好的表演天分和表演基础，可以依据剧本做出到位的动作。

选用职业演员时，要考虑到：

广告角色的个性或特质如何？幽默还是严肃？天真烂漫还是博学多闻？

这支广告是只播放几星期的测试性广告（Test Commercial）吗？如果是，请记住无论试验成功与否，都要把演员限制一段时间，不能去为竞争对手的广告试镜。

这是一支当地的、区域性的还是全国性的广告影片？广告播放的地域范围决定了演员是否可以接拍其他区域播放的竞争对手的广告。不过演员绝不能同时出现在直接相互竞争的商品广告中。

演出这个角色需要特殊的运动技能吗？拍摄跳水镜头的广告，总不能找个不会游泳的演员吧？因此，如果需要特别的运动技能，最好把试镜安排在可以评判其技能的地方，例如拍摄跳水镜头的广告就应将试镜安排在游泳池。

3. 演员试镜时可能出现的状况

试镜通常是一次一人，如果广告强调演员的互动关系，也可以同时由一群人来试演。广告公司创意人员、导演、客户及广告公司的业务代表都有可能在场。

当广告公司简单说明广告意图后，导演会先和演员做简短的剧情说明，再由演员来试演。外面的接待室可以多准备几份剧本，以便演员在试镜前多做准备。

无论广告内容是轻松还是有难度，挑选演员时都得认真严谨。这时候最好是让导演决定演员人选，因为导演和演员间的信赖关系将左右将来演员的表现。

4. 挑选好演员的诀窍

（1）倾听对话

很多广告影片文案都是用书面语来代替口语，而影视观众关注的都是对话而非研究广告的文案。因此要认真听这些书面语是如何被演员用口语形式表达的。演员需要花时间去记住台词并了解其含义，以更准确地表达其意味。

（2）联合挑选

如果广告影片需要两个以上的演员同时出现，则需召集几个演员来共同试镜，并分别记录其表演形态，以便随后挑选某组中合适的演员。如果这台词是两个镜头间不同演员的对话，那么试镜录像带即可捕捉住两人间的互动关系，进而比较。

（3）视频挑选

用摄像机拍摄来挑选演员有几个好处。首先可以通过屏幕来观察最后影视观众收看的效果，还可以观看脸部的特写镜头等。

导演还能通过视频带来了解演员对其指导的配合度、反应力以及演出效果。还可轻易看出演员间的彼此互动。

同时，使用视频挑选演员还可以反复观看，并排除现场试镜的种种干扰，进行客观比较。

（4）用照片挑选演员的风险

用平面照片来挑选演员，首要问题就是可能会收到大量修饰过的甚至是“年代久远的”写真照片（Composite Photographs）。另外，这些在平面摄影试镜时光彩照人的演员可能并不能胜任广告影片中的特殊表演，如动作镜头等，勉强聘用不适合的平面演员拍摄影视广告可能需要在很多镜头上选择替身演员代替演出，而令成本上升。

（5）其他需考虑的因素

A. 是否与广告策略及产品的形象符合；

B. 是否出演过竞争对手的广告或竞争对手赞助的电视节目；

C. 实际年龄与广告上所需表现的年龄是否差异很大；

D. 音质如何；

E. 是否有必要的证书或特殊技能，例如驾照、护照、体育特长等；

F. 是否有影响拍摄的生理、心理缺陷，例如恐高症；

G. 是否有丑闻；

H. 广告主是否有不便明说的对使用演员的限制；

I. 所要求的演出费是否合理；

J. 实际拍摄时是否有档期。

（二）导演

导演是一个片场里酬劳最高、责任也最重的人。他的任务就是把广告故事板转化为广告影片的图像和声音，而这个过程需要掌控整个片场的一切，对整个影片的质量负责。

实际拍摄时，导演担任现场的总指挥，所有工作人员遇到的一切问题，包括技术问题，都必须与导演商量，并听从导演的指挥。这也要求导演必须有能力去解决片场发生的各种问题。

具体说来，影视广告导演的主要职责有以下几个方面：

1. 筹备阶段

（1）研究剧本。摄制组成立后，导演应与主创人员研究和分析广告文案，查阅相关资料以深刻了解产品特性，并在摄制组内进行讨论，为产品寻找适合的表达形式。

（2）遴选演员。演员所扮演的角色直接与受众见面，因此合适的演员关系到整支广告的成功与否。

（3）写作导演手记。导演手记阐述对广告影片的设想，是一个总体性构思的说明。导演手记无固定的模式，随导演的个性和风格或具体细致，或提纲挈领。导演手记的内容一般包括：对广告人物角色的分析，对影片情节的理解与把握，对广告风格格调的定位，对表演、摄影、美术、化妆、服装、道具等创作的构思和造型设计的要求，对音乐、录音、剪辑等各创作部门的提示，对剧中需要运用特技处理的部分提出的要求等。

（4）选景。场景是为情节的发展以及人物的活动提供的具有典型性和表现力的造型环境。它对营造生活气息和艺术氛围都是至关重要的。一般来说，室内景应由美工根据剧本的内容和导演意图进行设计，经导演确定后在摄影棚内进行搭建。但很多时候因经费不足，搭建的布景工艺不真实，所以有许多导演将内景外拍，放到实景中去拍摄。导演在选取场景时，切忌用自己想象出来的环境去套现实生活中的环境。这种幻化出来的理想环境，在现实中是很难找到的。场景不可过于分散，以避免因转移场景太多、距离太远而浪费拍摄时间和增加经费开支。

（5）创作分镜头剧本。分镜头是导演用于现场拍摄的蓝本和依据，也是导演对广告文案进行的二度创作，将文字转化为可读的视觉形式，方便实际拍摄时的操作。有些经验丰富的导演并不写作分镜头剧本，只编写导演台本或导演场景本，等到了现场之后，再根据实地排练的情况现场分镜头。这种做法比较符合实际，还可能产生一些即兴创作。

2. 拍摄阶段

导演作为拍摄现场的灵魂和总指挥，整个拍摄效果都系于导演一身，他负责指挥和督促演员、摄影、灯光、化妆、录音、美工、道具等一系列工种准确、高效率地运作，有时甚至需要创造性地完成拍摄工作。关于导演在拍摄现场承担的职责，本书将在拍摄现场部分展开。

3. 后期制作阶段

（1）剪辑。剪辑工作是以拍摄的图像和录制的声音为基础，参照镜头脚本，按照导演的创作意图将分散的镜头有序、合乎逻辑地、富有节奏地剪接在一起。剪辑过程一般要经过初剪、细剪、精剪三个阶段，经过导演和剪辑师的反复推敲、调整，最后把整体结构确定下来，以便转入录音工作。

（2）录音。后期阶段的另一项重要工作就是录音工作。导演与录音师一起将音乐和音响效果与剪接好的画面进行合成。音乐和音响效果配合得体、和谐，会对广告影片起到画龙点睛的效果。有时录音工作也会在拍摄前完成，特别是画面中人物动作需要与音乐配合时更是如此。

（三）摄影师

摄影师是团队中的第二号角色，他主要对导演负责并为导演提供各种可行的建议。摄影师对灯光器材必须非常精通，了解一切布光的技巧。特别是室内拍摄，几乎完全依靠光线进行氛围的营造，因此很考验摄影师对灯光的把握能力。同时，摄影师对摄影器材也要十分精通，熟悉它们的基本性能，以及能够产生的画面效果。此外，他还必须善于进行现场临时问题的处理，能解决现场发生的各种棘手问题。例如，水中拍摄时就需要处理现场的很多难题。（见图 4–2–1）

图 4–2–1　正在水中拍摄的摄影师

（四）制片

制片的工作是负责艺术创作之外的所有事务，包括联系拍摄场地，租借摄影设备和灯光器材，租借、购买道具，外景拍摄时为剧组联系交通、安排食宿，负责维持拍摄现场秩序，联系后期编辑机房，甚至帮助挑选演员，等等。一个优秀的制片熟悉各种类型广告的拍摄流程和规律，具备丰富的社会经验，能够为整个剧组的高效运转提供良好的外部环境和条件。

制片的工作大概可以分三步：

1. 前期准备

电影开拍前应有一个计划并仔细筹备。当广告脚本出来以后，制片主任便要分门别类地把剧本中每一人物、道具、特技效果等拍片所需要的项目挑选出来，再将脚本印成若干份分发到布景设计师、摄影、道具、服装、运输等各部门手中，请他们根据脚本要求，制订详细的拍摄计划和预算。

2. 影片拍摄

拍摄的成败很大程度上取决于预订计划的仔细程度，以及每个工作人员与设备是否按时到位。制片组要确保通知各部门开工的时间地点，并预先联络好拍摄场地，为工作人员提供运输工具和饮食，为剧组提供群众演员等。

3. 后期制作

后期制作包括停机后完成该片所需的一切工作。拍摄只是完成了工作的一小部分，剩下的工作，比如工作样片的剪辑和录音，所有声音母带——包括对白、音响效果、音乐、解说等的混录合成，设计字幕，制作光学效果，等等。制片要监督每一个步骤，确保影片顺利完成。

（五）助理导演

助理导演与制片的角色相似，常常由导演的私人秘书或学徒充当。导演交代的与拍摄相关的事项都要由助理导演来完成。这些事项包括拟定演员及工作人员的集合时间、地点，也包括出外景时，告诉驾车来拍摄现场的人员详细的行驶路线，或为他们提供地图。助理导演还需要张罗拍摄外景时的午餐及工作人员的早餐。

简而言之，所有与拍摄相关的细节琐事都是助理导演的负责范围。他的工作小册子上要详细记录与影片摄制相关的人、事、物、联系方式及地址，比如记录客户及工作人员电话以便拍摄时间和地点变更时可以及时联络上他们；记录影片冲印公司的电话以随时获得特殊的底片冲洗资讯；记录胶转磁公司的联络电话、价格和工作排期以便胶片冲洗完毕能够及时进行转磁；甚至气象台的电话以掌握最新天气变化。工作手册还要制成电子版进行备份。

助理导演还要执行导演在开拍期间托付的其他事情，要能察觉导演可能面对的问题并提出有效的解决方法。

（六）助理摄影师

助理摄影师只需对摄影师负责。他的职责在于保证摄影器材是否已经到位并运作良好，以及根据摄影需求租借或购买备用器材等。

助理摄影师要彻底检查所有摄影机的镜头及其设定刻度，检测变焦马达是否运作平稳，查验所需的各种变焦镜头，等等。一般还需要决定棚内外拍摄时是否需要柔焦滤镜，以及变焦时是否需要屈光镜。他还需调整脚架以及摄影机底座的高度。

此外，助理摄影师还要检查电池、摄影机底片盒等各种摄影耗材，以免开拍时突然“断粮”而影响进度。他们需要细心地检视交换快门，以确定不会有造成底片刮痕的毛发或灰尘。还要检查所有要使用的测光表，以确定曝光值都在标定的测光表口径的1/4格以内。

当曝光过的底片从摄影机上拆卸下来，助理摄影师就会用特殊胶带（黏性超强的多功能2英寸胶带）把拍好的底片盒正面及四周粘封好，同时清楚标明这是已拍摄过的底片，以及底片规格及感光度（ASA）等重要信息，方便冲印公司将来的作业。

（七）场记

场记的职责是在拍片前去估算每个场景所需的拍摄时间，并告知导演。广告公司的相关人员则会将此时间估算与广告公司稍早自行估算的时间作一个核对比较。场记估算的时间将影响导演如何安排每个动作的取景。在拍摄期间，场记会计算每个镜头耗费的时间，如果任何一个镜头的拍摄超过了计算的时间，他就会提醒导演在拍摄下个镜头时把时间调整回来。

如果拍摄时采取跳拍的方法，而不是按照原来故事板的前后顺序拍摄时，场记的职责就更重要了。他要确定已拍摄的画面包括了故事脚本上所有的镜头，然后才能够让导演加上自己的拍摄想法和即兴安排。

此外，场记还应一直注意影片的时态连贯性，防止画面中露出破绽（例如演员是右手拿茶杯突然变成左手拿，或是上个镜头演员戴了帽子下个镜头却没有戴）。当广告片比较简单的时候，场记通常由助理导演兼任。场记经常接触的工具是场记单与场记板（见图4–2–2、图4–2–3）。

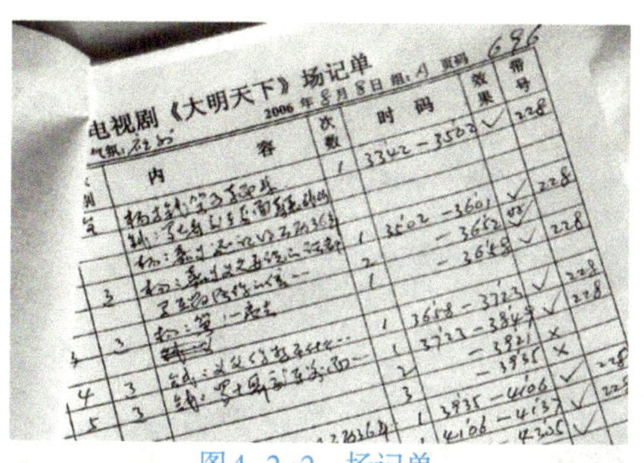

图4-2-2　场记单

图4-2-3　场记板

（八）录音师及吊杆操作员

如果广告影片要求同期录制台词，那么就需要一位录音师，或再加一位吊杆操作员。录音师是负责声音监控、收录的录音工程师。吊杆操作员则负责控制一根长杆，并把杆上的麦克风悬吊在演员上方来收音。为了避免在外景拍摄时不小心让头顶的麦克风进入画面里，常会以短波麦克风夹戴在演员的衣服上来代替头顶收声麦克风，并把短波麦克风收录的声音以无线方式传输给录音设备。

（九）场务

一般来说，场务就是那些强壮的搬运设备的人员，但场务的工作同时也需要心灵手巧和反应灵敏，他们也有专门的细分。比如，摄影车场务就专门负责实际拍摄时摄影机的移动。他必须知道如何稳妥地把摄影机搬到摄影车上固定好，让摄影机在轨道上平稳移动，并能停在准确的位置上。摄影升降机操作员也是一种专门的场务，负责在实际拍摄过程中操作摄影升降机平稳升降。（见图4-2-4）场务一般由各工种根据需要自己配备，其工资也由该工种负责人从自己获得的劳务费里发放。如果是制作公司聘请的场务，则由制作公司向他们支付报酬。

图4-2-4 拍摄现场的辅助人员

（十）美术设计师

美术设计师是将剧本的文字及导演的指导思想视觉化的人。他们主要负责设计拍摄所需的各式布景，并监督布景的制作和搭建。在小型的摄制组里，他们也负责道具的购买和租借。对于一般的拍摄来说，设计布景的时间不会很长，但制作则需要一个周期，搭建也需要半天或者一天，在开拍之前一定要按照所需时日给制作和搭建预留出时间来。美术设计师不但要监督制作和搭建的质量，而且也要控制工程进度，保证如期完成。美术设计师一般都有长期合作的布景施工队伍。

美术设计师的工作是为影片构架一种造型风格的基础。这种风格一定是以剧本为中心、以导演的构思为准绳的。但是在一部作品中，美术设计师的造型语言会消融在片子的每一个画面里，其最终结果是影视作品的整体呈现。这就要求一个美术设计师必须具备导演的素质，其创作不能只局限在前期的固定的视觉创作中，换句话说，美术设计师要用综合思维的方式完成前期工作。这时，“美术”这一词汇已经不能涵盖其工作的全部，其工作是为创造动态的影像以及动态的人物服务。[①]

---

① 张鹏：《关于影视美术创作的思考》，《中国电视》2008年第1期。

（十一）灯光师

灯光师负责拍片现场的所有灯光设施。由于拍片所需的灯光器材数量较多而且笨重，灯光师会配备自己的助理人员和多位场务，在拍摄时搬移、架设和接通器材。灯光师主要听命于摄影师。除了要全神贯注地听从摄影师对灯光进行细微调整的许多指令外，也要精通如何随时调整各种会影响灯光性质的特别设备（如铁纱网、旗板、隔离网、一般网状物以及遮光板等）。

（十二）道具师

道具师按照导演的要求设计、组织、购买、租借和调度处理棚内或外景所需的各式道具，编制道具预算，对难以解决的特定道具负责监制与验收。如果一个剧组里既有美术设计师，又有道具师，两者需要充分沟通协调，相互配合，提高工作效率，节约成本，避免发生重复购买相关材料的事情。如果剧组需要的道具很多，则需要多位道具师进行工作。

如果拍摄时有动物的演出，比如拍摄宠物食品广告时，则需要专门的驯兽师在现场来指挥动物做出各种动作和姿势。

道具师应具有一定的文学艺术修养、历史知识和电影艺术基本知识，了解不同历史时期的有关道具样式。道具的设计应准确遵循国度、地域、地点和时代背景的特点，从剧情、人物、环境出发，同时考虑演员的动作，帮助演员刻画人物形象、心理性格，创造特定的氛围。

（十三）化妆师

化妆师是从事演员造型设计并完成造型工作的人员。在广告里需要出现演员的特写镜头或是在化妆品广告中，化妆师的工作就更加重要了。

（十四）服装师

如果广告要动用许多演员，且服装式样对影片很重要，比如拍摄时装类产品，那么就需要一个服装师在现场熨烫、美化演员们穿戴的服饰。服装师可能需要一个可以挂衣服和放置熨衣板、熨斗的空间，有时甚至需要缝纫机、洗衣机和干衣机等物品。

一般来说并不需要为演员特别定制服装，除非剧情对服装有特殊的要求。拍摄时要求演员自带服装即可，不过需要他们多带几套服装时，应适当支付一些服装使用费用。

（十五）监护人

如果广告需要小孩或婴儿的角色，他们的父母将以监护人的身份出现在拍摄现场，照顾衣食起居和安全，并在必要的时候协助导演对他们的表演进行启发和指导。

（十六）特效人员

特效人员就是片场的“魔术师”，可以创造雷电雨雪甚至是一场火灾。他们还可以制造各种视觉“魔法”。

（十七）剧照摄影师

剧照摄影师在拍片期间拍摄一些演员与工作人员高质量的剧照以便日后宣传之用。剧照摄影师可以在不影响影片正常拍摄的情况下及时抓拍一些场景。

（十八）发电机操作员

发电机操作员是操作可移动式发电机的专业电子工程师，这种发电机可以在外景拍摄时提供电源，以弥补室内拍摄光源的不足。发电机操作员的职责就是不断监看电流是否通畅，如果电源不够稳定，灯光强度便难以一致，从而影响影片的视觉效果。另外，如果这部发电机需要安装在卡车上，还需要再聘用几个司机。

（十九）司机

如果拍摄外景，可能需要一部装备车、一辆发电机卡车、一台起重机以及一辆装载各类外景常用道具的道具车，这些司机也需要一个车队队长来统一负责。

二、召开摄制前会议

摄制前会议（Pre-Production Meeting，PPM）是每个广告制作公司必须进行的重要工作环节，是以合理的预算和有效的方法制作高质量影视广告为主题的会议。在摄制前会议中，广告主、广告公司和制作公司三方针对影片风格、设置方案和布景、演员等方面进行讨论，对一些拍摄细节达成一致，形成共同的意愿和目的，以减少制作过程中不必要的物力、时间和人力浪费。

（一）摄制前会议的参与人员

一般包括：广告公司的代表、广告主代表、摄制组成员。

（二）摄制前会议要解决的问题

摄制前会议上，制作公司要事先准备一份PPT文件和其他材料，首先对以下内容进行展示：

1. 导演分镜头脚本；
2. 影片影调及画面；
3. 场景设计图；
4. 实际拍摄的场景提案；
5. 三维小样；
6. 音乐小样；
7. 美术阐述人物造型设计；
8. 旁白文案；
9. 男女演员发型、化妆、服装的资料图片；
10. 摄制日程表；
11. 参考演员的照片及试镜录像带；
12. 主要道具的照片或实物；
13. 产品样本；
14. 制作预算估价单；
15. （如有外景拍摄）外景地照片及录像带；
16. （如有外景拍摄）外景拍摄地点和住宿地点的位置图；
17. （如有外景拍摄）天气预报及当地与拍摄相关的其他资料。

会议的主要内容就是对上面报告中的事项逐一进行讨论：

1. 创意是否需要修改？
2. 摄制分工是否合理？
3. 摄制日程中的进度是否合理？
4. 对演员是否满意？
5. 对广告音乐有什么意见？
6. 布景设计是否需要修改？
7. 发型、化妆和服装是否合适？
8. 道具是否合适？是否充足？
9. 需要多少产品样本？何时需要？由谁处理？
10. 外景地是否符合要求？

三、开机筹备

（一）外景地选择

外景地选择一般是由助理导演或者制片来完成的。在进行外景选择时，要注意以下的问题：

1. 依照故事板上的景别和拍摄计划对候选地点进行拍摄；
2. 对候选地点进行比故事板画面范围更广的拍摄，或者通过左右摇摄来判断周边情况；
3. 如果有两个拍摄场地，要确认他们之间的距离和到达需要的时间；
4. 确认不同季节外景地的平均气温；
5. 确认日照时间、涨潮落潮时间及风向；
6. 确认候选地是否允许自由出入，及对拍摄团队收费情况；
7. 确认设备和工作人员的交通运输方式；
8. 确认当地是否有大型的施工项目或居民区，如果靠近施工项目，可能对拍摄产生干扰，如果拍摄地靠近居民区，须事先得到居民允许；
9. 确认当地是否有重要的民俗或禁忌。

（二）导演分镜头脚本

导演根据文字脚本和故事板提供的创意与画面，通过分镜头的方式对脑中构思的声音画面予以表现，形成分镜头脚本。

分镜头脚本是导演对影片的设计蓝图，也是帮助摄制组各部门理解导演思路和要求的工具，同时还是制订拍摄日程计划和估算影片各环节摄制成本的依据。分镜头脚本大多采用手绘形式，以表格呈现。分镜头脚本和故事板的最大区别就在于前者会根据实际拍摄的需要打乱故事板上的镜头顺序。

分镜头脚本要对场景设计和摄影角度等提出具体的方案，每个镜头的时长、景别、摄像机运动、照明和主光的方向、演员的动作台词及道具的摆放位置等都须注明。

（三）风格设计

广告影片的风格是摄影、灯光设计的基础。影片风格设计的要素有以下几种：

1. 气氛与基调

正常气氛——一般的正常基调，日常舒适的氛围；

明亮的气氛——画面明亮、平和、愉快；

阴暗的气氛——画面整体比较暗淡沉闷，表现沉闷、悲伤，或有紧张感。

2. 人物的大小

3. 景观的大小

4. 拍摄角度

5. 运动摄影

（四）视觉效果设计

1. 布景设计

布景设计人员在充分理解广告片的概念和分镜头脚本后，再设计布景的图样和规模。布景是决定画面构图和摄影机机位的主要因素。摄影棚各种布景的线和面的结合，应对影视画面起到强化的作用。布景的主色调与演员的穿着有着密切的关系，因此，演员的服装、化妆及发型应与布景的氛围相协调，要起到相互映衬的作用。

设计布景时要确定基本的布局，再根据拍摄内容以及摄影机的移动范围进行具体的设计，然后对色调进行调整并确定大小道具的位置。

2. 大小道具

选择大道具前先要确定哪些是广告片里所需要的，因为购买或租借家居、厨具等大型物品道具所需的费用很高。选择小道具时则应关注与广告产品相关的生活中常用的物品，因为它们可以反映生活中的小细节。选用现成的产品作道具时要做充分的市场调查，谨防使用竞争产品或其他广告中使用过的产品。

3. 演员造型

在广告片里，要保持一种统一的风格，就要对演员的发型、化妆和服饰进行整体的考虑，以达到演员间的协调、差异和与周围色彩的搭配。

广告片的内容不同，形象设计的风格也就不同。当广告要着重表现化妆样式时，当然就要在化妆的独特性方面下足功夫。如果影片情节表现的是日常生活，就要以不刻意的自然妆容为主。

发型要按化妆的样式来确定，要适合演员的脸型。服饰的颜色和样式取决于人物、产品和广告所表现的时代背景。

（五）制定摄制日程表

大部分广告影片的播放日期已经提前预定好，所以摄制日程表的制定要从其播放日期倒推计算，并尽可能为影片拍摄中可能的延误、修改、审查等预留充足的时间。一般来讲，影片的最终完成以比播出时间提前一个月为宜。比如，如果影片的投放日期是10月3日，那么影片的交片就应该是9月3日。在此之前，影片的摄制、制作和修改必须完成。摄制日程表就以9月3日为最后期限进行工作排期，所有事项不得拖延。拟定日程表时要预测有可能发生的各种变动，并对其做出合理的安排。下列摄制日常安排表（表4–2–1）[①]、国外外景摄制日程表（表4–2–2）[②]、摄影棚拍摄日程表（表4–2–3）[③]是三种常用摄制日程表的示例。

表4–2–1　摄制日常安排表

日期	工作内容	人员安排
6月23日星期六	PPM准备	导、制
	CASTING、勘景	导、美、摄、制
6月30日星期六	作曲沟通	导、制、音
7月1日星期日	导演确认音乐小样	导、制、音
7月2日星期一	内部PPM确认	导、美、摄、制
7月3日星期二	PPM会议	导、美、摄、制
7月4日星期三	PPM修正拍摄筹备	导、美、摄、制
7月5日星期四	演员造型	导、美、摄、制、服、化
7月6日星期五	复景掌握	导、美、摄、制、照
7月8日星期日	拍摄日	全体人员
7月9日星期一	胶片冲印、TC	导、美、摄、制
7月10日星期二	画面初剪	导、制
7月11日星期三	画面精剪 音乐对位	导、制、音
7月12日星期四	画面精调	导、制
7月13日星期五	录音合成	导、制、客
7月14日星期六	审看样片	导、制、客
7月15日星期日	交片	制、客

表4–2–2　国外外景摄制日程表

日期		拍摄日程（shooting skedule）	
11/16	星期一	PPM准备	
11/17	星期二		
11/18	星期三		
11/19	星期四		

① 郑新安著：《本土品牌梦工厂：电视广告实战案例解析》，清华大学出版社2004年版，第245页。
② 和群坡著：《影视广告制作教程》，中国传媒大学出版社2006年版，第154页。
③ 和群坡著：《影视广告制作教程》，中国传媒大学出版社2006年版，第155页。

续表

日期		拍摄日程（shooting skedule）	
11/20	星期五	召开PPM	
11/21	星期六		
11/22	星期日	澳洲选景出发	
11/23	星期一		
11/24	星期二		
11/25	星期三	拍摄组出发	
11/26	星期四	拍摄场地搭建	×××（某大牌明星）出国（若电影拍摄结束）
11/27	星期五	拍摄	×××出国
11/28	星期六	拍摄	×××回国
11/29	星期日	摄制组回国	
11/30	星期一		胶片冲洗，胶片转磁
12/1	星期二	AVID编辑	
12/2	星期三		
12/3	星期四	录音合成	
12/4	星期五		
12/5	星期六	内部审看	
12/6	星期日		
12/7	星期一	精编	
12/8	星期二	给广告主审查	
12/9	星期三	确认审查结果	

表4-2-3　摄影棚拍摄日程表

Mon	Tue	Wed	Thu	Fri	Sat	Sun
2006-2-20	21	22	23	24	25	26
First PPM				Second PPM		
27	28	2006-3-1	2	3	4	5
						Shooting day（one）

续表

Mon	Tue	Wed	Thu	Fri	Sat	Sun
6	7	8	9	10	11	12
Shooting day (two)	Film processing	Offline editing	Offling editing	Final TC (HK)	Online editing	Online editing
	TC one-lite					
13	14	15	16	17	18	19
Present to client	revision	3D mixing (video)	VO recording	Tape ready		
			Audio mixing			
20	21	22	23	24	25	26
27	28	29	30	31	2006-4-1	2
3	4	5	6	7	8	9
Job：watch 漱口水/除菌液						

第三节　正式拍摄

一、拍摄类型

广告片拍摄有棚内拍摄、外景拍摄、外景地搭景拍摄等几种方式。在拍摄内容上分为基本画面拍摄以及电脑合成素材拍摄。基本画面拍摄指拍摄的画面可以直接编辑使用，电脑合成素材拍摄是指以为后期电脑合成提供素材为目的进行的拍摄。因此，拍摄前要明确拍摄的手法以及用途。

这里主要对棚内拍摄、外景拍摄、国外拍摄和一些特殊拍摄类型进行介绍。

（一）棚内拍摄

1. 棚内拍摄优点

（1）为拍摄提供足够的空间

摄影棚通常可以容纳整个剧组（一般在15人以上）、重量级的摄影机及相关设备（如轨道等）以及大量的灯光设备，能为摄影机的移动提供足够空间。

（2）收音效果良好

棚内拍摄可以同步收音，摄影棚的隔音效果绝非一般民房所能及。

（3）提供多种拍摄角度

在棚内，需要以特殊摄影角度拍摄的影片在棚内拍也比在真正的房子里拍要容易。举个例子，如果有个镜头需要从楼梯上方俯瞰一楼房间，摄影机只需要架设在离地面约3米的位置，甚至不需要搭建楼梯，因为这个角度已经暗示了楼梯的位置。

摄影师在外景房子里拍片时，常常希望房间的墙是可以移动的，而在棚内可以搭建布景，墙面就可以动起来。棚内的工作人员可以方便地把活动墙板移动或者搬出。在棚内拍摄，摄影机的角度有了更多的选择，当然，棚顶的高度很重要，这也是很多棚内搭景根本就没有屋顶的缘故（见图4–3–1）。

（4）便于摄影机的运动

在棚内拍摄时,重量级的摄影装备就可以放心地派上用场。例如摄影机台车，这种有轮子的升降平台可以将摄影机安置在一个可移动的机器手臂上，升高超过3米以上。这种设备在普通的外景房子中无法有效地使用，即使用了，摄影机也只能有一点点活动空间，甚至完全动弹不得，只能靠伸缩镜头一会儿推进一会儿拉出来进行拍摄。

摄影机在场景里的移动能力常常为广告影片增添活力，单是伸缩镜头并不能取得和移动整个摄像机相同的效果。当把镜头向场景推近时，只是镜头把场景带近摄像机这边而已；而镜头不动把整个摄像机向场景移近时，是摄影机真正走向或进入了场景。被动与主动的画面取景正是镜头推进和摄影机前进两者间最显著的区别。通常棚内的布景房屋里可以让摄影机自由地前进或者后退，但在一般的外景房子里却办不到。

2. 棚内拍摄的缺陷

棚内拍摄的缺陷是费用昂贵。为了达到更好的拍摄效果，布景的搭建费用、器材费用和人工支出将成为一项很大的开支，造成广告影片制作成本的攀升。

3. 棚内拍摄的布光

人工搭建的摄影棚棚内是黑暗的，没有窗户，也就不受到自然光的影响，全部布景环境的光线效果，摄影师和照明人员都可以利用专用的照明器材模仿出来。摄影棚内光线处理的方法主要是利用人工光线模仿自然光效。下面将对此进行介绍。

（1）棚内布光的要求

其一，要求模仿得逼真。在布景中，利用人工光线模仿自然光效和气氛必须“像”、真实、使人信服，这是最低要求。

其二，有感染力。仅仅真实可信还远远不够，影视广告要求在摄影棚内拍摄出可以激发观众想象力、具有震撼力的画面，所以棚内光线的处理，是对真实可信的各种自然光效和气氛的再现，以揭示、渲染、衬托出有艺术感染力的画面。

图4-3-1　摄影机在棚内拍摄

下面，我们对一场戏的照明完成并经导演处理进行介绍，它通常分三个步骤进行：

第一步，在布景验收之后，照明及灯光人员就开始装置照明器材。

第二步，在导演、演员进棚之前，摄影师和照明人员单独进行环境布置工作。有时布光和摄影师的工作同时进行。开拍前摄影师要对导演和摄影分镜头剧本的落实、对演员和摄影机调度的落实，也是对拍摄角度、各种特殊技术手段、特殊效果的落实和掌握。灯光师要把画面主要光效布置好，特别要完成环境光的布置。

第三步，当环境布置工作完成后，导演将进入现场给演员排戏。这时，灯光师可以根据演员活动路线、布景适用范围、气氛，给人物具体布光。导演排戏可能要进行一两个小时，这给布光人员提供了时间，当导演排完戏，演员撤离现场后，可以利用替身演员走戏，继续进行布光工作。[①]摄影棚布光的工作现场见图4-3-2。

图4-3-2　摄影棚内在进行布光的工作

① 王诗文主编：《电视广告》，中国广播电视出版社2001年版，第293页。

（2）布光程序

光线的处理必须从摄影的技术、艺术角度来考虑。布光的方法因人而异，但必须有条不紊，逐步进行。每个灯光都应当起到它应有的最大作用。每盏灯的目的必须明确。为此，要根据被照明的对象和要解决的任务选择与其相适应的灯种和恰当的功率，充分发挥灯具的功能。各种灯光最后的总和，才是我们设想的光效和意境的再现。

布光程序没有固定模式，因为不仅现场拍摄情况复杂，而且每位灯光师的工作方式和习惯也不同，各自有独特的布光法。但不论哪种布光法，都跟布景结构有直接关系。布景的结构基础可以分解成三个部分：

A.天片部分。天片也称天幕，是一块大型的白布，垂直地悬吊在远处背景架上。天片上有时绘制所需的天空、云彩、远山、树木、建筑等远景，有时使用幻灯制造出这些影像。

B.布景墙壁部分。如墙面、楼梯、柱子、窗户等。

C.道具部分。包括室内外的道具，如家具、壁饰、塑像、树木、花草等。

处理布景光线顺序有共同的普遍规律，如：先天片后环境（墙壁），先底子光后主光，先主光后修饰光，先环境光后道具光，先环境光后人物光，先全景后中、近景等。

布光范围包括全部布景环境和人物活动的范围。一场戏的全景镜头光线布置完毕，一切小于全景的中景、近景的光线在拍摄全景的基础上已经基本布置好，在拍摄中景、近景时只需要局部调整即可。这样便于保持全场戏之间影调的统一，也可节省时间。

棚内布光是一盏灯一盏灯分别进行的。当一盏灯照射范围不够时，就接上另一盏灯。光区要互相衔接，一种灯光布置完毕后就关掉，再布置另一种灯光。如一面墙的灯光布置好后关掉，再布置另一面墙的灯光，逐一进行。这样既省电，又便于纠正不恰当的灯光效果。最后将全部灯光开亮，检查整体光效，并调整不恰当之处，这时候可以通过看光镜观察光线整体气氛以及各部分亮度是否达到设想的效果。如果整体气氛满意，再进行局部的观察，看亮度对比关系、明暗层次、立体感、空间感、形态感等各种光效是否符合要求。在局部光线调整中，要随时观察整体气氛，不可因为局部而牺牲整体光效的真实和完美。

在全景中，布景和道具布光完成后，演员就可以进入现场走戏。布景的光线投射在演员身上，如果亮度不足或者过强时要加以调整。如果人物亮度不足，要加灯光提高亮度，如果人物亮度过高，要在灯前加纱或者减弱灯光，但不可影响环境光效。遮挡光线的操作要准确。如果环境光照射在人物身上不符合人物光线处理的要求时，需要调整环境光位，避开对人物的影响。[①]例如，某房地产广告拍摄现场，房屋为室内搭景，灯光非常复杂。（见图4–3–3）

图4–3–3　房地产广告拍摄现场

另外，当选用外景租借的房子时，灯光的架设要格外小心。它很容易对墙面造成严重损害。更危险的是，为了照亮房子不得不过量使用电力，这不仅会烧断保险丝，还可能造成火灾，把房屋损毁。

4. 棚内拍摄的声音问题

棚内拍摄能够同步收音。同步收音是指在拍片的同时，录下演员在现场说的台词。即声音随着镜头里的画面动作一起被同步收录。

摄影棚的隔音效果就非外景的一般民房所能匹敌，摄影棚内特制的隔音墙的隔音效果更是一绝，在那里不会出现任何杂音，可以完全控制出现在镜头里的声音。

此外，棚内的活动墙板更可以让工作小组随意地在各位置吊设麦克风。这些活动墙板既可移动、变换角度，又可搬除、替换，随时可为棚内的布景效劳。

5. 独特的布景

如果广告影片需要有精巧别致的背景（就像许多汽车广告的外景布置），特别是需要灯光效果，尤其是头顶高处的灯光时，搭建布景就显得必要，这在一般外景房子里是不可能办到的。举例来讲，广告影片中有食物的特写时，需要随时准备几个不同的炉子或烤箱，以便一开拍就能有热腾腾的食物入镜。而这么多炉灶也只有在摄影棚中才能够实现。

（二）外景拍摄

1. 选择外景拍摄的优点与缺陷

与摄影棚相比，外景房屋的真实性是棚内布景所无法比拟的，且外景拍摄

---

① 王诗文主编：《电视广告》，中国广播电视出版社2001年版，第294页。

不用花费棚内布景屋所需的昂贵的复制费用。例如，假设天花板的细节对广告影片很重要，那么真实房子本来就有的天花板就提供了很好的条件。又如，在外景房屋里，摄影机能从一个房间拍到另一个房间，而无需支出搭建另一间房间的费用。

外景拍摄的缺陷有：（1）录音困难。外景由于不是封闭空间，有各种环境声的干扰，会导致很多杂音、噪音进入声道，使后期制作难度加大。（2）受天气影响大。外景拍摄一定程度上靠天吃饭，容易影响拍摄进度。

2. 外景拍摄的注意事项

当决定要用外景房屋时，需要注意以下几个问题。

（1）灯光问题

如果自然光源特别影响广告影片的拍摄，就需要确定太阳光线对外景的作用如何。如，太阳升落的确切位置在哪？太阳光度足够拍摄的时间有多长？是否会因为有山峰、高楼或其他障碍物遮挡而缩短了每天可以利用太阳光拍摄的时间？例如，某啤酒广告外景拍摄场，现场营造了大排档聚会的感觉。（见图4-3-4）

图4-3-4　外景拍摄现场

（2）声音问题

如果拍外景需要同步收音时，为避免噪声干扰，务必要仔细考察以下几个问题：附近是否有高速公路或有车辆往来穿梭的繁忙街道？附近是否有任何可能在影片音轨（sound track）上听到施工声音的施工工地，附近是否有游乐场、游泳池等，场所是否处于能被飞机起降声干扰到的区域？是否会听到大海的波浪声？它（波浪声）的渗透力非常强，强到你无法将它从录好的有声摄影（Sound Take）里删除掉。即使你本来就希望添加浪涛音效，也应该在影片剪辑完成的最后，以混音的方式再加灌进去。[①]

（3）器材问题

外景拍摄时，天花板距地面的净高度能否容纳下灯光、录音及摄影等器材？房间是否有足够空间让摄影人员以及器材在里面运作？是否有足够空间让演员可以依计划表演？在确定某个外景之前，最好先让导演以及首席灯光师看看现场。因为这些行家总能检查出可能忽略的重要事项。如房子的电力能否足够供给灯光及摄影器材使用？是否应该随行准备一部发电机卡车来补强电力？如果确实需要发电机卡车，街上是否可以停车？等等。

（4）租借费用

制片公司的制作人员或助理必须负责场景的安排事宜，这包括外景场地费的定金支付。许多户外实景都是可以租借的，如在球赛淡季，可以租用体育场及足球场；也可以在超市打烊的时间段租用超市进行拍摄。在搭设布景非常昂贵的时候，可以选择租用现实生活中的房子、运动场、商店等，甚至可以申请使用政府公用地，但务必要事先征得相关单位的批准。[②]

（三）国外拍摄

如果在夏季需要拍摄背景是冬天的广告片，或者反之，就需要去澳大利亚、新西兰等南半球国家拍摄。另外，如果广告影片需要国外独特的风光，或使用外国演员时，也会选择到国外进行拍摄。毋庸置疑，国外拍摄耗资巨大。

在国外拍摄，最重要的就是选好在当地的合作方。当地合作方的能力，直接关系到广告片的拍摄效率和拍摄质量。另外，国外拍摄需要出色的翻译。他们不但要精通中文和其他国家的语言，而且要熟悉广告片的拍摄流程，对广告专业术语比较熟悉。如果找的翻译只是外语说得好，对广告拍摄很陌生，也没有接触过相关的术语，那在翻译的过程中就会给拍摄造成很多困扰。在翻译环节上耽误拍摄是得不偿失的，所以要舍得用高薪聘请高水准的翻译。国外的外景地确认之后，当地合作方就承担起制片和助理导演的职责，在当地按照导演的指示开展工作。

对参加国外拍摄的工作人员的护照有效期、预订机票所需时间、外国海关对一些拍摄设备和物品入关的限制、报关事宜等，都要提前进行确认。在摄制前会议之前就要预订好往返机票，这样才会有调整的余地。

---

① ［美］霍珀·怀特著：《如何制作有效的广告影片》，邱顺应译，企业管理出版社2001年版，第134页。

② 王诗文主编：《电视广告》，中国广播电视出版社2001年版，第294页。

航空托运拍摄器材和其他物品时，因为数量较多，可能会发生丢失的情况。因此，每件单独包装的托运物品都要有醒目的标签和货号，以便在当地准确无误地领取。到达国外后需要做以下事项：与当地工作人员讨论拍摄的相关事宜；考察拍摄外景地，并确定拍摄顺序；确认拍摄器材的准备情况；需要使用当地模特和演员时，要经过面试进行选择；确认在当地拍摄需要注意的一些事项；再次确认回程机票以及海关报关等相关手续。①

（四）特殊拍摄

1. 空中航拍

这种特殊摄影是指以飞行中的航空器为摄影机和摄影者的运载工具，拍摄空中景物或俯拍地面景物的一种特殊摄影方法。它有着独特的艺术效果，可以创造宏大的气势和辽阔感，还可以自由地拍摄平时难以到达的地点，在影视广告中经常使用。

在实际操作中，航空摄影通常采用直升飞机来完成拍摄任务。因为直升飞机有着许多别的飞行器难以超越的优越性，比如起降灵活、可以在空中悬停、活动半径小、可以穿越山沟峡谷等。航空摄影是一项非常复杂却颇具风险的摄影，要获得理想的拍摄效果，不仅需要摄影者的智慧、技术和勇敢，而且需要摄制组各方成员的密切合作。比如设计航空拍摄镜头时，必须要由摄影师和飞行员密切合作，共同制定出飞机的位置、方位、高度、速度、路线等。

此外，航空摄影还有许多需要解决的问题，都要在事前做好相应的准备，以便获得更好的画面效果。如，为了减少高空的蓝色，可用雷登85B滤色镜；如果飞机一直朝向一个方向飞行，可以用偏振光滤光镜来改变反差；还有超低空飞行时，螺旋桨会带起强烈的气流，吹乱演员的头发或道具，搅起地面的灰尘；空中仰拍时，桨叶会在画面的上部形成阴影；有时又出现直升机投影的穿帮；地面表演区与飞机的联络以及安全问题、空中管制问题等，都应事先做好安排和应急措施的准备，以求万无一失。②

直升机的租赁费用很高。直升机驾驶员的经验和能力直接决定着拍摄进度和拍摄质量。租用时间是从出发算起一直到落地，也许会有很多时间会浪费在飞行途中，所以一定要事先选好拍摄地点，并注意拍摄所需时间。拍摄过程中

---

① 和群坡著：《影视广告制作教程》，中国传媒大学出版社2006年版，第165~166页。

② 聂鑫著：《影视广告学》，文化艺术出版社1999年版，第209页。

一切以安全第一，开机拍摄后，摄影师专注于摄影机的取景器，视线范围有限，所以导演及其他人最好不要在这时对他发出任何指令。

2. 水下拍摄

水下摄影是指摄影人员潜入水中，通过水介质拍摄水中物体。水下拍摄会受到在水面以上拍摄所没有的种种限制。首先是存在防水问题。摄影机和电池组通常是安装在密封的防水罩内，镜头通过玻璃进行拍摄。摄影机控制部分装在防水罩处，便于摄影师进行操作。同时，还得安装水下平衡器，以保证摄影装置在水下运动平稳。其次是折射作用。光线进入水里的时候会产生折射，因此引起像散、色差、彗差和枕形失真等。因此，必须要安装上穹形聚光镜，并且在摄影镜头与镜孔之间安装一个屈光镜，这样就可以使上述大部分问题得以消除。另外，在水下看物体，水有放大作用，水下影像的放大率为33. 33，把镜头的焦距变长了，物体之间的相对位置也改变了。因此，水下摄影要使用广角镜头并靠眼睛来调焦。这样可以观察到水下的实际畸变，有利于提高影像的清晰度。①

需要注意的是，水下拍摄需要配备潜水装备，通常由专门的摄影师操机，摄影师需要有潜水资格证。水下拍摄可能会有意外的危险情况发生，因此拍摄前一定要对水流、水温、水下地形等进行精确的测量，没有绝对把握不可贸然下水拍摄。同时，对可能会发生的意外情况，要事先做好准备措施。

3. 特技摄影

影视特技效果在影视广告中被普遍使用，特别是随着数字合成技术的发展，特技效果已经千变万化，光是一款简单的影视合成软件，便已提供上百种镜头组接手法。但一些常规的影视特技，特别是拍摄阶段使用的拍摄特技仍然被经常使用，在此做一些介绍。

（1）变速摄影

变速摄影是相对于正常摄影速度而言的，电影正常摄影速度为24格/秒，电视是25帧/秒。

A.升格

升格摄影也称高速摄影，其拍摄的速度超过24格/秒，一般为36格/秒，而放映速度仍然是24格/秒，所以会形成放映时的“慢动作”效果，用以抒情或强化心理感受，常常用在戏的高潮部分。广告片也常用此手法，比如红酒广告中，红色液体缓缓注入酒杯，并激起酒花。

---

① 聂鑫著：《影视广告学》，文化艺术出版社1999年版，第211页。

B.降格

也称低速摄影，拍摄速度小于24格/秒，通常为16格/秒，但放映速度仍然为24格/秒，从而产生“快动作”的效果，常常用于喜剧片和追逐场面中。

C.逐格

也称分格，不是连续摄影，而是采用自控装置（“逐格电动机”），每隔一定时间开机拍摄一个画格。间隔时间视需要而定，2秒钟、10分钟、1小时不等，取决于拍摄对象运动（变化）的快慢和所需的效果。比如拍日薄西山、花开花落、浮云蔽月等。所以逐格摄影能产生动画效果，也广泛应用于动画作品中。

D.定格

定格也称停格，以前常用于片尾，现在已在影视作品中广泛使用，比如用于人物介绍、表达惊愕等，定格通常还和黑白处理手法混合使用。定格可在拍摄时完成，但更多是在后期处理时完成。

（2）倒拍

倒拍准确地说是“顺拍逆剪”，用于拍摄现实中无法实现的动作或危险性较大的动作，比如飞身上房、悬崖边刹车等，拍摄时拍的是人物从上跳下或从悬崖边向后倒车，后期剪辑时转换画格的顺序即可。

（3）多次曝光

这是光学摄影时代拍摄一人饰两角时常用的方法，比如一个人扮演双胞胎，而且又不得不出现在同一画面中时。多次曝光时需借助一个遮光片——马斯克遮光片，先遮住取景器的一边（右），让演员在另一边（左）表演，此时被遮住的部分（右）只有轻度曝光（灰化）；然后再将拍过的胶片倒卷回去，调换遮光片和演员的位置重拍一遍。

这种技术费时费力，目前，电脑合成技术一定程度上已经取代了多次曝光。

二、拍摄现场

（一）拍摄基本程序

广告片的拍摄基本上都是跳拍。开拍时的基本程序是先难后易，先复杂后简单，比较复杂和有同期录音的场景要先拍摄，产品或演员特写和不需要同期录音的镜头放在后面拍摄。广告拍摄既需要专业和技巧，又需要精力和体力。刚开始拍摄时，演员和各工种工作人员精力比较充沛，情绪比较饱满，这时拍摄比较复杂的场景，由于大家劲头很足，很容易获得满意的拍摄效果。后阶段的拍摄会因为劳累和注意力不集中而很难发挥出应有的水平。同期录音的镜头放在前面拍摄是考虑了以下两种因素：其一，刚开拍时演员的状态比较好，能够把肢体动作、表情和台词完美地结合起来，这时即使为演员多设计几种台词方案他们也能很好地完成；其二，先把同期录音的场景拍摄完就可以让录音人员先收工离开。

每次开机前，导演都要发出清晰的指令。一般是这样的程序：导演先喊“现场保持安静，各部门注意！”，这意味着让现场所有人员不要说话和随意走动，各工种集中精力进入工作状态；然后稍微拉长嗓音高喊“预备——”这时，摄影师启动摄影机并检查运转是否正常，同期录音人员启动录音设备并进行检查，演员进入表演状态，如果摄影机或者录音机出现异常情况，要马上报告导演；如果一切正常，导演在停顿几秒后喊“开始！”，因为摄影机和录音机之前都已经开始工作，这一指令实际上是对演员发出的，演员在导演指令结束后，要马上进入表演状态进行表演。

如果拍摄过程中需要换景，这一过程要进行得干净利落一些，漫不经心或拖泥带水不但影响速度，还会对一些设施造成损坏，影响拍摄进度，进而影响整个团队的士气。趁换景的空当，其他人员可以稍事休息，导演可以构思下一场戏的拍摄和对演员进行指导。

导演必须把广告影片中所有镜头拍完，由于疏忽而漏拍镜头的事情也时有发生，这会给后期剪辑造成很大的麻烦，因此场记或助理导演要及时提醒。镜头的时间长度必须精确，场记或助理导演在拍摄时要拿着秒表，精心计算每个镜头的长度。30秒钟的广告片不允许有哪怕5帧的误差，如果一个镜头的长度超过了拍摄前设计的时间，拍摄下一个镜头时就要有所调整，以弥补上一镜头的时长。

对于每个镜头，导演会按照分镜头时的构思进行不同景别和角度的拍摄，有时导演也会根据现场的情况在按原构思拍摄完毕后，临场发挥多拍摄几条，为后期剪辑提供充足的素材。总之，广告片与影视剧比起来，在镜头画面上更需要精雕细琢，每个镜头总要多拍几条才行，尤其是对广告所要宣传的产品。前面说过，产品才是广告片的主角。客户最后对片子进行验收时，首要的标准就是产品是否在片中得到了充分、完美的展现。如果产品画面不漂亮、不独特，遗漏了需要展示的细节，误导了产品信息，那么这条广告片很可能不能在客户那里通过。导演通常会把产品放在最后进行拍摄，这时候大部分人员已经离去，现场安静很多，摄影、灯光和美术经过多次的磨合更加默契，整个团队可以静下心来在产品身上下足功夫。

摄制组的午餐或晚餐以简单快捷为宜，多以盒饭的方式解决，这样可以速战速决。即使有大牌明星参加，他（她）也要和大家一起吃盒饭，如果他们的

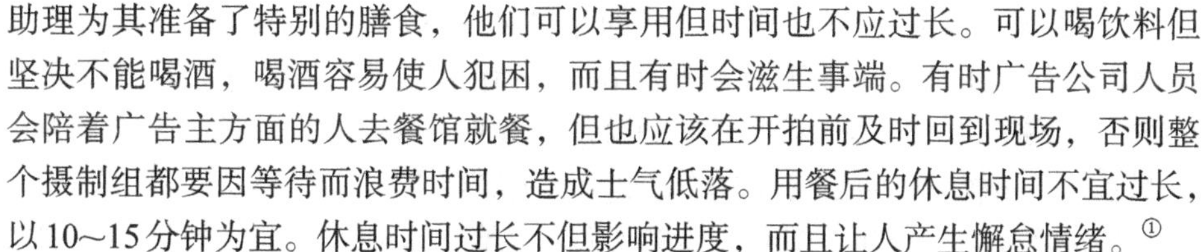
助理为其准备了特别的膳食，他们可以享用但时间也不应过长。可以喝饮料但坚决不能喝酒，喝酒容易使人犯困，而且有时会滋生事端。有时广告公司人员会陪着广告主方面的人去餐馆就餐，但也应该在开拍前及时回到现场，否则整个摄制组都要因等待而浪费时间，造成士气低落。用餐后的休息时间不宜过长，以10~15分钟为宜。休息时间过长不但影响进度，而且让人产生懈怠情绪。[①]

（二）导演是灵魂和总指挥

对整个工作小组或广告公司而言，拍摄的成败结果都系于导演一人身上，因为他主管了拍片的所有一切。导演的酬劳最高，责任也最重。而且理想的话，导演是要参与演员的挑选，因为他担负着指导演员表演的责任。他知道哪位演员或者哪一类型的演员在其引导下能有最好的表现。所以，如果广告公司及广告主没有征得导演同意就敲定演员人选的话，也很有可能付出昂贵的代价。

1. 导演是片场的总指挥

导演要负责指挥整个摄制组。在片场，导演的话语就是最后的裁决，所有的决定也需从导演那里通过才算数。他一个人就可以决定大家什么时候该吃午餐，又该吃多久。更重要的是，导演必须有能力处理片场发生的各种问题。比如，有人说“广告公司认为上一个镜头没有拍出想要的样子”，或质疑说：“你有没有觉得这灯光打得有点阴沉？”当导演应对这些来自各职责领域，或简单或复杂的问题时，你才能知道，这位导演是杰出还是只是称职而已。

导演还担负着进行场面调度的重任。在影视广告拍摄过程中，导演要对每个演员的行动路线、位置和演员之间的交流等活动进行艺术性处理，造成画面的不同造型、不同景别，揭示人物关系及情绪的变化，获得更好的画面效果，当然，这些效果都是通过现场的监视器反映出来。

2. 导演指导演员

导演指导演员主要是从两个方面入手：一是充分调动他们的情绪，二是指导他们的动作。在什么样的场景下表达何种情绪，需要导演有足够的技巧和阅历，甚至需要充分激发演员自身的生活经验；对动作的指导，有两个层面的要求，一是动作是不是情绪自然带动的，二是动作具不具有真实性。

（三）客户的职责：监看广告的拍摄

1. 以适当的方式监看

---

① 和群坡著：《影视广告制作教程》，中国传媒大学出版社2006年版，第161页。

聪明的客户绝不会为了显示自己的存在而对拍摄进行干涉或无缘无故干涉导演的工作，给他们施加压力。他们站在一旁像隐身人一样，大部分时间默默无语地观察拍摄的进程，只在必要的时候才发表一些有建设性的意见，或者当摄制组就产品相关的问题进行请教时给予正确的指导。

拍摄现场要以导演为中心，如果有太多人给导演提意见，会使他思维混乱，因此向导演提意见仅限于助理导演。对于自己担忧的问题，广告主和广告公司必须先和助理导演商量，然后由助理导演转达给导演。另外，如果导演在现场提出一些新的拍摄想法，或对原先的拍摄方案有改动，也必须与广告公司和广告主商量后才能实施。同样，除非得到广告公司和广告主的同意，导演不能擅自篡改演员的台词和广告语。[①]

2. 果断地判断和表达意见

身为客户代表，需要果断地说出“是”或“不是”。每当有问题，都得在现场当机立断。当你要说出“不行，这样不够好”时，要准备好解释为什么不够好的充分理由。

不间断地关注摄影机的运作情形，就能尽快察觉到问题所在，也能在第一时间将意见告诉广告公司的制片，尽快争取时间补救。

（四）把握拍摄进度

拍摄影片时最棘手的问题就是到了快要收工的时候，还有一堆画面要拍。如何避免陷入昂贵的加班呢？经验丰富的广告公司制片及导演都能在每天的下午3点左右就能预测今天是否要加班。为了让拍摄工程能准时收工，制片与导演便会用以下问答方式拟出几个解决方案：

我们真的需要再变换角度来拍这个场景吗？不能继续用目前的取景角度吗？（每转换一次摄影机角度就需要耗费不少变换灯光的时间）

关于这个场景，还没有够好的画面吗？真的需要补拍吗？（检视一下录像辅助器，看片盒里是否已有适用的场景）

拍摄次序可否在这天剩下的时间里相互调换，而只让少数的工作人员加班而已？（像是最后拍商品特写等画面时，只需要留下一位员工帮忙拿商品即可，其他人员都可准时离开）

是否能把只需少数工作人员即可完成的拍摄部分合并到另一个工作日，和另一个安插进来的客户案子一起拍摄？（这样的话，就有更多的时间可以专注于

---

① 和群坡著：《影视广告制作教程》，中国传媒大学出版社2006年版，第157~169页。

大型场景的拍摄工作）

第四节 后期制作

一、后期制作的参与者

（一）后期制作公司的服务团队

广告影片拍摄结束后，要选择合适的后期制作公司来进行后期制作。公司以前做过的作品、剪辑师的水平、影片的风格都是寻找后期制作公司要考虑的因素。

后期制作公司大致分为：（1）器材密集型，拥有几乎所有高端器材。（2）资金密集型，规模大，什么都做，如剪辑、配音等，基本上整个片子都可以在这里完成。（3）后期创作公司，拥有优秀剪辑师的小型公司。优秀的剪辑师在了解了故事想讲什么，片子要讲什么之后，就在现有的素材中，变出一些新的惊喜，甚至把自己的个性灌输进去，当然这种个性不是剪辑师自己的个性，而是使得片子剪出来变得很有个性。这种后期创作公司才是顶级的、最优秀的公司，它们并不像前两类公司一样有大量高端的器材或有雄厚的资金，公司规模很小，人也不多，但每位成员都是领域里优秀的人才，并且与很多国际大公司、电视台、大品牌等有合约和合作。

后期制作公司一般都会指派一名项目经理负责广告片的后期制作工作，导演有任何问题都可以直接与项目经理联系。项目经理会详细安排广告片的粗编、精编、合成的具体时间，由于后期制作公司相对较少，因此，他们都有许多的业务，导演通常要提前预约，以便后期制作公司进行整体协调。项目经理会跟踪他所负责的广告片的所有流程，直到广告片彻底完成为止。

后期制作收费方式分包件和按工作时间计费两种，可以根据广告片剪辑需要的工作量，选择一个合适的付费方式。三维动画等电脑制作的形象有时会单独按照画面时长收费，一秒钟的收费价格可达万元。

（二）导演

一般导演都有长期合作的后期机房，他们对什么样的机房能出什么样的活儿心里有数，而且对各个机房的价格也很熟悉，所以在后期制作时也是导演负责制，在预算允许的前提下，由导演来定剪辑机房和声音机房，并由导演来掌控整个后期制作的效果。

（三）广告公司代表和客户代表

在后期剪辑的过程中，广告公司方面应该只有一位代表可以跟导演说话。所有来自广告公司或客户代表的观感意见都得汇集给这位广告公司代表。在后期剪辑阶段，广告公司的代表也会到场。比如在摄制过程结束进入后期剪辑时，广告公司的代表一般会参加毛片的试映。

客户代表有可能参与，也可能不参与后期制作。

二、后期制作的流程

从拍摄结束到广告片最终完成的这个过程都属于后期制作过程，它包括胶片冲洗、胶转磁、画面剪辑、电脑合成等诸多环节。除了这些视频部分以外，后期制作还包括音乐、音效、对白、旁白等音频的制作过程。

后期制作的流程一般是：胶片冲洗结束后，开始胶转磁，然后剪辑制作人员对所拍摄的素材进行粗编，也就是将前期拍摄的画面素材和对话等首次剪辑合成。粗编完成后，每个画面或声音所需要的时间长度就能够准确地确定下来，此后就可以进入精编阶段。精编完成后进行正式编辑，然后把制作好的音乐、音效、对白、旁白等音频素材，与剪辑好的画面进行合成混录，这样一部广告片就基本完成了。

（一）视频剪辑

视频剪辑主要包括胶转磁、粗编、精编和特效。

1. 胶转磁和调色

对画面影像的处理通过两个阶段完成。第一个阶段是胶转磁，把冲洗后的35mm或16mm胶片转换成录像带信号，在这一过程中可以对色彩进行过滤和调整。第二阶段是在剪辑过程中对画面影像进行进一步的完善。

在广告圈，胶转磁的过程也被称作是第二次拍摄的过程，其重要程度不言而喻。拍摄完毕的负片，经过冲洗后直接进入胶转磁的工序。负片上的影像，由于每个场景在拍摄时灯光、布景等不同，所以其饱和度和明暗对比会大相径庭。胶转磁的操作师在转磁的过程中可以对色彩、灰度、色阶进行调整，突出某一色调或上色等。如果拍摄是蓝幕拍摄，在转磁的过程中可以把作为背景的蓝幕“抠掉”（行内称“抠蓝”），但在剪辑阶段也可以进行“抠蓝”，质量和费用将会决定“抠蓝”在哪个阶段进行。

胶转磁的质量取决于操作师本身的水准。操作师的能力和感觉非常重要，因为无论设备多么先进，最后的效果还是由人的脑子和眼睛来决定。在胶转磁时，色彩的还原也同时进行，所以摄影师必须在场，把转磁后的色彩与拍摄时的色彩进行比对，而且还要就转磁后画面最终所要达到的效果对操作师进行必要的指导。[①]

2. 粗编

粗编是把前期拍摄的画面素材按照导演的意图进行首次剪辑。这一过程是为了把握广告片整体的节奏和风格，因此在这一过程中，可以把没有最终完成的电脑合成影像或声音素材也编进去看看效果如何。总之，粗编是进行正式剪辑以前，参与后期制作的所有工作人员坐在一起，把握一下整部片子的节奏，发现问题，并找出解决方案的一个过程。

剪辑一般分为线性和非线性两种方式。线性剪辑是用磁带进行剪辑，是从母带转录成Beta、VHS、DV等工作带进行操作。但不要忘记在转录前，母带与工作带上的时码要一致，否则进行剪辑时将会因找不到精确的画面位置而苦恼。现在基本不再使用线性剪辑方式，而使用非线性剪辑方式，即把磁带信号转化成数字化信号，在计算机工作站上使用视频数据进行剪辑。非线性剪辑的优势在于，可以随时方便地调阅存在于硬盘上的影像和声音；可以无限制地对画面进行复制，而不会影响成片的质量；可以在不影响剪辑质量的前提下快捷地进行剪辑操作。以下是进行粗编时的两个步骤：

（1）挑选镜头

A. 按照拍摄时的顺序，把同一个镜头中拍摄较好的画面挑选出来。

B. 故事脚本和分镜头脚本中本来没有的临场发挥镜头，如果认为特别好，也可以单独挑选出来。

C. 为电脑合成而拍摄的素材，也要按照A和B进行挑选。

D. 把挑剩下的画面，再全部检查一遍，把认为舍弃可惜的镜头，单独挑选出来。

（2）剪辑画面

A. 按照故事板先大致进行剪辑，这时可以不考虑广告片最终的时间长度，每个镜头可以留出一定的时间余地。

B. 把握片子的整体节奏，对每个镜头的时间长度进行调整。

C. 把剪辑好的画面配上录制好的对话、旁白进行调整。

---

① 和群坡著：《影视广告制作教程》，中国传媒大学出版社2006年版，第170页。

D.把挑选好的音乐编进去与画面配合，调整片子的整体氛围。

E.尝试进行第二种剪辑方案。

粗编的目的是通过对画面节奏的把握，看一看未来完成片的最终效果，通过这一过程寻找和探索更好、更能提升完成片品质的路子，因而这是一个非常重要的程序。另外，粗编还有一个目的，就是为客户审片时可能提出的各种问题，在事先就料想到并找出解决的办法，节省精编的时间。

如果导演没有时间，粗编一般由助理导演负责。助理导演要认识到，这是表现自己能力的绝好机会，要能够通过自己独立的判断和角度，为导演提供出色的剪辑蓝本。粗编结束后，各个镜头的时间长度就可以准确地计算出来。这时画面效果和声音效果的内容和时间长度也确定了下来，要把它们详细地传达给各个制作工种的负责人，以便他们进行具体的操作。①

3. 画面精编

精编是在粗编的基础上，根据导演等创作人员的意见和建议，重新进行编辑，最终制作出完美的广告片的过程。在精编的过程中，要从众多的画面素材中挑选出最好的，然后把它们和合成的画面、修改过的画面，按照情节展开的顺序和起承转合进行剪辑。片子基本的风格确定下来以后，为了使画面更有节奏感和张力，各个镜头需要重新分配时长，还要对片子整体的色调和氛围重新进行调整。最终片子的长度要精确到30秒、15秒、5秒等。

精编时需要确认的事项：

（1）是否忠实地反映了故事板的意图；

（2）产品的诉求点是否突出地表现了出来；

（3）需要强调的部分是否明确地强调了出来了；

（4）广告活动的连续性是否体现了出来；

（5）旁白、字幕是否经过客户确认；

（6）产品的视觉形象识别是否经过客户确认；

（7）有没有必要按照第二个方案再剪辑一个版本。

前面已经说过，在剪辑的过程中，剪辑师的能力和敏锐的感觉是决定广告片质量的重要因素。通过高水准的剪辑，可以表现出作品的节奏、感染力和冲击力，并突出重点。同时，一个好的剪辑师还能减少剪辑时间，节省开支。②

4. 特效

---

① 和群坡著：《影视广告制作教程》，中国传媒大学出版社2006年版，第172页。

② 李燕临、王蕊编著：《电视广告教程》，国防工业出版社2004年版，第176页。

所谓特效，顾名思义是特殊效果的简称，是将现实生活中不可能完成或难以完成的拍摄目标通过用计算机或工作站的数字化处理实现而形成的假象和幻觉。能运用特效的方法有很多，比如，用特制模型、特效专用设备或者动画特效软件，等等，这些手段不仅可创造虚拟人物，制造特殊场景效果，还能将真实和虚构做完美结合，达到想要的任何效果。比如它能实现模拟火山爆发、汽车相撞、星球大战、云雾、雨雪等现象，也能表现人物的变形、自然界肉眼所观测不到的生物等。

（二）音频制作与合成

1. 配音

广告影片在拍摄过程中也可采用同步收音的形式，但为了取得完美的人声效果，越来越多的广告影片采用后期配音。

首先要选择合适的配音演员。选择配音演员主要考虑以下几个因素：

（1）要考虑演员语声的差异和特点。语声存在性别特点。大多数情况下，男性的声音形象有助于创造出较为大气、雄厚的商品和企业的形象，比较适合表现汽车、重工、酒类等较为硬性的商品。而女性的声音形象则比较适合表现化妆品、洗涤用品、家居饰品等比较软性的商品。语声也存在年龄差异。要恰当地选择使用婴幼儿、青年、中年、老年等不同年龄的配音演员的声音形象。

（2）要使得语声选择与广告意境相符合。演播员的语言风格要根据广告的风格和特点，调整自己的语声语调。而不同的意境也需要声音形象的典型性和独特性。在选择确定演播人员时要从这些方面综合考虑，挑选最合适的声音形象，为后面的录制做好准备工作。①

（3）录音过程中的控制能力。配音演员需要较为专业的素养，要能准确、规范地将经过修改的稿子以恰当的语速、音量、情感及气息表达出来。配音过程中，要注意口距离话筒的位置，恰当地使用调音台等设备，并将收集到的声音素材进行加工完善，达到完美的效果。

2. 音效

音效即音响。在广告影片中，音效构成了人物活动的特定时间和地点。由于环境音效有强烈的客观性和真实性，能给人身临其境的感觉，所以，广告中常常有意识地、创造性地使用音效来制造环境气氛。

（1）录制的音效

---

① 郑智斌、李广成、李和平编著：《电波广告实务》，中国广播电视出版社2003年版，第164页。

录制的音效主要指自然界中的各种声音。如雷声、雨声、鸟鸣声、蛙鸣声、火车声、汽车声等。也包括各种模拟声的收录。如模拟烧柴声，可用双手捏碎花生壳，不断地捏搓，把这时发出的声音拾捡出来并适当放大。又如模拟踏雪声，可将玉米粉装入布袋，缝好四周，然后用手捏布袋。诸如此类。

（2）合成音效

为了满足不同广告商品的特殊需要，有时会通过各种声音特技合成音效。多媒体音频技术在如今已经应用得十分广泛。比如，合成现实生活中并不存在的诸如外星人的语言、太空环境中的声音等任何想象出来的非客观的声响，以及各种模拟的机械声响，如刹车声、钟摆声、喀嚓声等，又如恐龙的叫声等。制作合成音效可以用来辅助传达产品或环境的特点，起到更独特的表现作用。①

3. 音乐

（1）音乐来源

广告配乐的价格可以很昂贵也可以很低廉，关键看采用何种配乐方式。当然，最重要的是，到哪里寻找这些能让广告影片神灵活现的音乐？

A. 畅销歌曲

广告公司可以买下现有歌曲旋律的使用权，如果需要的话，连歌词版权也可一并买下。如果它现在很热销或者以前曾经畅销过，那就请准备花大价钱了，一首畅销歌的词曲著作权可能会花上几十万元，而且这还只是刚开始而已。

很多时候必须使用乐器演奏与声部演出的音乐著作，但这将增添庞大的开销。此外，为了要配合商品的发行销售，通常还得修改其原有歌词，这样就需要新的歌手来演唱，并且需要新的编曲及演奏乐团来进行演奏，更需要录音时间。几乎所有使用畅销歌曲的案例中，为了吻合广告影片的长度，并预留出旁白和其他音效所需的空间，这些畅销歌曲都需要重新灌录。

如果计划在单一广告或者系列广告影片里使用畅销歌曲，最好在向客户提出创意以前就先确定一下预算。这些预算花费包括以下几方面：音乐版权（包括使用时间长度与广告成功后需要继续在电视台上档的续约费用）；歌词使用权（是音乐作曲家填的词还是其他人填的词）；为符合影片规格而重新录制的费用，包括雇请歌手、编曲家、文稿人员、音乐家的费用以及录音、混音方面的支出；如果使用作曲家及音乐家的编曲著作，需追加版税给原作者。

在得到客户首肯之前，要尽可能去评估以上这些预算。最糟糕的情况是当

---

① 郑智斌、李广成、李和平编著：《电波广告实务》，中国广播电视出版社2003年版，第77页。

客户同意广告公司使用某首畅销歌曲后，才发现所需的确切费用超过能力所及。要记住，为广告影片改编歌曲的费用相当昂贵。到底需要多少经费来为广告影片配一首知名的音乐，其实并无固定的规律。同样需要注意的是，对已发行音乐的使用授权通常是有期限的，期限满后如需继续使用需要更新合约。因此，在最初的合约里要有对未来使用的相关协议，以保障后续使用权和费用。

B.创新音乐

第二种做广告配乐的方式是专门为商品作曲、编曲、谱曲并灌录创新音乐，而这也是仅次于使用畅销歌曲的第二昂贵的广告配乐方式。用壮观的预算去堆砌壮观的声音效果，这正是广告人所说的“知觉价值”（Perceived Value）。如果是全国性广告主推出的广告影片，且希望这支广告片是系列广告的首支影片，那么昂贵配乐所产生的知觉价值就很高，多点预算也值得。若非以上情形，广告主的商品并没有全国性的配销通路，甚至广告也只是插播一轮而已，那么，创新音乐的编曲与录制将浪费客户的预算。并非所有创新音乐都非常“豪华”，有些创新音乐在旋律上很简单，也无需庞大的花费。如果一位称职且专业的音乐家被聘请来制作特别的音乐，那么广告效果被强化的同时也会带来预算的上扬，因此，广告主需衡量其中的价值得失。

C.大众共有的音乐

我们继续循着广告影片“配乐价格”的阶梯往下走。如果预算单薄，负担不起现成畅销歌曲的版权或者单独创作新音乐的费用，这里有几个节省大笔花费却仍旧能够找到合适音乐的方法。

其中一个好的办法就是使用公共版权的音乐（Public-domain Music）。公共版权的音乐指不再受版权保护也无需再付费即可使用的音乐。举例来说，《蓝色多瑙河》（*Blue Danube*）华尔兹经典舞曲的旋律早就归大众所有。

此外，大多数的录音工作室、广播电台及电视台都订购了音乐资料库（Library Music）。这些特别录制的激光唱片是专门当做背景音乐使用。许多这类的录制音乐都是依照各式主题来汇集整理。所以当需要寻找特定情绪或气氛的音乐时，不妨利用这个资源。只要付费，都可以使用这个资源库。如果使用这类资源，录音工作室或电台可能只会收你几百元的录制费。但是需要注意，别人同样可以使用和你完全相同的音乐。有种方法可以让音乐资料库的现成音乐变得有专属特性。那就是，先从音乐资料库找来两分钟长度的音乐，再剪辑成30秒。再找来另一首不同的音乐，要注意这两首音乐需要有同样的音调与节拍，然后把两首音乐一起剪辑成新的30秒。这种剪辑方式获得的音乐与其他人雷同的概率非常低。用这种方法要特别注意音调与节拍，否则剪出来将是一段杂乱的乐曲。

D.电子音乐

有些最新乐曲与创新的音乐其实已不只是音乐而已。至少，已不是那种传统的字面意思。电子音乐经由电脑制作，并且使用数字录音带（Digital Audio Tape，DAT）录制，这种数字化技术实现把各种声波转化成电脑资料，再以不损失任何音质的状态下，一层层地把资料逐层铺加起来。

数字录音带的机器就像是一台卡式录音机，它能数字化地录音及播放。但是电子音乐存在一个缺点，即它制作出的声音太生硬，太机械化，缺乏音乐所特有的情感。这种人造配音太过完美，不像人间真实的声音。所以，可能需要添加些许的走调（Off-key）效果，以求回归一点人性化。

利用这种配乐方式，有可能只跟一个人合作即可。不过，并不是只使用电脑就意味着能省下大把钞票，这些精密的器材不论是购置或者维修都相当昂贵，但可以取得几乎和交响乐团一样完美的演出。

（2）拍摄前与拍摄后配乐

广告影片使用音乐分为拍摄前配乐与拍摄后配乐两种方式。拍摄前配乐是指在影片拍摄前就已经创作及录制好音乐；拍摄后配乐则是直到影片或录像带完全剪辑好后，才开始为已完成的影像写歌及灌录音乐。

A.拍摄前配乐

拍摄前配乐是假定拍摄的画面会跟原先配好的音乐相吻合，在拍摄前制作好影片配乐的方式。当影像是一系列无对话的场景且又可被有节奏地剪辑而与原先配好的音乐配合时，这是最理想的配乐方式。

许许多多以画面为导向的广告影片其实一开始都没有故事脚本，而是先有一首音乐为基础，再以此音乐带出各式各样的脚本与影片。预先谱写好的歌词也许会随着不同的广告影片而有所改动，但旋律却始终保持原貌。

以下是为广告做拍摄前配乐的几个理由：

（A）大部分已完成配乐的广告影片创意能在还没开拍任何画面前，就可获得赞同。

（B）这是向客户提案的最佳方式。因为已完成的配乐不仅告诉了客户广告听起来如何，更让其感受到这广告看起来会是怎样。

（C）当创意概念需要大幅度修改时，拍摄前配乐能为之做好准备。

（D）在影片开拍前的估价阶段，拍摄前配乐将帮助参与竞标的制作公司开出理智的投标价码，因为所有故事脚本里的取景，都已事先依照预先配好的音乐来计算过时间。

（E）预先配好的音乐可作为拍摄前会议讨论用的示范样本。

（F）在正式开拍的时候，预先备好的音乐与歌词音轨会成为各个取景时间长度的指南范本。

有了拍摄前配乐，音乐与歌词将变成广告影片的主要焦点和动力。

B. 拍摄后配乐

拍摄后配乐，是指在广告片拍摄完成后再配乐。选用此程序的理由是，图像可以提供音乐灵感线索，从而使音乐效果更加理想。

虽然，拍摄后配乐是一种制作的方式，但很多导演为把握节奏，也会在拍摄前录制一段“临时音轨”，以便及早掌握剪辑的时间控制，这些“临时音轨”一般只是简单的钢琴节奏的声音卡带。剪辑师总会不经意间在做第一次图像剪辑时，拿临时音轨当参考范本，当影片已依基本的临时音轨节拍剪辑完成，最后的工作就是配乐了。

使用“临时音轨”虽然可以把握影片的节奏，但为了寻找能与图像剪辑完美配合的音乐节拍，后期配乐时，作曲家经常会以节拍音轨（Click Track）的速度作为依准。其实所谓节拍音轨不过是一串规则且连续不断的滴答声，听起来像是节拍器，也像是在旁敲弦鼓的鼓声。在录音时，每位音乐家都会戴上耳机以便听到节拍音轨上的节奏声。采用拍摄后配乐，不要将画面统统锁定，因为很有可能剪辑师需要对画面做细微调整，来与最后完成的音乐相配合。

4. 声画合成

声画合成是将精编的画面与各种声音按照事先的构思进行合成，再加上字幕、标版等必需的工序，然后进行渲染和输出。由于对画面的剪辑和声音的制作已经做了详细的讲解，合成这个环节已经不存在太多的变数，因此不再详细介绍。

5. 套剪成其他时长的广告片

套剪是目前国内广告界的一个不成文的行规，也就是完成了一个30秒的广告片后，还要在原有素材的基础上，剪辑出一个15秒和5秒的广告，以便广告主可以根据情况需要，安排在不同的时段播出。

6. 交付广告片并付款

广告片经过复杂的工序，终于完成，制片公司将把成片交付给广告公司，广告公司再将它交付给广告主。交付方式多种多样。最简单的方式是广告公司代表、广告主代表都在后期制作公司共同观看，当场修改，当场定稿。

一旦广告片被广告主正式确认，广告主须支付最后的余款。

7. 广告测试

尽管广告片已经完成，但广告主通常不会直接拿到电视台播放，而是先做一个事先的、小范围的市场预测。比如邀请目标观众群体来观看影片，以便了解广告播出的效果，甚至会根据测试的结果对广告片进行修改。

8. 广告片的播放

如果广告片经过测试，反映良好，广告将正式出街（播放）。

实战案例：雅格电蚊拍《逃跑的蚊子篇》[①]

一、广告策略

雅格电蚊拍是行业内第一个有意向做影视广告的，并准备在湖南地区投放，针对客户的需求，制作公司提出以下策略：

（一）电蚊拍是一种日常生活用品，非常的大众化，与平常人们的生活息息相关。所以广告应当贴近日常生活，能让大众认可。

（二）记忆点应该突出，最好能让消费者在诙谐幽默中轻松记住雅格产品的功能及形象。

（三）雅格电蚊拍先前的广告《刘桂香篇》投放后，在客户与消费者中获得相当的影响力，特别是湖南本土谐星大兵在广告片中一人分饰两角的搞笑扮相，让消费者眼前一亮，迅速提升了雅格电蚊拍的行业地位。可继续沿用大兵幽默诙谐、一人分饰两角的表现形式，但该如何突破呢？

二、创意突破点

能不能从蚊子的角度去讲故事呢？当蚊子遇到雅格电蚊拍，没有活路自然要逃走。这也贴合“用雅格电蚊拍，跟蚊子说拜拜”的概念。

大兵一人分饰两角的趣点依然可以演绎，只不过这一次“刘桂香”成为一只“蚊子”，一只由大兵所扮演的蚊子与现实中的大兵进行对决，而在现实中的大兵在家里准备了雅格电蚊拍，要消灭蚊子不费吹灰之力。

这一创意点最终得到客户和大兵的认可，形成《逃跑的蚊子篇》的创意。

三、前期准备

（一）文案绘制分镜头脚本。

---

① 本案例由永禾精英文化传播公司提供。

1. 特写 表情嚣张的蚊子像一架战斗机似的冲向镜头。		【战斗机俯冲声】 对冲（空镜头）
2. 全景 家庭环境中，只见大兵一手拿着茶杯，一手正轻摇蒲扇，靠在藤椅上优哉地享受着闲暇时光。		
3. 中景 听到蚊子嗡嗡声的大兵淡定自若，依然悠闲，嘴角露出一丝微笑。		【蚊子独白】 嗡嗡嗡～
4. 中景 距离大兵不远的背景下，蚊子大兵从一侧快速飞入画。		
5. 特写 蚊子声音越来越近，大兵侧头倾听，不屑的表情。		

续表

6. 特写 （镜头转切）大兵一只手立即拿起一旁正在充电的雅格电蚊拍。	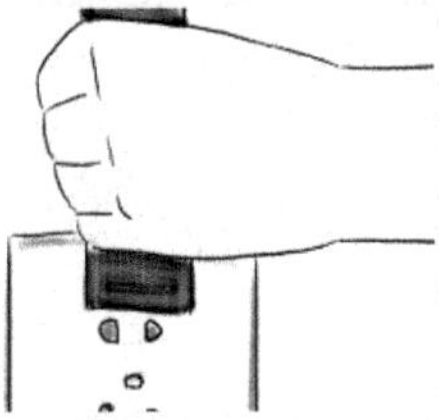	
7. 中近景 胸有成竹的大兵手持雅格电蚊拍得意一笑，做好了迎接蚊子的准备。 （补特写）		
8. 中景 （镜头转切）得意的蚊子还在肆无忌惮地飞行，这时只见雅格电蚊拍入画，正出现在蚊子前方。		
9. 全景 发现前方电网的蚊子一个急刹车，惊恐地大喊道：“啊！又是雅格！”说话间蚊子掉头就逃。	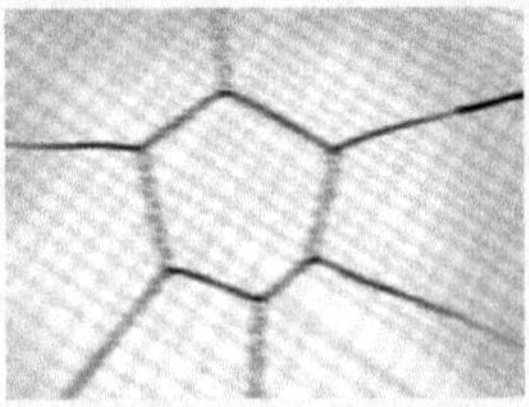 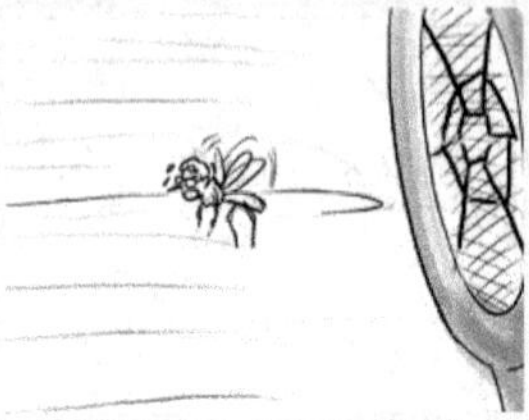	【蚊子独白】 啊！又是雅格！

续表

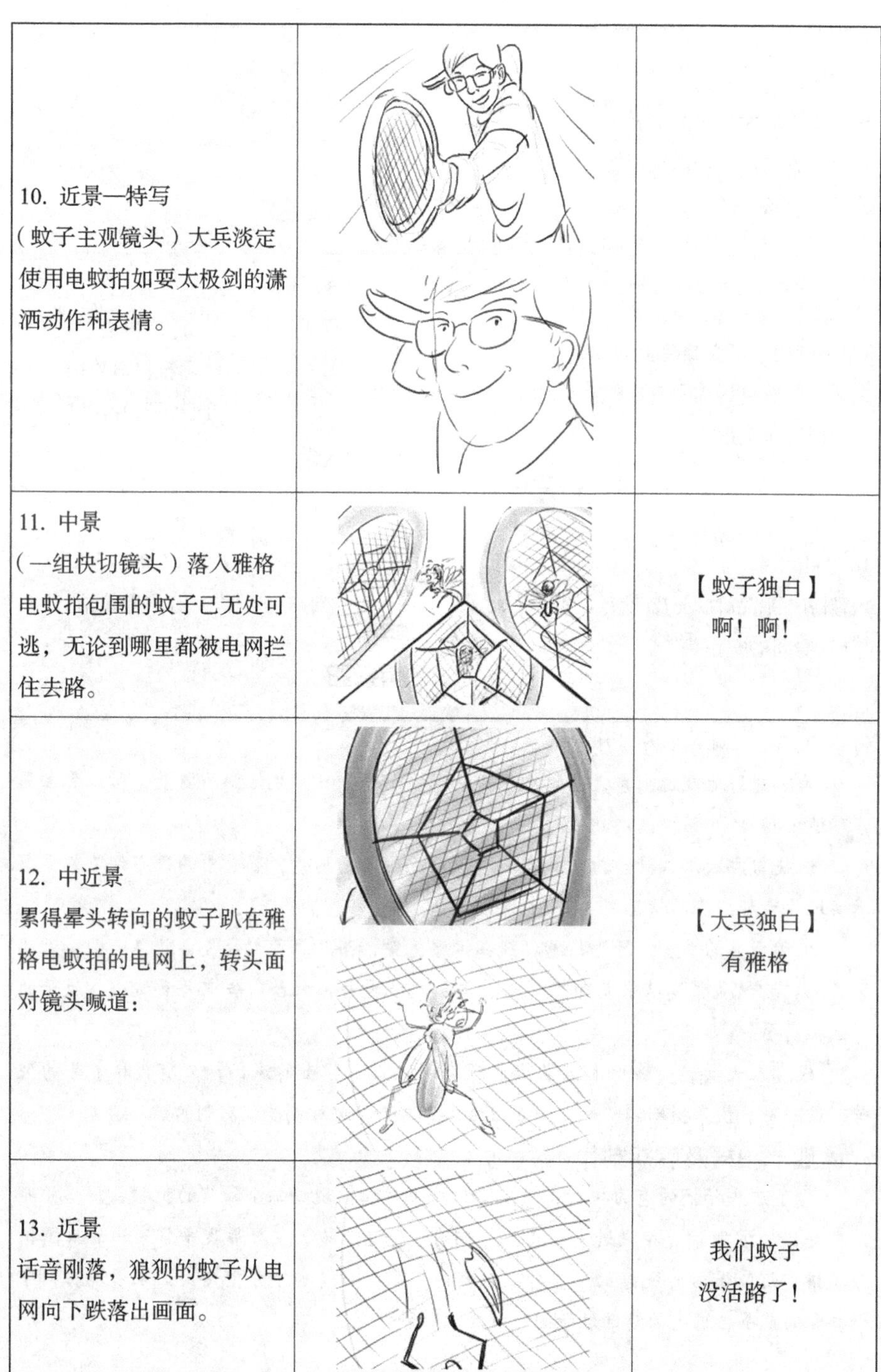

10. 近景—特写 （蚊子主观镜头）大兵淡定使用电蚊拍如要太极剑的潇洒动作和表情。		
11. 中景 （一组快切镜头）落入雅格电蚊拍包围的蚊子已无处可逃，无论到哪里都被电网拦住去路。		【蚊子独白】 啊！啊！
12. 中近景 累得晕头转向的蚊子趴在雅格电蚊拍的电网上，转头面对镜头喊道：		【大兵独白】 有雅格
13. 近景 话音刚落，狼狈的蚊子从电网向下跌落出画面。		我们蚊子 没活路了！

续表

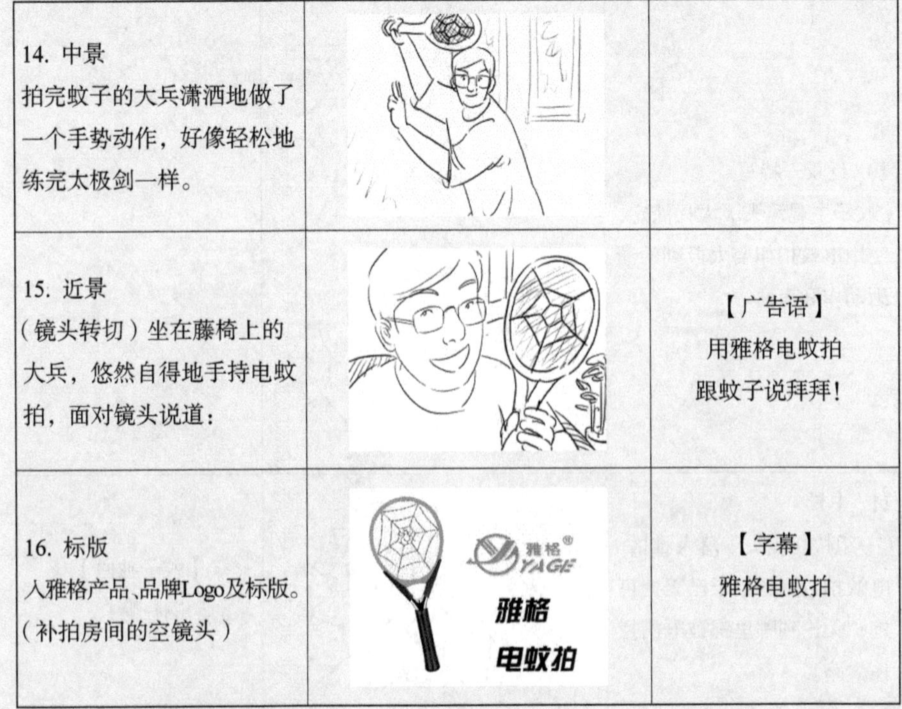

14. 中景 拍完蚊子的大兵潇洒地做了一个手势动作，好像轻松地练完太极剑一样。		
15. 近景 （镜头转切）坐在藤椅上的大兵，悠然自得地手持电蚊拍，面对镜头说道：		【广告语】 用雅格电蚊拍 跟蚊子说拜拜！
16. 标版 入雅格产品、品牌Logo及标版。（补拍房间的空镜头）		【字幕】 雅格电蚊拍

（二）置景等准备工作。

为了更好地塑造形象，鉴于广告片展现的是一个日常生活中的场景，所以要在居家环境中拍摄。

这就需要人工搭景：为了真实地展现贴近生活的场景，置景中的每个细节都要求真实还原古朴书房的特色。

古色古香的书房，绿色植物环绕在古藤椅旁，茶几上茶韵袅袅，就连一旁墙上的装饰品，都是置景团队成员为了营造氛围精心挑选的，配合广告中大兵这个打蚊子的“武林高手”。

代言人大兵，一身古朴的长褂，既有古时文人雅士的风韵，又有武林泰斗的架势，这一身装扮是摄制团队造型师专门为大兵这个“武林高手”定制的。

四、拍摄及后期制作

为了广告拍摄的有力执行，摄制团队注重对拍摄现场每个细节的把控，严格按照前期会议的方案推进拍摄进度。在《逃跑的蚊子篇》中，主要展现平常家中的氛围，除了搭建好富有古朴气息的书房外，对室内光影的打造也十分重要，力求展现房内宁静祥和的氛围，这也为后面蚊子的“打扰”做好铺垫。

进行动态影视抠像的拍摄中，为了将蚊子演得更加活灵活现，大兵在导演复杂的动作要求下，不断地在绿色背景下做着各种动作，各种细节动作都经过了精心编排，力求在观众眼前展现最佳画面。

除了前期拍摄，后期的动态影视抠像也是至关重要的，它是雅格电蚊拍《逃跑的蚊子篇》广告作品精彩呈现不可缺少的部分，大兵身穿连体拍摄服，不断地在绿色背景下做着动作，等到后期完成时，我们就可以在广告画面中看到大兵是一只表情丰富、生动搞笑的蚊子，再配上生动有趣的音效及独白，这篇《逃跑的蚊子篇》广告画面中让人捧腹的效果，清晰的功能展现，幽默生动的故事情节都让消费者记忆深刻。（见图4-4-1）

图4-4-1 《逃跑的蚊子篇》广告截图

【思考题】

1. 棚内拍摄、外景拍摄各有何优劣势？
2. 如何理解任何一支广告片都是团队合作的结果？
3. 广告片导演如何在商业性和艺术性之间获得平衡？
4. 广告片导演必须具备怎样的素质？

【本章实训】

1. 如有条件，请实地参与一支广告片的拍摄和制作。
2. 自己组成团队，拍摄一支30秒的电视广告片。

第五章

广播广告的声音

本章教学目标提示：

1. 了解声音的基本组成要素。

2. 透彻理解广播媒介的特征。

3. 透彻理解广播广告中的人声、音乐、音响的作用及其使用的特点。

4. 学会广播广告的声音设计技巧。

第一节　声音的类型与属性

一、声音的类型

按照声波性质和组合方式的不同，声音可分为：

乐音系统：物体有规律地震动即产生乐音，一般指比较悦耳的声音。

噪音系统：物体无规律地震动便产生噪音，一般指不和谐、不悦耳的声音。

二、声音的属性

人耳对声音的感觉主要有三种：一是响度，它表示声音的强弱，由振幅决定。二是音调，它是由震动的频率决定，震动越快，声调越高；震动越低，声调越低。人耳能够感觉到的声音一般在20赫兹至2万赫兹之间，超过2万赫兹的声波是超声波，低于20赫兹的声波称为次声波，人耳都无法听见。三是音色，由泛音的多少、泛音的频率和振幅决定，而泛音是由除基音（频率最低的音）以外的其他的音组成的。响度、音调和音色共同构成声音的基本特征。

视听艺术中的声音是一个复杂的声波系统，它提供了响度、音调和音色这三个要素，可以用来区别和辨认声源，又可以相互作用来诉诸人的感知经验，从而形成声音的总体印象。

现实空间中的声音还有大小、距离、运动、方位、方向、回音、混音等特点，我们在进行声音的创作和录制时，必须对这些因素进行考虑。

第二节　广播与广播广告声音的要素

一、广播媒介的基本特点

广播作为一种个人化的、一对一的媒介，基本上都是以单独收听的形式传播信息。

1. 广播是伴随性媒介

人们可以在散步时听，开车时听，也可以一边做事一边听，因此，它非常柔和地嵌入普通人的生活，就像一个陪伴在身边的朋友，陪你聊天，也为你提供外界资讯。广播的伴随性使它具有生活化、日常化和本地化的特性。同时，广播还可以配合各种心情和气氛，比如早上人们更喜欢听点新闻、流行音乐或有趣的闲聊，而到了下午，可能更喜欢放松一下自己，听听古典音乐。

2. 广播信息是线性传达的

由于广播完全是靠声音传播，其信息是线性传达的，所以和声画同步的电视相比，其信息相对单一，也更为明晰，反而有助于记忆和复述，具有很高的提示性，当熟悉的旋律、熟悉的声音响起，记忆很容易被激活。

不过，正是由于广播的伴随性特点，也使得听众难以完全投入精力去捕获广播信息；又由于信息的线性传达，会使得信息的传播过程因听者的无意注意而多次中断，导致信息接收的不完整，因此，必须了解受众心理，设计收听动力曲线，使听众能兴致勃勃地完整收听，并尽量避免在收听过程中出现信息接收的障碍。至于广播广告如何设计，本书将在后面章节中进一步阐述。

二、广播广告声音的要素

广播广告中的声音主要由人声、音乐和音响三个要素组成。下文分别介绍。

第三节 广播广告的人声

广播广告中的人声指广告模特的声音、旁白，或者是播音员的声音等。广播广告中对人声的要求和选择均有其独特技巧。

一、广播广告对人声的要求

（一）针对目标消费者说

要清楚产品的目标消费者是谁，产品和目标消费者的关联在哪儿，也就是解决对谁说的问题。

（二）语言要口语化

口语化就是多使用日常生活中的口头语言，而不是书面语言。口头语言多用简单句、短句，少用长句、倒装句。语言口语化的具体的要求包括：

（1）多用口语词，少用书面语词。

（2）少用生僻词，特别是书面色彩很浓的文言词。

（3）选用便于听觉识别的词，不用容易混淆的词。

（4）多用双音词，少用单音词。因为单音词在耳听时区分度不强，所以现代汉语已经较少使用。

（5）使用普通话，慎用方言，除非和特定的目标市场有关系，比如针对广州市场，可用粤语；但针对深圳市场，则必须用普通话。

（6）尽量少用缩略词和简称。

（7）尽量少用倒装句。

（三）语言要形象

要使观众的耳朵能够触摸到广告所描绘的情景，能够“看到”产品的形象。

（1）用好形容词和叹词。形容词有助于描摹情景，叹词可以增加情绪感染力；

（2）恰当地使用修辞手法，如比喻、夸张、排比、对偶、借代、反复，等等。

下面这则广播广告，便是利用叹词表现特殊时间里的心理状态进行的创意。

《干杯啤酒》

嘈杂的球赛背景声

观看球赛的球迷甲［男］（激动地）：“过了！过了！过了！哎，犯规了！点球！点球！”

球场上的哨声

球迷甲［男］：“哎，是不是点球？”

球赛解说：“点球！裁判员让中国队获得点球！我们看到中国队的9号站在罚球点前，准备主罚这个点球。”

众球迷：“干杯！”

碰杯声、咽酒声

球迷乙［男］：“哎，还没罚进啊，着什么急呀？！”

饮酒后舒畅的“啊”声

众球迷：“想干就干，管他什么时候！”

（四）注意节奏和韵律

节奏就是说要注意句子的长短、句式的整散、结构的松紧、声调的抑扬顿挫。韵律是指语言要押韵，在句子的相应位置（通常是句尾）使用韵母相同或相近的字，使音调和谐优美；尽量讲求平仄交替，运用平、上、去、入不同的声调格式，做到语调起伏有序；排列句子时多用对称、排比的句式和精练上口的短句。

当然，并不是广播广告的文案都需要有这样的要求，是否押韵，是否讲求节奏，最终是由广告风格决定的，如果是相声、快板，或者抒情性很强的风格，当然要讲求韵律节奏，但如果是表现真实的生活场景，比如对话式结构，则不需要这样的限制。

（五）适度重复

适当重复一些重要信息，其目的是让观众记住产品或品牌，或是与产品相关的其他信息。但重复需要巧妙，切忌机械性的重复。重复手法大致包括：

（1）用唱歌的方式进行重复。

（2）设计谐音的方式进行重复。

（3）设计争辩、吵架的方式进行重复。

（4）设计成拼写场景进行重复。

（5）设计成读书或者操练的方式重复。

（6）设计成警察审查犯人的方式重复。

（7）设计成辨认的场景进行重复。

（8）设计成相声、数来宝的方式重复。

（9）设计成口吃的方式进行重复。

（10）设计成问路的方式进行重复。

当然还有很多种对产品、品牌或其他重要信息进行重复的技巧，只要设计的技巧符合规定情景，巧妙而贴切就好。

下面这则广播广告，就是利用谐音进行重复。

《中国电信IC卡》

女儿（电话按键声）：妈，我到学校了！

妈妈（欢快打击乐）：你一个人在外要学会节约！

女儿：妈，知道了，I see!

妈妈：要吃好，不能垮了身体！

女儿（不耐烦的声音）：I see！

妈妈：长途电话贵，没什么事别打电话了啊！

女儿（更加烦躁）：I see！妈，我用的是中国电信榕城IC卡，长话才一毛五每分钟，打全国各地都一样便宜。

妈妈（惊喜）：啊？这么便宜！那，那你爸爸还有话说……

旁白（女声）：榕城IC卡，长话市话全都一毛五！

旁白（男声）：中国电信

二、广播广告中人声的选择

1. 声音要有个性，同时又必须典型

典型是文学中常用的术语，在这里指一个声音形象必须具有高度的涵盖力，通过声音，让听众能够迅速感知到说话者的年龄、身份、教养，甚至更为广阔的背景。同时，声音本身又必须具有美感，不能流于纯自然主义。比如，乡村儿童和城市儿童有各自不同的声音，但又有他们年龄段的共性。没有个性，便失去了特点；没有共性，则失去了听众基础。

2. 用真实的声音，增强广告的可信度

由于受到长期的播音腔的影响，有些广播广告过分注重声音的美感、节奏、韵律等，反而失去了真实感，有些缺陷如口吃、发音不标准，小孩缺牙导致的说话时的漏风等，实际上都能增加广告的真实感。

请看下面这则广告。

《古汉养生精》

（汉唐音乐，筝萧合奏，琵琶、笙等伴奏，压混）

女（声音平实，纪录片语气）：

1973年，湖南马王堆《古代养生方》出土。

1986年，衡阳中药厂“古汉养生精”问世。

（传统中药铺报药剂男声，打算盘声）

“人参，四钱二两”；

“黄芪，一两四钱”；

“金樱子，七钱五分”；

“白芍，六钱”；

“枸杞……”（压混）

男（声音成熟、干净稳重、略显沧桑）：

心血九斗，白发三千丈；智慧十二分，无数春秋造就！

（汉唐音乐扬起，隐去）

男声旁白（舒缓而富磁性）：古汉养生精。

广告中的纪录片式的语气是为了和文物考证的风格统一，中药铺报药名的声音是观众所熟悉的，而成熟稳重、又有些沧桑的男声可以为我们形象地描绘出一个老字号中药铺里，埋首药方，专注配药的老中医形象。

3. 可以模拟目标消费者的声音

目标消费者的声音具有很高的辨识度，也容易引起听众（消费者）的共鸣。

4. 可以使用独特的嗓音

下面这则广告便是完全模仿一个消费者唱着小曲，去喝三鲜周记羊汤时的情景，而且嗓音也很独特。

《三鲜周记羊汤》

顾客：喝罢了酒，来喝羊汤……（唱）老板娘，给我来一碗滚热的全羊汤。（吆喝）

女（吆喝）：好呢！

男招待（很有节奏）：羊肉一勺，羊汤两勺，多放香辣油少放香菜末儿，一碗滚热的全羊汤，来喽！（拖长声音）

顾客：（喝汤声）这三鲜周记羊汤，汤白、肉香，不膻不腥，够味儿，老板娘，再来一碗！

旁白：三鲜周记羊汤，百年传统名吃！

5. 可以使声音特质化

通过一些手段对声音进行特殊处理，可以增强信息的记忆点，也可以使场景更加逼真。下面这则广告便是模拟母鸡的声音，将声音做了特质化处理。

《枣庄山田草鸡蛋》

母鸡1（拟人）：咯咯哒，咯咯哒（鸡叫声）又下一个，叫两声儿解解乏，咯咯哒咯咯哒（鸡叫声）。

母鸡2（拟人）：别叫了，还个个大呢？人家现在都说咱下的蛋个头儿小，我下了蛋，都不好意思叫了。

母鸡1（拟人）：呦，个头儿小怎么啦，那是特色，像咱们渴了去河边儿，饿了奔山脚儿，野菜、草籽儿、小虫子，食物真环保，怪不得咱主人的订单接了一大摞儿呢，这叫小鸡蛋，大市场。

母鸡2（拟人）：说的对，咱们就叫个儿个儿大！

旁白：来自乡村，远离污染，枣庄山田草鸡蛋。

咯咯哒，咯咯哒 咯咯哒……（鸡叫声）

6. 可以多使用童声

童声不仅纯真，具有很高的辨识度和记忆度，而且在广播中还具有一定的喜剧成分。下面这则广告便是从儿童的角度进行创意的。

公益广告：《关注青少年心理健康》

女［旁白］：一个三岁的小男孩拉着一个三岁小女孩的手

男孩［深情地］：我爱你!

女孩［赌气地］：你能对我的未来负责任吗?

男孩：一定能，毕竟我们都不是一两岁的小孩子了!

男［旁白］：其实你的孩子比他们大不了多少，关注青少年性行为，性心理健康，从家庭抓起!

以上这些原则只是对我们进行广告创意和制作时的提醒，它并不能构成限制，因为广告最终目的是为产品服务的，甚至为增强记忆度，有时候还必须和听众的固有的记忆和期待形成错位和反差，以此增强记忆点。比如儿童用的产品同样可以让老年人去说，女人的衣服同样可以让男人去说，甚至也可以从动物的视点去创作。但是，一旦确定某种风格，这种风格本身便有其内在的要求，比如我们提到老中医，通常脑海中会浮现出一个形象，这个形象给人的感觉是稳重、慈祥、救死扶伤，如果改变了这个形象，便构成了对观众固有心理和情感的挑战，广告本身很可能从心理层面被观众所抛弃，并进而危害到产品本身，那就得不偿失了。

第四节　广播广告的音响

一、音响的分类

音响就是效果声。

音响可分为两类：一是自然音响，如风声、雨声、海浪声、海鸥声等；二是人工音响，比如脚步声、掌声、汽车喇叭声、各种机器的声音等。

二、音响在广播广告中的作用

由于广播媒介的局限，很多视觉化的形象难以直观呈现，只能借助音响间接表达，所以在广播广告中，音响的作用举足轻重，会不会使用音响效果，在很大程度上可以判断出创作者是否具备用声音来思考、用声音来表达的能力。

许多初学者在进行广播广告创作时，头脑中只有干巴巴的广告台词，没有环境的设计，更没有对人物动作、环境氛围的设计，这样的作品，必然缺少对受众的感染力。因此，必须强化对音响效果的重视。

（一）音响可以还原一个真实生动的环境

人们对环境的认知和记忆来自图像和声音，而具有代表性的音响可以很好地还原听众对环境的感知。比如蟋蟀的叫声很容易让人想到夏日乡村，而蛙鸣让人想到夏日的乡村夜晚，卖冰糖葫芦的声音让人想到北方的胡同，飞机起飞的声音很容易让人想到机场等，这些都来自于听众的生活经验。音响本身必须具有代表性和独特性，能够将时间、场合等特征清晰地传达出来。

（二）音响可以表现人物动作

比如敲门声、倒水声、脚步声分别表示人物敲门、倒水、走路的动作。音响除了暗示动作以外，甚至还可以表达更丰富的信息，比如马蹄在草地上奔驰的声音和在沙漠、硬地上奔驰的声音是不同的，老人走路、年轻人走路、小孩走路的声音也不同，残疾人和正常人走路也不同，因此，利用音响表现动作时，必须录制到最真实的声音，而且声音必须具有典型性。比如要表现下雪后的大街，光是汽车的嘈杂声是不够的，还得有其他声音辅助才能完整表达。

（三）音响可以表现人物的内心情感、心理活动

比如要表现妻子因丈夫的某句话生气了，我们完全不需要用语言去直白地说出来，可以先是妻子哼着曲子，在厨房里做饭的声音，接着歌声慢慢消失了，代之的是乒乒乓乓的声音，妻子内心的愤怒便表现了出来。

下面这则广告便巧妙地采用了这种手法。

《西施电饭锅》

（炒菜声）

男：辛苦喽，老婆，哎，告诉你呀，我带了田螺姑娘回来啦。

女：瞎说，你带田螺姑娘，我还带七仙女呢！

男：哎，你不是一直想请个会做饭的保姆吗？今天我把它给带回来了，有了它呀，咱们下了班就有现成的饭吃了。

女：这么说，她很能干，也很漂亮喽？

男：那还用说，田螺姑娘，仙女下凡嘛！

（咣当，摔东西的声音）

男：好好，我的小醋坛，我呀，说的是西施牌电饭锅，回家就可以坐享其成。

旁白：西施牌电饭锅，把田螺姑娘带回家。

（四）音响可以表现产品的品质和形象

这些音响既可以是自然存在的音响，也可以是人工合成的音响。有些产品特别适合用音响来表现，比如乐器、影音产品等。有些产品尽管无法从音响上完全判断其品质，比如摩托车、汽车的引擎、报警器、杀虫器的喷嘴等，但完全可以从音响上入手进行创意思考，比如杀虫剂喷嘴的声音可以夸张成为冲锋枪的声音，来突出杀虫剂威力的强大。有些产品和音响本身没有关联，但可以采用通感或比喻的手法，制造出虚拟的音响来。比如我们经常可以看到电视广告中表现咖啡、冷饮、纯净水的音响效果，或醇厚或清脆。

（五）音响可以建立一个听觉上的识别系统

比如旺旺产品的广告结束时都会配上“旺旺”的叫声；法国合生元的广告总会配上勺子在杯壁上轻轻敲击的声音，表示已经调好可以吃了；果汁饮料总会配上饮管吸饮料时的吱吱声，牛奶广告也会配上包装盒瘪下去的声音，表示意犹未尽；同样，食品，特别是薯片等通常会配上“喀嚓喀嚓”嚼薯片的声音，以表现产品的薄和脆。这些都能建立起清晰的听觉识别标志。

请看下面这则广告：

维他奶系列广告《冷战篇》

《白毛女》选段《北风吹》前奏加首句：“北风那个吹……”作为背景音乐

男播音员：“现在请收听‘维他剧场’之‘冷战’！”

剧中男：“啊——”

天冷发抖的叹息声

剧中男："……自从三小时零四分前和她吵架，……"

背景音乐停，加入北风呼啸背景音响和一首伤感的流行歌曲作为背景音乐

剧中男："……天冷加上心冷，这个冬天真太冷！……"

剧中女："原来他不在身边真的好冷，可是，哪有理由我主动去找他呢？"

男播音员："各位，这种情况就叫'冷战'啦！在冬天听到打冷战的声音是不是很想暖和一下呢？来瓶热乎乎的热维他奶，御寒和解冻关系都非常有效！"

这则广告的核心是想突出维他奶的温暖感觉。其对音效的处理，对人物心理的把握比较准确，维他奶的目标群体多是年轻人，特别是大学生，恋爱中的"冷战"经常发生，而维他奶又是他们日常生活记忆中的重要的东西，也是维系感情的重要元素。如果创作者能认识到这点，在音效处理上更贴近年轻人，结构上更自然一些，可能会更好。

三、广播广告中音响使用的基本原则

（一）用"音响"写广告

创作者必须跳出文字思维的制约，抛弃文字决定音响的观念，把注意力放在音响上，用音响的思维创作广播广告。

（二）对音响要有必要的交代与说明

由于正常人并不习惯完全凭借声音去判断外界，甚至有些时候很难做出判断。比如，一块玻璃破碎的声音，如果没有必要的交代，我们就无法判断是杯子碎了，还是镜子碎了；再比如，我们也可能把打鸡蛋的声音和咬苹果的声音混在一起。为了不引起听众误会，我们需要对音响进行必要的、技巧性的补充和交代。比如在"哗哗"的流水声后，接一句："呀，你带伞了没有？"听众自然就知道那是雨声；如果接的是："忙了一天了，洗个热水澡真舒服！"听众则很容易明白那是淋浴的声音。

（三）要选择运用有特色的音响，强化听众记忆

（四）要注意音响使用上的主次，突出主要音响

人耳和录音机不同，它并非有声必听，而是会有所选择，其选择原理是：

何种事物在当时状况下最有吸引力，该事物的声音便会进入自己的听觉系统。比如一个沉浸在回忆中的人，甚至连耳边巨大的爆炸声都听不见。因此，广告创作必须要突出主要的音响。

突出主要音响的方法：

1. 抓住能体现空间感的音响。

2. 在嘈杂的环境中，要突出主体音响，音响要尽可能单纯。我们甚至可以把主体音响夸张，比如放大钟表走动的声音、蚊子的嗡嗡声。这就叫做“音响特写”。

（五）音响运用要准确真实

特别是人工拟音，更要注意真实，只有真实的音响，才能把听众带入身临其境的感觉之中。

（六）尽量避免噪声

除非噪声作为重要的听觉元素参与创意。

（七）有时也可以采用无声

无声有时会起到奇效，但不能哗众取宠，必须有其使用的合理性和必然性，无声不能持续太长，不然会使听众觉得被愚弄。

请看下面一则广告：

《香妃烤鸡》

街上人来人往熙熙攘攘的喧闹声作为背景音响。

小女孩：“妞子姐姐！”

姐姐：“嗯？”

小女孩：“这是香什么烤鸡店呀？”

姐姐：“呵呵，香妃烤鸡店。”

小女孩：“我最爱吃鸡了！”

姐姐：“呵——现在认字了，带你上街还搭顿鸡！哎，妞妞，走，咱们进去尝尝！”

店铺里喧闹人声作为背景音响。

姐姐：“嗯——环境还挺好。这是什么小菜？一碗小米红豆粥、两个火烧，经济实惠。”

小女孩（嘴含食物）：“姐姐姐姐，你干什么呢？再不吃我就吃完啦！”

姐姐：“呵，逛西单，吃香妃烤鸡，真棒，是不是？”

妹妹咂嘴的声音。

这则广播广告用大街上的背景声和店铺里的背景声交代了环境的转换，然后用咂嘴声来突出烤鸡的味道，音响效果层次感比较丰富。

第五节　广播广告的音乐

广播广告的音乐主要包括背景音乐和广告歌曲。

一、背景音乐

使用背景音乐的目的是为了表现主题，利用乐曲来烘托气氛，起陪衬和渲染作用。背景音乐一般只是广告前几秒钟使用的一段比较有特色的音乐，然后音乐渐渐淡化，成为人声语言的配乐，因此，其最主要目的还是为了引起听众注意。不过，背景音乐仍然具有暗示和强化主题的作用，主要有如下几点：

（1）进一步深化广告主题。比如万宝路香烟的广播广告，其音乐便成功地诠释了西部牛仔那种自由、粗犷的特征。

（2）有些背景音乐还可以暗示出时代特点。比如使用编钟乐器，可以暗示出是中国古代。

（3）可以体现民族文化特色、地域文化特色。比如使用少数民族的乐器、歌曲等。

（4）可以暗示产品的出产地。比如使用陕北信天游、河南豫剧、苏州评弹等。

（5）可以暗示出产品的种类，甚至产品的形象。比如用钢琴曲作为纯净水的配乐，可以体现出清澈、明净的感觉。

（6）可以暗示出产品的时令和场所特征。比如用鞭炮、唢呐等，可能暗示着春节、婚礼等场面，比如用京剧可能预示着是在剧院，等等。

（7）背景音乐可能暗示出消费者的特征。比如用邓丽君的歌曲既可以表明时代特征，也能够体现年龄特征。

当然，背景音乐还有许多的用处，上述所列更多是为了让读者在选择背景音乐时，有思考和选择的方向。

二、广告歌曲

广告歌曲是把广告要传递的重要讯息用歌曲的形式表现出来。

广告歌曲的目的在于创造广告的记忆点，因此，通常旋律比较优美，歌词简单，曲调活泼，易传易唱，借助听众的联想作用和无意识的模仿，达到传播广告的目的，特别是许多儿童使用的商品配有大量的广告歌曲，其实便利用了儿童喜欢模仿的心理特点。

广告歌曲的内容因广告目的不同而有所差别，在早期，大量的广告歌曲还是强调产品的名称和产品的特点，比如东芝、日立等企业的产品广告，后来慢慢由产品形象过渡到企业形象。

日本是广泛使用广告歌曲的国家，日本广告界曾对广告歌曲的效果进行专门调查，其结果如下：

（1）对广告歌曲的爱好度特别强烈；

（2）即使经过5年以上，仍能记住旋律的片段；

（3）爱好广告歌曲者以儿童为主；

（4）调查项目里列举的10支最佳广告歌曲，都是儿童爱唱的；

（5）广告歌曲可获得相当听众的支持；

（6）接触度（即播出次数）与记忆度一致，反复播的效果极强。

（7）好感度特强；

（8）风靡的广告歌曲中，按其类型可分为：家庭歌曲型、新式家庭歌曲型、冲击型、印象型、气氛型、旋律型。①

当然，广告歌曲不同于一般的歌曲，它有特殊的要求：

（1）广告歌曲必须简短、通俗，不能出现过于晦涩的词句。

（2）广告歌曲必须负载商品的信息，并且要符合品牌个性。

（3）歌词和曲调都应该通俗浅显、易记易唱易流传，特别要适合儿童传唱。

（4）广告歌曲必须个性鲜明，即旋律要独特，要活泼生动，而且还必须优美，不能怪腔怪调，引起反感。

（5）广告歌曲必须具有诱惑力和煽动性。

（6）广告歌曲最好能给听众一个委婉的承诺。

广告歌曲一般有两种形态：一是广告歌曲独立完成商品信息的传达，即广告本身就是一首歌；另一种是广告歌曲只是广告的一部分，只需要其中的一两个乐句，主要是为了体现出创意精髓，强调主信息，强化记忆点。

当然，上述标准不能死搬硬套。一般来说，无论是广告歌曲的创作还是广告创意，其参照系无非是四个：一是产品自身，二是竞争对手的广告策略，三

① 朱月昌著：《广播电视广告学》，厦门大学出版社2000年版，第90页。

是消费者需求，四是广告潮流。创意和广告歌曲的创作便是这四个参照系的交集。

下面是几则广告歌曲的歌词：

雪碧的广告歌曲

晶晶亮，透心凉！
我要雪碧，倍感愉快！
冰冻，解渴，向心中透。
晶亮，清凉，我要雪碧！

两面针牙膏的广告歌曲

女唱：清爽的晨风撩窗纱，
和声：刷刷刷！
女唱：甜甜的果香随风送，
和声：刷刷刷！
女唱：洁白的花儿开几朵，
和声：刷刷刷！
女唱：两面针串起，你我他。
和声：刷刷刷！

广告歌曲既可以从现成的音乐库中挑选，也可单独创作。

使用现成音乐的好处是：成本低；一般都是观众已经熟悉的音乐旋律，便于传唱。坏处是：一曲多用，丧失特色，甚至和其他品牌混淆。不拥有版权。

使用原创音乐的优势是：量身定做，能充分体现品牌个性；拥有版权，可以永久使用。劣势是：创作成本高；不利于短期迅速推广，传播成本高，风险大。

广告歌曲创作的常用方法有两种：一是纯音乐：用乐队、乐器原声伴奏，经典、大气、高雅，但成本高；二是MIDI电脑音乐：制作简单，富有现代感，但商业痕迹重。

当然，上述对广告歌曲的阐释，并不限于广播广告，对电视广告也同样适合。

第六节 广播广告声音三要素的结合

一、声音三要素的结合方式

广播广告中的人声、音乐、音响的组合方式有如下几种：

（一）只有人声，没有音响和音乐

这种形式简单明了，制作也简单，只是显得单调，没有感染力。

（二）音乐与人声配合

1. 以音乐开头，然后与人声混播；
2. 以人声开头，然后与音乐混播；
3. 音乐与人声相伴进行；
4. 人声和音乐交替出现：有助于形成一定的节奏。

（三）音响和人声相互配合

1. 以音响开头；
2. 音响和人声交替出现。

（四）音响、音乐和人声配合使用

1. 以音乐开头，穿插人声和音响；
2. 以音响开头，穿插人声和音乐；
3. 以人声开头，穿插音乐和音响。

二、声音三要素结合的注意事项

（一）三要素在节奏上和气氛上要保持一致

柔缓的音乐要配以缓慢的语速，悲壮的主题要配以悲壮的音乐。

（二）三要素衔接要自然、和谐

要衔接自然，一是要明白所选用的人声、音响、音乐在广告片中各自的作用是什么，在每一个时间段上他们之间是何种关系，比如音乐是对人声情绪的强化，而音响是对背景的烘托等，不能胡乱地堆砌在一起，使用任何元素都必须有明确的目的和意图。二是要找准衔接点，一般是在停顿处，即无声地方进行衔接，使用音乐时，必须保证音乐旋律的相对完整。

（三）充分利用停顿和间隙

停顿和间隙是在音乐中间、音响中间、人声之间的故意的停顿、延长和沉默，就好像是音乐的休止符，虽然不发声，但却可以起到意想不到的作用：

1. 为音乐、音响留出空间，有助于整体气氛的营造；
2. 给播音员和演员停顿、喘息的机会，照顾到节奏和抑扬顿挫；
3. 可以让听众在轻松的状态下接受广告讯息，理解广告内容，发挥他们的想象力。

（四）对于整支广告片来说，必须做到四个“一致”

音量大小一致，音色一致，速度一致，情绪一致。

下面是一则较好地使用了音响的公益广告：

《安全驾驶》

孩子：“妈妈，天是什么颜色的？”

母亲：“天啊，是蓝色的。”

加入小鸟鸣叫音效，2秒后加入人声，作为背景音响。

孩子：“妈妈，小鸟是什么颜色的呢？”

母亲：“小鸟啊，有好多好多颜色。”

背景音响停。

孩子：“好多好多颜色是什么颜色？好多好多颜色是什么颜色？……”

母亲：“就是那场车祸，孩子的眼睛失明了。那一年，她才两岁……”

男[旁白]：美好的生活需要色彩，文明驾驶，注重安全。①

---

① 刘英华著：《广播广告理论与实务教程》，中国传媒大学出版社2006年版，第182~183页。

【思考题】

1. 广播媒介的最本质的特征是什么?
2. 为什么广播广告的声音必须具有形象感?
3. 广播广告对人声、音乐、音响的基本要求是什么?
4. 为什么广告歌曲要有记忆度?

【本章实训】

1. 认真分析几支广播广告，分析其人声、音乐、音响相互之间的关系，以及各自的特色。

2. 尝试创做出一则广播广告，并对其声音进行仔细的设计。

第六章

广播广告创意与录制

本章教学目标提示：

1. 掌握广播广告的创意技巧和表现形式。

2. 掌握广播广告文案的基本要求。

3. 掌握话筒、调音台的基本使用方法。

4. 掌握录制人声的基本技巧，包括话筒质量、位置、噪音的处理。

5. 掌握修饰美化人声的基本技巧。

6. 掌握广播广告后期合成的技巧。

第一节　广播广告的创意

无论是电视广告还是广播广告，创意思维和创意技巧并没有本质区别，由于媒介的差异，两者创意方面的差异更多体现在表现形式的差异上。因此，本章所谈的广播广告创意，更多讲的是叙事技巧及其表现形式的问题。由于广播广告只能依靠声音进行传播，因此，无论是创意还是表现，都只能在声音上下功夫。广播广告创意主要表现形式有以下几种。

一、陈述式

陈述式也叫直白式。就是将广告所要传达的信息，直截了当地告诉给听众。这种形式的广播广告在广告的初期阶段比较盛行，现在使用得比较少。优点是比较简单、信息量大、内容很丰富，对于产品的目标购买群具有相当大的吸引力。目前很多的医疗广告还是采用这样的方式，其效果仍然很明显。但缺点是过于直白，缺乏趣味，甚至有自吹自擂的嫌疑。因此，为了避免形式上的过于单调，可以在编播和创意技巧上下工夫。

（一）编播上

在背景音乐或音响上做文章，配上比较有特色的音乐或音响，用音乐或音响的生动性来弥补形式上的过分单调。

（二）创意技巧层面

传达的主体不一定是人，也可以是动物，或者其他虚拟的卡通角色；传达方式上，可以采用新闻播报、电台播音、自言自语等方式；在内容处理上，可以编成诗歌、快板、顺口溜等方式来传达。下面这则广告便是用空乘播报的方式来宣传萨博汽车的“飞行秀”。

萨博陆上飞行秀

女（空乘）：女士们，先生们，萨博陆上飞行秀即将起飞，请观众席上的您再次确认已经系好声带与眼球。友情提醒：有摄像功能的手机请务必打开，以免错失良机，影响观影质量，导致终身遗憾。祝您飞行愉快，谢谢。Ladies and gentlemen……

男（旁白）：萨博陆上飞行秀，免费索票上海永达96818。人车合一，贴地飞行。

二、对话式

对话式广播广告就是由两个或两个以上的广告模特或播音员（通常为一男一女），采用对话的方式，在交谈中介绍产品的特点，来展现产品或服务的特色。

对话式广告由于采用自然人声，显得活泼亲切，富于幽默感。当然，对话也不仅限于人与人之间，也可以是人与动物、机器人、物体，甚至一人分饰两角，自己跟自己对话。

对话式广告常和双关、谐音、误会等创意手法混在一起使用。

耳之宝助听器

女：哎，我说几点了？

男：洗脸了。

女：什么洗脸了，我问你几点了？

男：太晚了！

女：嗨，看你耳背的。

男：什么？

女：耳之宝助听器！

男：听声辨位夹苍蝇，呵，还真让我夹到了！

旁白：耳目一新，耳之宝助听器！

三、场景式

这种形式借鉴了广播剧和小说等电台文艺节目，运用广播媒体“演播”这种独有的表现形式，通过两位或两位以上广告演员或播音员以表演的形式，把听众带到一个运用语言、音乐等综合因素营造的情境当中，在表演过程中，非常自然地推出所要宣传的产品或服务。它的特点类似于戏剧小品、广播剧、广播小品形式。大致可分为以下几种类型。

（一）生活小品式

将广播广告所要传达的讯息用类似生活片段的情节来表现，如果情节、对话设计巧妙，可产生一种亲近感和真实感。

天气预报篇

男："我看今天出门不用带伞。"

女："为什么？我看不行，这天看着玄！"

男："我爸那腰腿啊，一变天就疼，跟天气预报似的！"

电闪雷鸣下雨声。

男："哎呀，爸啊，今儿您这天气预报怎么不准啦？！你看我都淋透了！嘿哟！"

男爸："哎哎，来来来，换换衣服，别着凉。是不准了，我是用了解放军总参生产的魔带牌家庭治疗仪，这种仪器啊，对什么骨质增生、肩周炎，特别是我这老寒腿老寒腰啊，还挺管用！以后啊，我再也不干天气预报这活喽！"

加入优美轻快的背景音乐。

（二）动画小品：将动物拟人化

公益广告：龟兔赛跑

旁白：森林里正在举行寻宝大赛，国王想知道森林背后的山上是否藏着神秘的宝藏，谁先找到就有奖赏。（鸡叫声、绵羊声等背景音）

兔子和乌龟又分到了一组，这一次，小兔子吸取了教训，它不敢停留片刻，一路飞奔，终于最先达到了山顶。可是，它什么也没发现。（节奏打击乐）

小兔子回到国王面前说，"陛下，我第一个到达山顶，根本没有宝藏，看来你要失望了！"（小兔子拟声）

旁白：几天之后，乌龟回来了，它欣喜地说，"陛下，山上果然有宝藏，一路上我看到了透明的湖泊，碧绿的草甸和无数从来没见过的奇花异草，是个神奇的美丽世界。"（乌龟拟声）

陛下：哈哈哈，太好了，这就是我说的宝藏啊。

旁白：兔子拼命回忆着，可是它呀，跑得太快，以至于什么也不记得了。

旁白（男）：忙碌奔波，让我们忽略了身边的风景，学会偶尔停下脚步，去体会生活的美好！（悠闲口哨音）

（三）故事式

设置一个假想中的情况，围绕这一情境展开一个有趣的故事，用这个相对完整的小故事编织情节，并把这个情节告诉观众。

盼盼防撬门篇

（人物：甲——孙悟空；乙——太上老君）

甲：哈，太上老君府，待俺老孙再去弄把金丹尝尝。

乙：这猴子又来了，这回可有招对付他了。

（“当”）

甲：哎哟，好结实的门。哼，看俺老孙的手段，我撞——我撬——我钻——

（喘气声）

甲：这是什么法宝？

乙（笑声）：此乃老夫新装的盼盼防撬门是也，以后再也不怕你这泼猴了。

旁白：盼盼守门，放心出门。①

四、歌唱式

歌唱式广播广告就是把广告所要诉求的产品或服务信息以歌唱的方式表现出来，用优美动听的旋律表现广告内容，增强广告的感染力，也易于传唱，扩大传播效果。从形式上看，有的是全部广告词都谱上曲，而有的只是部分谱上曲。歌唱式广告也可以和其他形式的广告混合，使创意更具特色。

歌唱式广告特别适合做品牌等印象式广告。

五、曲艺式

主要包括戏曲式、评书式、快板式、相声式等。

（一）戏曲式

就是利用传统戏曲的表演和艺术手段来做广告，演员在音乐和锣鼓声中用唱段和道白的表演来传达广告信息。不过，戏曲形式的广播广告要注意唱段、唱腔在不同地区的普及程度，尽量采用消费者喜闻乐见的剧种和唱段；由于戏曲唱腔不太容易听明白，所以要少用唱腔，多用念白。

---

① 杨乃近著：《广播广告创作》，浙江大学出版社2005年版，第141~142页。

北京同仁堂形象广告

京戏伴奏背景音乐

老年女："哎，下一场可是重头戏。"

青年男："嗯！该咱上场啦！"

青年男（京戏念白）："老太太！怎么全烧了？！不就是药面粗了点吗？又不影响药效，值三百多两银子呢!!"

老年女：（京戏念白）"小三子呀，咱同仁堂金字招牌至今不倒，靠的就是信誉！还记得祖训吗？"

青年男（京戏念白）："不省人工，不减物力。"

背景音乐停

老年男："不省人工，不减物力。同修仁德，济世养生。"

大锣鼓响

旁白[男]："精工制药遵祖训，古韵今声写同仁。北京同仁堂。"

（二）评书式

评书式就是用说评书的方式将广告信息传达出来。

单田方的评书广告

女："评书《水浒外传》，本节目由单田方最新录制，中央台独家首播，宁波大红鹰经贸有限公司特约播出。"

古筝乐曲背景音乐

单田方（评书）："常品常饮老猎头，醇良美酒自温柔。清泉秘方仙人著，酿出好酒老猎头。"

背景音乐停

女："小说《童林传》八五折优惠听众，由单田方先生题字签名供你收藏，邮购全价99元。汇款请寄：北京26支局4号信箱。"

单田方（评书）："今天说一说：矿山工地一只虎，一汽解放双桥新九吨：大功率增压发动机，强化底盘，双桥承载，双轮驱动，什么坑坑洼洼、破路坏路全不怕。这正是：解放双桥新九吨，排山倒海不费劲。挣钱机器美名扬，多拉快跑真顺心。"

（三）快板式

以快板、数来宝、山东快书、三句半等通俗易懂、节奏紧凑的曲艺形式来制作广告，语言明快、唱词句式灵活多变，又讲究合辙押韵，很有娱乐性和幽默感。

公益广告：爱护墙面清洁

女：我是一面雪白的墙，天天站在街边儿上，本想平凡过一生，谁知很快变了样，今天贴张纸，明天写行字，治病、办证和卖房，我就变成了广告墙。

男女：让我们来打一套　还我漂漂拳

音乐：嘻唰唰嘻唰唰，洗掉野广告，嘻唰唰嘻唰唰，刷掉乱涂画。

男女：城市管理，人人有责。和谐家园，全民共建！

音乐：嘻唰唰 嘻唰唰 1 2 3 4……

（四）相声式

利用相声这种形式做广告非常普遍，相声是中国传统的曲艺艺术，为老百姓所喜闻乐见，听众很容易接受广告的信息。

保护消费者权益公益广告

鼓掌声

男甲："您知道《消费者权益保护法》吗？"

男乙："我听人念叨过，这跟我没啥关系！"

男甲："为什么呢？"

男乙："我这人呢，好脾气，我懒得理他们。"

观众笑声

男甲："那你要是买了一套西装穿了没几次领子就掉下来了。"

男乙："那还凉快呢！"

男甲："不理他们？"

男乙："我懒得理他们。"

观众笑声

男甲："那您要是买一冰箱，往屋里一搁它不制冷呢。"

男乙："只当买个大柜子。"

男甲："不往心里去？"

男乙："我懒得理他们。"

男甲："矿泉水喝完您直拉肚子呢。"

男乙："那还治便秘呢。"

观众笑声

男甲："您可真有两下子！"

男乙："我懒得理他们。"

男甲："那您要是买了一箱啤酒……"

男乙："那还治便秘呢。"

观众笑声

男甲："我还没说呢！"

男乙："早了点……你跟我说这没关系！"

男甲："谁说没关系，那啤酒噼里啪啦在屋里全炸了！"

男乙："我还能听响儿呢！"

男甲："那啤酒把你都炸坏了，你还不理他们？！"

男乙："那我就更不理他们了！"

男甲："怎么啦？"

男乙："我都上医院了。"

观众笑声

旁白[女]："亲爱的消费者，当你的权益受到侵害时，请不要忘记《消费者权益保护法》。"

六、韵文式

就是运用文字工整、韵律协调上口的曲艺、诗歌、顺口溜等形式来传达广告内容，使广告在节奏上显得明快、生动，增加娱乐性，易记易传。它又分为几种形式。

（一）诗歌式

指以优美抒情的语言，用诗体形式制作的广告。这种形式的广告具有朗朗上口、节奏鲜明、悦耳动听的特点。

公益广告：维护祖国统一

二胡凄婉背景音乐

男："看啊，月亮又圆了。"

女："真想回去看看家乡的圆月。"

男："四十年了，月圆月缺数不清多少回了。"

女："还记得那首诗吗？"

男："小时候，乡愁是一枚窄窄的船票，我在这头，故乡在那头。"

女："到现在，乡愁是一湾浅浅的海峡，我在这边，亲人在那边。"

男："是啊，该回家了。"

背景音乐换为《故乡的云》

旁白[男]：“中国人最讲究团圆，最重视家庭。我们都爱这方土地、这片家园，深记自己是华夏儿女、黄河子孙，为什么还要分隔在遥遥两岸！同盼祖国统一，同胞相聚，永不分离！”

（二）顺口溜式

公益广告：社会和谐，从一点儿做起

男：一点儿！

女：一点儿！

男：开车上路慢一点儿，交通法规牢记点儿！

女：买票排队自觉点儿，公共秩序遵守点儿！

男：一次性筷子少用点儿，环保意识提高点儿！

女：用电用水省一点儿，节约能耗贡献点儿！

男：待人接物微笑点儿，出现误会包容点儿！

女：深夜回家轻一点儿，医院病房安静点儿！

男：工作上班认真点儿，同事之间融洽点儿！

女：街坊邻居和睦点儿，有了困难帮助点儿！

男：夫妻之间理解点儿，吵架拌嘴少一点儿！

女：父母老人孝敬点儿，儿女晚辈关爱点儿！

男：科学文明崇尚点儿，封建陋习克服点儿！

女：彼此奉献多一点儿，幸福生活甜一点儿！

男：一点儿

女：一点儿

男：构建和谐社会靠大家！

女：从我做起，从一点儿做起！

（三）日记体式

3·12植树节公益广告

舒缓优美的背景音乐

女：“我的日记：2008年3月1日，晴，有大风。我心里有些不安。”

音乐停，加入风的呼啸声

女：“3月2号，晴天，伴有大风。3月3号，有沙尘暴。我心里焦急起来。3月4号，沙尘暴继续逗留在这个城市。2008年3月5号，沙尘暴仍在继续。我觉得，我该做些

什么。……”

风声停

男[旁白]：“3月12号，植树节，每个公民都应该植一棵树，你植了几棵？”

七、数字创意

完全利用数字上的比较来完成对产品的传达。

樱 花 电 器

女：睡觉26度

洗澡42度（洗澡声）

泡茶85度（泡茶声）

家人的欢笑100度（欢笑声）

就在这一刻，我把家热起来了！

旁白：发现生活的情趣，樱花电器！

八、利用时间地点进行创意

比如相同的时间，不同的但有内在关联的地点正在发生的事情；或相同的地点，在不同的时间发生的事情；或者是同一个人，在相同的地点、不同的时间发生的事情。这种手法结构工整，能够拓展不同的空间、时间或人生的不同侧面，容易引起共鸣。

中国电信：奥运篇

男生独白：早上8点，在北京上班的你是不是感到有点拥堵呢？（轿车喇叭声）

这时，悉尼已经10点了，你乘坐的游艇正缓缓经过悉尼歌剧院。（潺潺水流声）

亚特兰大呢，时钟指向了晚上8点，吃过晚餐的你，正在给儿子洗澡。（小孩戏水）

如果身在雅典和巴塞罗那，那儿正是凌晨，酣然沉睡的你，有没有梦到我？（夏蝉鸣叫）

时空转变，越来越多的城市留下奥运的痕迹；

岁月交替，越来越多的人涌向北京。

2008北京奥运，2008中国电信！

九、综合式广播广告

即综合运用上文所列举的广告手法，使广告形式更加丰富，不再显得单调，增加广告的趣味性。

雀巢咖啡广告

[音乐起，压混]女："时钟悄悄告诉我，已是休息的时候。来一杯香浓的雀巢咖啡，好吗？"

女[唱]："啊，从什么时候开始，我们开始享受这份情趣，在这温馨的世界里，陪伴我们。"……[音乐压混]

女："怎么样？"

男："味道好极了！"

女[唱]："是雀巢咖啡。"

男："雀巢咖啡。"

这条广告既有陈述，也有对话，还有歌唱，把三者自然地结合了起来。①

以上所列举的只是广播广告一些基本的创意表现手法，这些方法主要目的是为了增加广告的趣味性和吸引力，让听众能有滋有味地听下去，而且这些手法只是一些实践经验的总结，不能将此作为教条，学习者除了熟悉掌握这些手法外，更多需要从生活中获取更好的、更鲜活的表达技巧，并且能够与目标听众的收听习惯、产品的诉求内容紧密结合，这才是终极目的。

第二节　录制准备

一、审核广告文案

广播广告的主题讲究准确，鲜明，单一，独特，易记。这是由广播广告的特点所决定的。任何广告的主题都要首先准确，鲜明。广告的主题要求单一、集中、重

① 刘英华著：《广播广告理论与实务教程》，中国传媒大学出版社2006年出版，第203~214页。

点突出。因为广播广告只有单一的听觉诉求，只有单一的主题才能吸引听众的注意。

广告文案的写作要符合以下几个要求：

（一）通俗口语，便于播音

广播语言应该口语化和规范化，尽量不用或少用方言，要合理断句，多使用流畅的短词、短句，减少语气、语速处理的麻烦。

（二）形象生动，亲切感人

广播广告的内容要具体生动，语言要形象活泼，有生活气息，少做作，少粉饰，不要夸张和空洞。

（三）提示商标，适度重复

商标是消费者指牌认购的依据，也是广告文案中一个基本的重要信息。一般在文案的开头或结尾处，要给听众提示产品的商标，让听众记住，才能促进销售。同时，对其他一些重要或关键的信息内容也要进行适当重复。

另外，受广播广告规格的限制，按照每分钟170字普通语速计算，30秒可容纳85个字，15秒容纳45个字，5秒最多容纳15个字。而且，受广播媒介特性的限制，只有声音，无法表现产品的直观印象，这就需要文案人员用更有力的技巧来传达商品的内在意蕴。

二、检查、调试制作设备

广播广告的文案修改完成后，就进入广播广告的制作阶段。首先要检查调试制作设备。广播广告录制设备有多重选择。

（一）传声器

传声器也叫拾音器、送话器、微音器、麦克风，就是俗称的话筒。它是将声音转化成相应电信号的器件。在广播广告录制过程中，语言的演播、音乐的录制与保存、音效的制作，这些原始声源的输入口就是话筒。传声器要选择合理，使用得当，否则都会直接或间接影响节目质量。传声器的种类很多，广播广告录制过程中常用的有动圈式传声器、电容式传声器、驻极体式电容传声器等。[①]

① 郑智斌、李广成、李和平编著：《电波广告实务》，中国广播电视出版社2003版，第151页。

动圈式传声器是一种普及性传声器，它的灵敏度低，频响窄，不能满足专业的要求。

电容式传声器的质量指标很高，具有体积小巧、灵敏度高、频响平直、瞬态响应好、音质柔和、音色自然等一系列优点，但工艺复杂，成本高，经不起剧烈震动，容易损坏。由于这些特点，它比较适用于广播、电视节目制作中的高保真录音，以及剧院、音乐厅的传声，也常作为精密的声学测量的基准。

驻极体式电容传声器是利用能够永远保持电荷的物质来制成电荷的两极，由于省去了电源，可以简化电路，使设备小型化，降低了造价，所以它具有话筒体积小、重量轻、电声性能好、结构简单、价格低廉等特点，广泛用于录音机、电话机、无线话筒、电子玩具及声控设备等电路中，是最为常用的电容式传声器。

传声器的选择并不是越高级越好，要根据录制广告节目的要求和录制的场所，合理地选择，以获得较好的音质效果。同时，要根据人员的位置和录制的场所，选择不同的指向性的传声器。

（二）录音机

使用录音机及磁带作为声音载体的方式。目前广播广告制作中，已经相对少见。

（三）调音台

调音台是对多路声音信号进行不同处理，加工与美化的设备。录制节目时，各种信号源经不同的输入接口送至调音台，经混合后产生一路（或几路）信号输出。（见图6–2–1）

检查完传声器之后，就需要对调音台进行调整和检查，确保其输入部分、输出部分和监测监听部分的工作正常。

图6–2–1 调音台图片

三、选择、确定演播人员

人有各种面相，从声学上说，人的声音也各有其声相。不同的人的声音，在音色、音高等方面的素质不尽相同，由此所呈现出来的人的声音形象也不相同。因此，要对广播广告的演播人员进行选择。

首先要考虑语声的差异和特点。语声存在性别特点。多数情况下，男性的声音形象有助于创造出较为大气、雄厚的商品和企业的形象，比较适合表现汽车、重工、酒类等商品。而女性的声音形象则比较适合表现化妆品、护肤品、洗涤用品、家居饰品等比较软性的商品。语声也存在年龄差异。要恰当地选择使用婴幼儿、青年、中年、老年的声音形象。

其次，要使得语声选择与广告意境相符合。演播员的语言风格要根据广告的风格和特点，调整自己的语声语调。而不同的意境也需要声音形象的典型性和独特性。在选择确定演播人员时要从这些方面综合考虑，挑选最合适的声音形象，为后面的录制做好准备工作。①

第三节　录制及合成

一、前期语言、人声录制

人的声音由三部分的发声混成：胸、嘴、鼻。

胸：胸腔基本上是一个大共鸣箱，它产生了语音中大部分的低音。

嘴：嘴、牙齿和嘴唇负责发出字的语音，并产生中、高频率，而且集中在脸朝向的方向。

鼻子：发出大量的“气”，不是说话时，而是呼吸时产生的，方向是朝下的。因此，在进行人声录制时，需做好下面的工作。

（一）精选话筒并选择好摆放位置

录制人声时，首选高品质的电容话筒。因为电容话筒的灵敏度高，频带宽，

① 郑智斌、李广成、李和平编著：《电波广告实务》，中国广播电视出版2003版，第164页。

人声细节表达力强，能录制出充满空气感，且具闪亮音质的声音。话筒摆放的基本位置是距演播者脸部20cm左右处，与其嘴部同高。这种话筒摆放位置趋向于突出3kHz左右较高的中频段，可得到活泼且清晰的声音。还可以将话筒放置在演播者前面35cm左右的地方，并将其悬挂起来正好在其头部的前方。这种方式还可避免由于空气急速流动而产生“噗噗”声或其他噪声，有时需要增加防风罩，以进一步减少气流对话筒的冲击。录音时还必须靠仔细监听，一点一点地调节话筒位置，直到获得满意的声音为止。如需模拟出空间感和距离感，可让演播者侧向、背向话筒演播，以减少话筒的高频拾取。当然，一般情况下，演播者要始终面对传声器。还要注意演播者与传声器保持相对固定的距离。不能与传声器忽远忽近，否则录制出来的声音时轻时重；也不能低着头看广告文稿，或者虽然头与传声器平行，传声器却被文稿挡住，使得声音发闷，不清晰。正确的方法是头正，嘴平，用眼睛的余光侧视文稿。同时，适当调整嘴与传声器的前后距离可产生声音的纵深感和层次感，而适当调整嘴与传声器的左右距离则可产生一定的方位感。

另外，话筒的使用数量越多，串音越严重，声像位置也越难调准。一般4人以下的普通音量演播，可以每人一个话筒，话筒的间距为演播者与话筒距离的3倍以上。有的广告剧情场面比较大，可采用主立体声话筒录音法或多路话筒、多声轨录音后期合成法等，通过加隔音板、帐幕、用隔离小室等办法减小串音。每种录音方法和制式都有各自的优点和使用范围，具体采用哪种录音方法可根据录音场地灵活运用。录制过程中，当想对人声信号中的峰值电平进行处理时，反应延时会导致错过处理机会，所以，进行压缩是最有效的方法。所谓压缩就是对声音的峰值进行设定，超过这个设定，声音的波形就会被压缩，从而避免声音过量失真（常说的爆音）的情况出现，也有利于保护扬声器不会因声音过量而被烧毁。若演播者在话筒使用方面训练有素，则只要使用少量的压缩处理（压缩率为2∶1，门限值为0dB）就可有非常好的效果。而对话筒缺乏控制能力的演播者，就需要使用大一些的压缩处理，例如3∶1、5∶1的压缩率，门限值调整为−5dB左右。

触发时间和解除时间参数的设置要根据语言的节奏来定。通常是将触发时间设置得比较快，而解除时间较慢。

（二）美化和修饰人声

在对人声的美化、修饰上，可以通过调音台上面的输入通道中的四段均衡器，对音色进行频率处理，来提高音色的艺术表现力。调音台上的四段均衡器分为：HF：6 kHz~16 kHz，影响音色的表现力、解析力。MID HF：600Hz~6 kHz，影响音色的明亮度、清晰度。MID LF：200Hz~600Hz，影响音色的力度和结实度。LF：20Hz~200Hz，影响音色的浑厚度和丰满度。经过压缩和均衡后，人声的响度和音色都有了明显的提升，可是听上去却缺乏活力和动态的变化。解决的方法是把人声的信号分成相同的两路，一路不做压缩直接送入调音台；另一路通过压缩器后再进入调音台。对不压缩的那一路信号，做均衡和混响处理。对压缩后的那一路信号，不仅做深度压缩，高频也用均衡器大幅度提升。然后在混音时，以未压缩的那路信号为主，将压缩过那一路电平慢慢提升，直到听起来能为人声添加足够的清晰度和现场感为止。经这样处理后，人声出来的效果既自然，又明亮，配乐不会掩盖人声。

使用激励器对人声进行处理，可以提高声音的穿透力，增加声音的空间感。虽然激励器只给声音增加了0.5dB左右的谐波成分，但可听性和表现力都得到了提高。不但使声音更加悦耳动听，而且降低了听音疲劳，增加了响度，改善了声音的定位和层次感。还可以提高重放声音的音质及磁带的复制率。①

（三）掌握交流对象

录音时，演播者实际上是与他面前那个想象的听众进行面对面的交流。即使与其他演播者同时进行对白演播，也只能凭耳朵听，眼睛必须看文稿。因此，演播者要把传声器想象成一个活生生的“人”，想象出相应的表情、动作，而且有必要通过自身的形体动作（如拍打、摇晃等）来表达广告文案中规定的行为。总之，演播者要在感觉、感情上全方位投入，才能创造出交流的对象感。

二、后期合成

（一）精选音响

广播广告中使用的音响和一般广播节目中使用的音响有所不同。从音响的内容和类型上讲，它都比较简单，因为广告中所采用的音响都必须和广告商品有直接或间接的联系。从音响的内容及其采制的方法来看，主要有两大类：

一是客观声响。包括自然界和人物发出的两种。这类声响在广播广告中使用最多,而且多以直接录制的方式得到。这两种声音常用来做广告语声的背景声，有时也会成为广告的主题声音。选择客观声响要能够点明语声发出的环境、烘

---

① 王红军：《广播广告的录制技术》，《广播与电视技术》2005年第3期。

托总体气氛、提示产品内涵、强化语声感染力，要起到说明和再现的作用。

二是特别制作的声响。为了迎合不同广告商品的特殊需要，有时会通过各种声音特技制作需要的音响。比如，现实生活中并不存在的诸如外星人的语言、太空环境中的声音等任何想象出来的非客观的声响，以及各种模拟的机械声响，如刹车声、钟摆声、喀嚓声等。选择这样的声响可以用来辅助传达产品或环境的特点，解释产品的内在，起到表现作用。

（二）设计选配音乐

音乐能丰满广告形体，活跃广告气氛，唤起听众注意，增强广告的吸引力。因此，在广播广告合成时，要充分发挥音乐的特长和作用。首先，要选用广大听众喜闻乐听的音乐；其次，要使音乐的主题、风格与广告的内涵基本一致。在设计音乐时既要考虑产品的个性与风格，也要考虑整支广告的个性与风格，使音乐与产品对位、和谐，也使音乐与整支广告主题统一，旋律合拍。在制作广告音乐尤其是广告歌曲时，最重要的是对广告主的商品进行准确的分析，获得真切的心理感受，将这种敏锐的感觉通过声音、音响加以表达和强调，这样被创造出来的声音，才能够比自然的声音更有力。

广播广告的音乐，是一种由有组织的乐音形成的声音系统，是一种有很强表现力和感染力的艺术手段，它的基本构成要素是声音的旋律和节奏。可参考前文广告影片的音乐选择部分。广告音乐可以用来表现产品的印象、个性和形象，并起到揭示广告主题的作用。比如，一则广告开头用了“古色古香”的乐曲，可能就是在引导和暗示听众这则广告中的商品主角历史悠久的形象。

为广播广告选配合适的音乐，就是要使得选择的音乐既能够辅助语声说明，又可以渲染广告气氛，表现和深化主题，而且能够强化广告的记忆效果。

（三）合成技巧

广播广告的人声、音乐和音响三者的组合，并不是简单的相叠加，而是互相协调、高度配合，以保持节奏、气氛和内涵的和谐，才能达到最佳的听觉效果。在实际操作中，人声、音乐和音响出现于广告的哪个时间并无统一的规定。

合成时，通常把声轨分为：广告语轨、外采素材轨、剧情演播轨、效果轨和音乐轨。这样，既可以对各种声音进行单独处理，也能够方便地调整各声轨之间的比例，使声音更具立体感和层次感。例如，有时外采素材轨中的噪音太大，外采声听不清楚，这时就必须进行降噪处理。有些噪音可能是由于电磁场干扰引起的，其频率成分比较集中，或者是高频噪音，或者是低频噪音。对于这类噪音，使用低通均衡器或者高通均衡器进行降噪处理。而有的则属于背景噪音或者两者都有，这时就必须借助于专门的降噪效果器来降噪了。首先利用降噪效果器采集一段纯噪声样本，然后用这个噪声样本与要修改的外采声进行相位抵消操作，这样，外采声就清晰多了，噪音也基本上听不出来了。①

1. 音乐前导

音乐前导指在语言段落转换时，后一个段落的音乐提前出现在前一个语言段落的尾部，音乐前导强调了未来的气氛、环境变化，预示了广告创意的发展。这样比较容易激发听众的情绪，容易形成感染力。例如，在第七届全国广告节获奖作品《善存片》的广告中，钢琴曲《致爱丽丝》第一乐句的引入显得柔顺，自然，贴切。②

《善存片》广告

男：钢琴的每个键都有它特殊的功能，把每一个清亮的音聚在一起，才能奏出完美的乐章……健康又何尝不是这样？某一种维生素或矿物质的缺乏，就可能让您的生命乐章青涩暗哑。这个时候，您需要的正是“善存片”。

（音乐起）

女：善存片，富含30种维生素和矿物质，补充每日膳食无法摄取的营养元素，使您的表现更出色。

男：善存片，源自美国，全面照顾。

2. 音响滞后

指在语言段落转换后，前一个段落中出现的音响一直延续到后一个段落的开始处，音响效果的延续能引发出人们对广告内容深切关注与反思。

3. 音乐淡入淡出

除了主题音乐要饱满外，其他与情境交融的背景音乐、抒情音乐最好用淡入淡出的方法来处理，让它充满整个声场。可以在背景音乐通路中加一些混响，使之与语言分别位于立体声声场中的不同深度层面上。处理的方法是：把同一段音乐分别录两轨，一轨是原始音乐，另一轨是加了适当混响的，两轨音乐同步叠置。有语言需要突出的地方，就用有混响那一轨的音乐；需要音乐突出的段落，再推原始音乐。这样既保证有足够的气氛，音乐又不会遮盖语言。

---

① 王红军：《广播广告的录制技术》，《广播与电视技术》2005年第3期。

② 郑智斌、李广成、李和平编著：《电波广告实务》，中国广播电视出版社2003版，第87页。

4. 音响效果的夸张处理

为了强调和突出某些细节的重要性，将现实生活中的音效进行放大，并加入少量的混响，与前面弱处理的音效形成强烈对比或造成巨大的反差，把听众的注意力一下牢牢抓住。

特别制作的音响效果与产品间的关系应该是直接的。利用声音特技如电子发声器、混响器等模拟制作的特别音响效果，使声音变质，或造成神奇、幽默、荒诞的效果，往往能吸引听众的注意，对加深广告印象有帮助，但这种夸张处理过的音响一般都缺乏听觉的魅力，容易引起反感，要慎用。①

总体合成时，录音人员的工作就是要通过技术和艺术的结合，使广播广告中的人声、音响、音乐水乳交融地结合起来，使之成为一个具有完整声音形式的艺术品，使广告创意得以实现。因此需要录制人员思想上高度重视这项工作，既要有精益求精的工作态度，还需要录制人员熟悉各种合成技术，深谙合成艺术。只有精雕细琢、精益求精，才能制作出完美的广播广告作品。

【本章实训】

1. 进行实地观摩，了解广播广告的录制过程和技巧。
2. 自己动手创作并录制几则广播广告，并注意对人声、音乐和音效的使用。

① 郑智斌、李广成、李和平编著：《电波广告实务》，中国广播电视出版社2003版，第82页。

第七章

全媒体时代的广播电视广告

本章教学目标提示：

1．掌握全媒体这一核心概念。

2．掌握全媒体时代消费者决策机制发生了怎样的变化。

3．掌握广播如何应对全媒体的挑战。

4．掌握电视广告在全媒体时代发生了怎样的变化。

第一节　全媒体时代的营销

一、全媒体与大数据体系下的广告营销

随着媒介的发展和信息渠道的多样化，广播、电视的功能和地位已经发生了很大改变。我们已不再能够以传统眼光去看待广播和电视，特别是承担着营销功能的广播、电视广告更是如此。在全媒体时代，媒介的复杂化和多元化带来的另一个根本问题是营销理念的改变，更涉及广播、电视在营销战略中的功能和地位的变化，并进而对广告创意、执行以及媒介策略产生根本性的影响。

（一）全媒体概念

目前学界对全媒体并没有一个确切的定义。因为这个概念既指媒介自身的丰富变化，也隐含着由媒介形态变化所导致的传播模式的变化，因此，本书对“全媒体”做一尝试性定义：

全媒体是指媒介信息传播采用文字、声音、影像、动画、网页等多种媒体表现手段（多媒体），利用广播、电视、音像、电影、出版、报纸、杂志、网站、移动终端等不同媒介形态，通过融合的广电网络、电信网络以及互联网络进行传播（三网融合），最终实现用户以电视、电脑、手机等多种终端均可完成信息的融合接收（三屏合一），实现任何人、任何时间、任何地点、以任何终端获得自己想要的信息，还能同步实现信息的再传播的现代媒介形态。

（二）大数据体系下的广告营销

全媒体时代的本质是大技术时代、大数据时代。

最早提出“大数据时代已经到来”的机构是全球知名咨询公司麦肯锡。2011年，麦肯锡在题为《海量数据，创新、竞争和提高生成率的下一个新领域》的研究报告中指出，数据已经渗透到每一个行业和业务职能领域，逐渐成为重要的生产因素；而人们对于海量数据的运用将预示着新一波生产率增长和消费者盈余浪潮的到来。

至于何为“大数据”，麦肯锡全球研究所认为，我们并不需要给“什么是大数据”一个具体的尺寸，因为随着技术的进步，这个尺寸本身就在不断增大，

而且对于各个不同的领域，“大”的定义也不尽相同，无需统一。[1]

在广告营销体系中，大数据扮演着重要的角色，在消解传统体系的同时，孕育着全新的广告营销模式。

数据为广告决策提供依据，大量广告与营销机构建立起自身的信息系统和数据库，然后制定决策模型。索福瑞收听率调查机构、CTR 的广告投放监测，AC尼尔森零售研究等都建有数据库。这些数据库的建立以及数据分析，保证了广告与营销操作的科学化。国际知名广告公司电通自建的数据库包括广告作品数据库、媒体接触数据库、广告效果数据库等。基于这些数据库，电通建立了 CSP 模式，为有效地制订媒体计划方案提供了科学的工具。（见图 7-1-1）

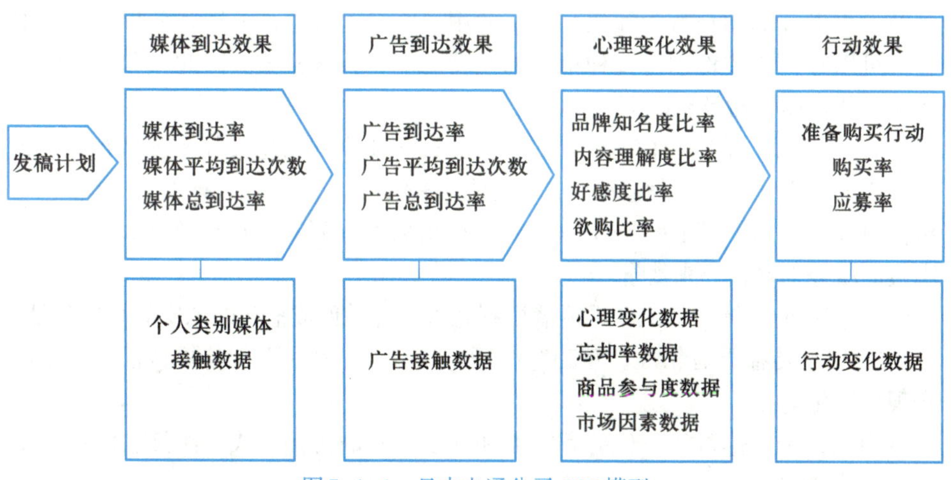

图 7-1-1　日本电通公司 CSP 模型

二、全媒体时代广告营销的变化

（一）传播方式的变化：从规模传播到规模传播和精准传播并存

在以电视、广播、报纸、杂志等为主的大众传播时代，由于受众是一个相对模糊的概念，他们个体的资料，特别是媒体使用痕迹无法保留，对其信息消费的捕捉和分析变得非常困难，同时，受众对信息的及时反馈、传播机制也没有建立起来。因此，对于媒介组织来说，受众是一个相对模糊的群体，只能对它们进行“一对多”的规模化传播。这种一对多的规模化传播能够在短时间内

---

① 涂子沛著：《大数据：正在到来的数据革命》，广西师范大学出版社 2012 年版。

实现轰动效应，实现知名度的扩展，其信息的到达率非常高。

一对多传播的主要特点有：

1. 受众群体模糊，信息针对性、尖锐性不够，信息流向是由传者到受众的单向传播。在这样的传播模式中，其传播效果通常用到达率来进行衡量，当然，这样的到达率本身是无法精确的。

2. 信息的反馈、加工、再传播机制无法建立，导致信息的二次扩散效应差。

3. 信息传播具有规模效应，能在短时间内实现轰动效应，甚至实现品牌知名度的传达。

和大众传播时代相反，互联网、手机终端和数字电视等新媒体在使用中都会留下可追踪的用户行为和相对真实的用户资料等痕迹，利用并分析这样的痕迹，可以轻而易举地创建各种精准和互动的广告营销模式。因此，和大众传播相比，新媒体传播具有以下一些特征。

1. 受众群体清晰，信息的针对性强。由于受众的信息接收轨迹具有可捕捉和分析的特点，因此，信息的针对性很强，接受度很高。在这样的传播模式下，传播效果通常用“点击率”“转发率”（比如微博、微信）以及“转化率”（比如淘宝商城等）等指标来衡量。

2. 信息的反馈、加工、再传播机制完善，容易形成信息的二次和多次传播。

3. 信息传播具有精准、互动等特征，具有“一对一”的传播特征，但难以实现规模化传播。

因此，全媒体时代不仅应有精准和互动等新的传播方式，而且应保留传统的规模传播方式，两者互为补充。

（二）消费者决策机制的变化：从AIDMA模型到AISAS模型

在大众传媒时代，消费者的购买行为主要由图7-1-2所示五个步骤构成，即AIDMA模型。

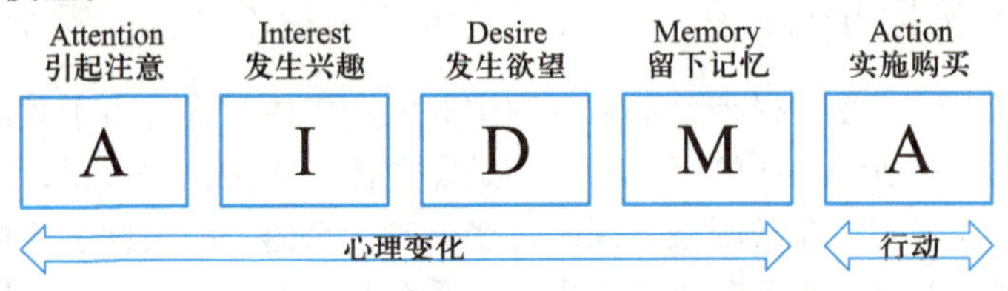

图7-1-2　AIDMA模型

AIDMA模型是20世纪30年代美国营销学专家洛兰德·霍尔提出来的。他认为消费者对广告信息的接受经历了五个阶段：第一阶段是广告信息引起了消费者注意（Attention）；第二阶段是在引起注意的基础上发生了兴趣（Interest）；

第三阶段便是产生购买的欲望（Desire），购买欲望的产生也可能与当下的需求有关系；第四阶段是记住了广告的信息（Memory）；第五阶段则是根据记忆的信息实施购买行为（Action）。广告信息对消费者的刺激是一个逐步深入的过程。但认真思考，可以发现这个模型缺少了几个环节，比如消费者对信息的收集和甄别、比较的环节，以及消费者实施购买行为后的信息反馈环节。而这两个环节无论对于购买行为是否产生，以及消费口碑是否形成都至关重要。因此，该模式建立在大众传媒时代信息单向传输的前提之下，也就是说在这样的时代，消费者只是信息的被动接受者，而不是信息的主动接受者，更不是信息的发布者。

但在全媒体时代，消费者已不再是信息的被动接受者，由于互联网、手机等新的互动型媒体的兴起，消费者信息的搜索成本已大大降低，甚至已是零成本，同时，消费者对信息的甄别能力已大大加强，媒体的互动性和廉价性特点不仅使消费者的主动性增强，也使他们本身成为信息的传播源，成为信息的加工者和传播者，成为一种新的媒介。因此，在这种媒介环境下，消费者的购买行为已发生根本变化，即从AIDMA模型转变为AISAS模型（见图7-1-3）。

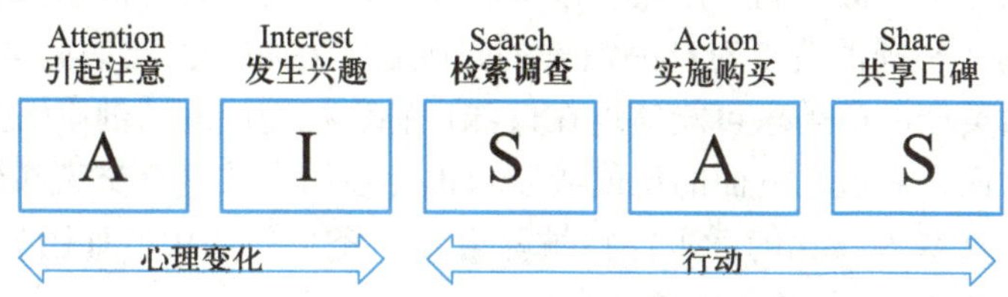

图7-1-3　AISAS模型

AISAS模型是由日本电通公司2004年首次提出的。AISAS模型充分考虑到了互联网、手机、博客等新兴媒体给消费者购买行为带来的深刻变化，不再将消费者看成信息的被动接受者，而是看成信息的参与者、制造者和共享者。

AISAS模型也由五个步骤构成：先是引起注意（Attention），然后慢慢产生兴趣（Interest），在产生兴趣的基础上消费者进行信息的检索和分析（Search），特别是借助互联网、手机等新兴媒体进行信息的检索和搜集，在此基础上实施购买行为（Action），最后再把自己的消费体验通过手机、互联网、博客、QQ、微博、微信等方式进行传播，与其他消费者进行信息的共享（Share）。这就是在新的媒体环境下消费者决策购买行为系统的新的变化。

我们可以比较一下AIDMA模型到AISAS模型的主要区别，AISAS模型在第三个环节加入了信息的检索和搜集，强化了网络时代消费者的主动性，同时也增加了第五个环节即共享环节，消费者可以利用各种工具，比如手机、博客、网络留言、QQ、微博、微信等方式将自己对产品的体验、看法及时地传播出去，形成一个新的信息传播源，从而产生口碑效应。这两个环节都是全媒体时代消费者购买决策系统的最显著的变化。

（三）营销理念的变化：从单点诉求到多点诉求

大众媒体的传统广告通常只在一个定位点上进行创意并发挥作用，新媒体广告则根据细分市场的受众需求在产品多个利益点上铺排。根据CTR市场研究调查，广告主对广告传播需求是多元化的，除了常见的品牌或产品利益点的宣传外，还有渠道建设、公关、融资、帮助自身团队建设等多方面的需求，而且每个广告主在不同时期各类需求的比重分布又有很大不同。（见表7–1–1）

表7–1–1　广告主对广告的需求比例数值表

需求	品牌建设	产品销售	渠道建设	公关宣传	融资	团队建设	其他
比例	95%	81%	61%	32%	21%	12%	3%

在产品宣传方面，同一产品有很多利益点，不同消费者对不同利益点的需求显然不同，不同消费者对产品消费的贡献也不尽相同。比如酒类产品广告，消费者对酒类产品的需求可能体现在口味口感、社交应酬、健康安全、收藏投资等几个方面，对这几方面的价值或要求也存在相当的重合交叉部分。但在传统媒体上，这些多样化的诉求往往被融合在一条广告当中，如图7–1–4所示，其诉求点只能是几个圆圈的重叠黑影部分。

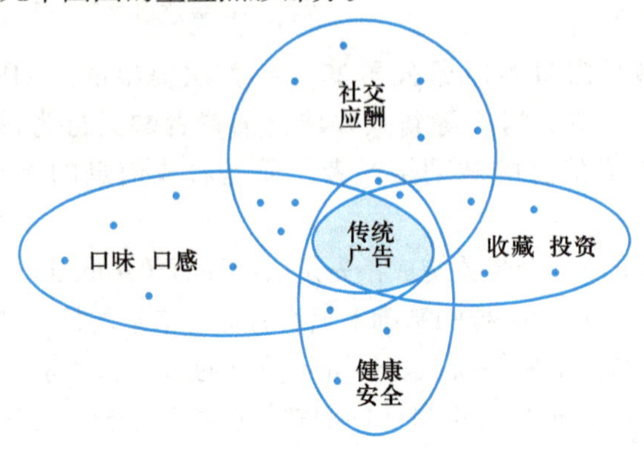

图7–1–4　传统广告的诉求

由此，要让一条广告的着力点满足所有消费需求，势必会丢掉一些个性，保留更多共性，这种广告是以牺牲个性化需求为代价的，这就是大众媒体时代广告基本的创意和传播策略。而全媒体时代则突破了这些局限性。

第二节　全媒体时代的广播广告

广播作为传统媒体，具有覆盖面广、制作成本低、公信力高的优点，但和新兴媒体相比，在信息传播的精准性、互动性上有所欠缺。因此，在全媒体时代，如何在保证其规模化的前提下，实现广播媒体的精准化、互动性传播，便是广播媒体必须面临的挑战。

我们需要先理解精准化和互动化传播的本质是什么？其本质是对广告主和受众的需求，以及产品利益点能够做到精准把握和细分，同时准确、及时、高效地应对这些需求。它体现出两个维度：一是在需求上必须做细分；二是在时间维度上反应迅速及时，能够及时满足这些需求。

与电视、杂志、报纸等媒体相比，广播广告在精准和互动传播方面具有先天优势：一是低成本制作，可以实现多版本发布，使广告在更多的着力点发力，应对不同细分的精准需求；二是发播迅速，可以针对事件和时机进行即时营销；三是可根据广告播出效果反馈及时调整广告内容，做到内容与需求的实时互动。而电视广告的制作成本制作周期都很长，杂志报纸等平面媒体又具有定时周期性刊发的特点，因此广播媒体全天多版本广告的滚动更新最容易实现。这也是全媒体时代广播广告实现精准化、互动化营销的最核心策略。

通常情况下，一个15秒的广播广告只能容纳60个字，表达一个诉求，但是若一天内根据广告主不同需求制作出多个版本，广播广告就可容纳下无限多个字，即在一天内传输了$n\times 60$个字的信息量，这些版本还可以根据消费者在阶层、年龄、性别等方面的差异量身定制，并且每一版本还可以分别从“认知、情感、行动”三个环节着力去影响消费者，从而实现精准传播的要求。

中央人民广播电台曾经根据这样的理念实现了广播广告的精准和互动传播。以下三个表格是该台根据广告主提供的用户反馈数据而制作的多个关于酒类广告的版本，以及这些不同版本在三周内不同的播出时段（见表7–2–1、表7–2–2、表7–2–3）。

表7–2–1　第一周

播出时间	第一周 8点位7版本广告
8:05	产品品牌版A
9:05	产品利益版B
11:05	产品利益版C
12:05	产品利益版D

续表

播出时间	第一周 8点位7版本广告
15:05	产品品牌版A
16:05	产品利益版E
17:05	产品利益版F
18:05	产品利益版G

表7-2-2 第 二 周

播出时间	第二周 8点位3版本广告
8:05	产品品牌版A+
9:05	产品利益版C+
11:05	产品利益版F
12:05	产品品牌版A+
15:05	产品利益版C+
16:05	产品利益版F
17:05	产品利益版F
18:05	产品品牌版A+

表7-2-3 第 三 周

播出时间	第三周 8点位3版本广告
8:05	产品品牌版A++
8:12	产品品牌版A++
11:05	产品利益版F
11:08	产品利益版F
15:05	产品利益版C+
15:15	产品利益版C+
18:05	产品品牌版A++
18:20	产品利益版C+

不难看出,关于利益诉求广播广告就有7个版本,关于品牌诉求的版本有3个。因此，同一种酒的广告，便有10个不同的版本在不同时段播出。

从编播上来看，第一周，广告主每天在8个固定点位播出了包含宣传和产品不同利益点的7个广告版本（见表7-2-1）；第二周，广告主通过来自听众、消费者、经销商等各渠道的反馈以及对热线电话呼入量、产品销售情况的分析，选择出性价比高的3个广告版本，经过进一步优化修改后分别安排8个固定点位重点播出（见表7-2-2）；第三周，通过对第一周、第二周不同点位不同版本广告效果的综合分析，广告主选择出了效果最明显且性价比高的4个点位8个增强型版本进行播出（见表7-2-3）。这个根据广告主体验效果调整矫正的互动型广告投放模式，已经在中央电台中国之声、经济之声两套频率中大规模运用。[①]

因此，利用广播媒体的低成本制作和发播迅速等优势，根据广告主的不同需求比重、产品的利益点侧重、受众或消费者人群的特点进行多版本广告的制作和播出，并根据信息反馈进行调整和优化，进而实现广播广告在着力点上的精准投放，在时间维度上的灵活互动，是全媒体时代广播广告应对新媒体挑战的重要策略。

第三节 全媒体时代的影视广告

全媒体时代，电视广告的播出平台早已不再局限于传统电视，网络、手机、影院以及户外LED屏等都是其播出平台，因此，无论是广告类型，还是传播方式都呈现出多样化的趋势。本节将对新媒体环境下电视广告的主要类型做些简单的介绍。

一、植入式广告

传统的植入式广告主要指在影视作品中进行广告的植入，主要有场景植入、对白植入、情节植入和形象植入。场景植入是一种比较消极被动的植入方式，受影视情节跌宕与环境背景层次，以及镜头停留时间长短的影响，只有知名度高的品牌，才能通过这种方式进入观众视野，在电影《非诚勿扰Ⅱ》中秦奋（葛优饰）向笑笑（舒淇饰）求婚的场景是北京的慕田峪长城，便是一个典型的场景式植入。同样，影片中的对白植入也很多，比如秦奋和笑笑来到旅游度假村的第二天一大早，便有快递人员敲门，当笑笑开门后，快递人员便说："我是淘宝的工作人员，你先生定的轮椅给你送来了。"在情节植入中，植入品牌的商品

① 周伟、赵东：《精准与规模兼得：论新媒体竞争环境下广播广告的精准和互动营销》，《中国广播》2012年第8期。

往往会成为推动整个故事情节的重要组成部分。形象植入多是通过故事主人公的演绎，达到丰富品牌内涵，增加品牌个性的目的。在实际的执行过程中，影视作品中这些广告的植入方式并不是截然分开的，不同类型的广告植入经常交替出现在同一个电影中，品牌也可能会同时采用多种植入方式。无论哪一种植入方式，都需要认真思考以下这个问题：广告植入是否和剧情高度吻合？过分直白生硬的广告植入，不仅会破坏影视作品本身艺术的完整性，而且很容易让观众出戏，不仅达不到广告潜移默化的宣传效果，反而引起观众的反感。影片《非诚勿扰Ⅱ》（见图7–3–1）中植入了20个广告，像奔驰、淘宝、艾美酒店是比较明显的植入，还有某些品牌的酒、鞋、手表等比较隐性的广告，以及一些旅游景点、度假村的广告，难怪有观众直接评价说“这部电影就是一部加长的广告片！”①

图7–3–1 《非诚勿扰Ⅱ》海报

二、商业微电影

微电影最近几年成为一个热门词。微电影大致可分为两种：一种是不以商业为目的的艺术微电影，其实也被称为艺术短片；另一类称为商业微电影，即以故事的方式，将商品或品牌植入电影情节中，片长一般在30秒到300秒之间。

① 师建峰：《影片〈非诚勿扰2〉中的植入式广告浅析》，《赤峰学院学报》2011年第5期。

商业微电影的诞生背景主要有三个方面：一是传统的影视广告、企业专题片由于太过明显的商业目的，已经难以吸引消费者的注意，因此，不得不以更加隐晦和艺术性的手段进行传达；二是网络视频自2006年《一个馒头引发的血案》引起巨大影响后，一大批草根的视频制作者迅速被培养起来，而土豆、优酷等视频网站成为最好的传播平台；三是网络媒体特别是手机移动终端的兴起，人们的碎片化时间越来越多，微电影刚好可以利用人们乘车、就餐、聊天等碎片化时间，见缝插针地进行传播。据研究，2010年，凯迪拉克是最早将微电影的概念应用到商业广告中的，由吴彦祖出演的《一触即发》，充满着好莱坞悬疑动作电影的国际风格，微电影为凯迪拉克创造了一种感性的价值，给了观众一些期待，也给了观众一个观看的理由，《一触即发》也被公认为是第一部真正意义的微电影。[①]（见图7-3-2）

图7-3-2 《一触即发》微电影海报

由于商业性微电影可在短短数十秒内，演绎一个完整的故事，或感人至深，或诙谐幽默，或悬念丛生，通过生动感人的画面和引人入胜的情节，赢得受众的心理认同，引起受众的情感共鸣，当人们在记住情节的同时也接受了广告信息，记住了产品或服务，便能很好地达到商品的传播效果。当然，由于商业微电影天生承载着商业目标，因此，如何在短短几分钟时间讲述一个精彩的故事，而且将广告元素巧妙地植入，对企业和创作者来说都是很大的考验。

由于微电影的播出平台是网络，网络天生具有的草根性和平民化倾向，在一定程度上对年轻人喜欢的品牌更为有利，相反，一些高端品牌可能存在品牌调性冲突的问题，凯迪拉克用微电影做宣传确实是一次很大胆的尝试。

为解决调性冲突的问题，以及尽量拓展传播效果，业界人士也给出了一些解决方法。比如微电影制作，第一要坚持4E原则，即Engaging、Entertain、Enrich和Enhance，简单地说，就是剧情要扣人心弦，形式要娱乐受众，能够丰

① 何建平、张薇：《中国微电影研究现状综述》，《当代电影》2013年第6期。

富品牌个性，最终提升品牌形象。第二要坚持3C原则，即Celebrity（演艺界名人）、Content（精彩内容）和Contact（受众接触点），传播的信息能够与消费者产生共鸣，给观众观看的理由，才可能有好的传播效果。

微电影不同于传统意义上的明星代言，它不仅仅是借用明星的一张脸来做广告，而是产品与明星来共同演绎一段传奇，主角不是明星，而是产品。从实际情况来看，微电影不是任何品牌都能做的，因为它对技术的要求很高，聘用明星的代价也不菲，而能否找到合适的明星代言人，能否找对一首歌作为背景音乐，找对一个舞台让品牌去表现，都是相当不容易的。植入不等于成功，很多嵌入的元素都要恰到好处。①

三、网络视频广告

网络视频广告是一个含义更为宽泛的概念，它既包括在电视、户外LED屏，及在网络上播出的视频广告，也包括只为网络平台制作的视频广告。由于其播出平台主要是网络，所以与通常的电视广告相比，网络视频广告具有以下的特点：

（一）与受众兴趣相结合的精准导向

在大数据时代，网络用户在网络上的所有行为都可以被捕捉并进行分析，因此，网络上的视频广告完全和网络用户心理高度吻合，做到非常精准的广告投放，并且计费也是按照用户的点击率来进行，这样，可以确保广告商的每一份投资取得最佳的效益；相反，先前的广告商对广告费用投入后获得的效果，一直是笔糊涂账，而网络通过监控技术，完全可以实现对用户行为的跟踪记录。

（二）与传统电视广告相比，网络视频广告更具有传播的广度和深度

较之于传统媒体，互联网媒体在传播的广度上，可以覆盖全球的每个角落。比如百度联盟拥有超过20万家媒体合作伙伴，覆盖27大行业网站，与IT、汽车、财经、教育、旅游等专业领域80%以上的网站合作，因此，可以对用户的网络行为进行无缝式覆盖和服务。同时，在深度上，传统电视广告只能提供商品或品牌的基本信息，而视频广告却可以覆盖网民信息接触—产生兴趣—进行搜索—购买—反馈这样一个完整的AISAS模型。这个模型既包含了对信息的主动或被

---

① 莫康孙：《从“电影植入广告”到微电影》，《中国广告》2011年第8期。

动的搜索，也包含了对信息的反馈和比较，比如点击观看，或者访问相应的网站和链接，同时还包括了营销中最重要的一个环节，就是购买。由于电商的快速发展，所有商家都在尽可能捕捉瞬间出现的"购买苗头"，因此，网民的任何一次访问行为都可能转化成一次网络上的购买行为。因此，与传统电视广告强调收视率相比，网络视频广告具有另外两个指标体系。

（三）网络视频广告更强调点击率和转化率

"点击率"来自于英文"Click-through Rate"（点进率）以及"Clicks Ratio"（点击率），是指网站页面上某一内容被点击的次数与被显示次数之比，即点击数/显示数，它是一个百分比，反映了网页上某一内容的受关注程度，常常用来衡量广告的吸引程度。

转化率指在一个统计周期内，完成转化行为的次数占推广信息总点击次数的比率。计算公式为：转化率=（转化次数/点击量）×100%。例如：10名用户看到某个搜索推广的结果，其中5名用户点击了某一推广结果并被跳转到目标URL上，之后，其中2名用户有了后续转化的行为。那么，这条推广结果的转化率就是（2/5）×100%=40%。转化率是网站最终能否赢利的核心，提升网站转化率是网站综合运营实力的结果。

（四）具有比传统电视广告更简易的数据库营销能力

互联网在完成广告目标的锁定和广告的收视监控之余，还可以对收看过每一条广告的用户进行分类管理，为以后广告的精确投放积累资料，这也是实现对客户进行深度管理和数据库营销的必要前提。

四、案例分析：奥迪网络视频广告

奥迪网络视频广告

2007年11月27日—29日，奥迪在网上进行了视频广告的投放，投放的网站包括财经类：中财网、易富网、嘉瑞基外汇之星，手机类：TOMPDA网站，名品类：品牌世家网站，体育类：中体网，还有就是百度TV。广告片长为：《保姆篇》15.056秒，《女友篇》14.976秒，《小偷篇》14.976秒。覆盖人次（PV）：642 453人次，有效到达（收视超过5秒）：60 000人次；有效收视用户的平均收看时长：《保姆篇》15.1秒，《女友篇》14.93秒，《小偷篇》14.94秒。

通过数据的比较，发现百度 TV有更高的广告参与转化率。奥迪在百度TV投放的三个广告片，有效收视（点击）稳定比例为19%~21%，最高时将近30%。三支广告片具有相同的创意，不同的情节，非常能够吸引用户的兴趣，互动参与的积极性很高，三支广告的互动参与率达到了 20% 左右；尤其是有美女情节的《女友篇》，其互动参与率平均达到 21.07%，高于其他两支广告片。

网络上，影响参与转化率主要有三个方面：一是广告内容的创意，奥迪三支广告创意良好，情节紧凑，《女友篇》还有美女成分，有效收视的时长均非常高；二是通过内容匹配和地域限制，百度TV能够通过对网民网络行为所反映出的生活形态的分析，找到目标受众；三是利用网络技术，首先过滤掉客观上无法播放视频广告的用户（带宽不足或浏览器不支持视频），其次过滤掉同一个用户短时间内重复请求广告，最后过滤掉主观上不想看广告的用户（试投放是3 秒，正式是 5秒）。百度通过TV层层过滤，保证客户只为最后的有效收视付费，从而最大化提高广告关注度和转化率。检测结果表明：《保姆篇》有效收视（收视时长 / 片长）比例达到 99.73%，《女友篇》有效收视比例达到99.19%，《小偷篇》达到99.23%。

以上这个案例基本上可以说明网络视频广告和传统电视广告相比，确实具有更精准的目标导向，更宽更深的用户挖掘，以及效果更为明晰的点击率和转化率。因此，在全媒体时代，电视广告将变得更加丰富，无论是植入式广告，还是其他的视频广告，其实都是在尽量借助网络技术所带来的数据分析优势，精准地捕捉并分析用户行为、用户心理和用户需求，实现传统媒体下难以实现的“广告传播—购买—忠诚用户”的无缝式衔接。①

【思考题】

1. 全媒体时代的到来，对我们先前的广告行为习惯产生了怎样的冲击？
2. 如何理解大数据时代？大数据时代给营销提出了怎样的课题？
3. 如何理解精准营销这个概念？
4. 全媒体时代，消费者的购买决策机制发生了怎样的变化？导致这种变化的动力何在？

【本章实训】

选择某一汽车品牌，策划并摄制5分钟左右的广告微电影，以小组的形式完成作品。

---

① 刘海明：《百度TV——网络视频广告新形态》，《传媒观察》2010年第4期。

附 录

附录1

广播电视广告播出管理办法

（2009年发布，2011年修订）

第一章　总　　则

第一条　为了规范广播电视广告播出秩序，促进广播电视广告业健康发展，保障公民合法权益，依据《中华人民共和国广告法》、《广播电视管理条例》等法律、行政法规，制定本办法。

第二条　广播电台、电视台（含广播电视台）等广播电视播出机构（以下简称“播出机构”）的广告播出活动，以及广播电视传输机构的相关活动，适用本办法。

第三条　本办法所称广播电视广告包括公益广告和商业广告（含资讯服务、广播购物和电视购物短片广告等）。

第四条　广播电视广告播出活动应当坚持以人为本，遵循合法、真实、公平、诚实信用的原则。

第五条　广播影视行政部门对广播电视广告播出活动实行属地管理、分级负责。

国务院广播影视行政部门负责全国广播电视广告播出活动的监督管理工作。

县级以上地方人民政府广播影视行政部门负责本行政区域内广播电视广告播出活动的监督管理工作。

第六条　广播影视行政部门鼓励广播电视公益广告制作和播出，对成绩显著的组织、个人予以表彰。

第二章　广　告　内　容

第七条　广播电视广告是广播电视节目的重要组成部分，应当坚持正确导向，树立良好文化品位，与广播电视节目相和谐。

第八条　广播电视广告禁止含有下列内容：

（一）反对宪法确定的基本原则的；

（二）危害国家统一、主权和领土完整，危害国家安全，或者损害国家荣誉和利益的；

（三）煽动民族仇恨、民族歧视，侵害民族风俗习惯，伤害民族感情，破坏民族团结，违反宗教政策的；

（四）扰乱社会秩序，破坏社会稳定的；

（五）宣扬邪教、淫秽、赌博、暴力、迷信，危害社会公德或者民族优秀文化传统的；

（六）侮辱、歧视或者诽谤他人，侵害他人合法权益的；

（七）诱使未成年人产生不良行为或者不良价值观，危害其身心健康的；

（八）使用绝对化语言，欺骗、误导公众，故意使用错别字或者篡改成语的；

（九）商业广告中使用、变相使用中华人民共和国国旗、国徽、国歌，使用、变相使用国家领导人、领袖人物的名义、形象、声音、名言、字体或者国家机关和国家机关工作人员的名义、形象的；

（十）药品、医疗器械、医疗和健康资讯类广告中含有宣传治愈率、有效率，或者以医生、专家、患者、公众人物等形象做疗效证明的；

（十一）法律、行政法规和国家有关规定禁止的其他内容。

第九条 禁止播出下列广播电视广告：

（一）以新闻报道形式发布的广告；

（二）烟草制品广告；

（三）处方药品广告；

（四）治疗恶性肿瘤、肝病、性病或者提高性功能的药品、食品、医疗器械、医疗广告；

（五）姓名解析、运程分析、缘份测试、交友聊天等声讯服务广告；

（六）出现“母乳代用品”用语的乳制品广告；

（七）法律、行政法规和国家有关规定禁止播出的其他广告。

第十条 时政新闻类节（栏）目不得以企业或者产品名称等冠名。有关人物专访、企业专题报道等节目中不得含有地址和联系方式等内容。

第十一条 投资咨询、金融理财和连锁加盟等具有投资性质的广告，应当含有“投资有风险”等警示内容。

第十二条 除福利彩票、体育彩票等依法批准的广告外，不得播出其他具有博彩性质的广告。

第三章 广告播出

第十三条 广播电视广告播出应当合理编排。其中，商业广告应当控制总量、均衡配置。

第十四条 广播电视广告播出不得影响广播电视节目的完整性。除在节目自然段的间歇外，不得随意插播广告。

第十五条 播出机构每套节目每小时商业广告播出时长不得超过12分钟。其中，广播电台在11:00至13:00之间、电视台在19:00至21:00之间，商业广告播出总时长不得超过18分钟。

在执行转播、直播任务等特殊情况下，商业广告可以顺延播出。

第十六条 播出机构每套节目每日公益广告播出时长不得少于商业广告时长的3%。其中，广播电台在11:00至13:00之间、电视台在19:00至21:00之间，公益广告播出数量不得少于4条（次）。

第十七条 播出电视剧时，不得在每集（以四十五分钟计）中间以任何形式插播广告。

播出电影时，插播广告参照前款规定执行。

第十八条 除电影、电视剧剧场或者节（栏）目冠名标识外，禁止播出任何形式的挂角广告。

第十九条 电影、电视剧剧场或者节（栏）目冠名标识不得含有下列情形：

（一）单独出现企业、产品名称，或者剧场、节（栏）目名称难以辨认的；

（二）标识尺寸大于台标，或者企业、产品名称的字体尺寸大于剧场、节（栏）目名称的；

（三）翻滚变化，每次显示时长超过5分钟，或者每段冠名标识显示间隔少于10分钟的；

（四）出现经营服务范围、项目、功能、联系方式、形象代言人等文字、图像的。

第二十条 电影、电视剧剧场或者节（栏）目不得以治疗皮肤病、癫痫、痔疮、脚气、妇科、生殖泌尿系统等疾病的药品或者医疗机构作冠名。

第二十一条 转播、传输广播电视节目时，必须保证被转播、传输节目的完整性。不得替换、遮盖所转播、传输节目中的广告；不得以游动字幕、叠加字幕、挂角广告等任何形式插播自行组织的广告。

第二十二条 经批准在境内落地的境外电视频道中播出的广告，其内容应当符合中国法律、法规和本办法的规定。

第二十三条 播出商业广告应当尊重公众生活习惯。在6:30至7:30、11:30至12:30以及18:30至20:00的公众用餐时间，不得播出治疗皮肤病、痔疮、脚气、妇科、生殖泌尿系统等疾病的药品、医疗器械、医疗和妇女卫生用品广告。

第二十四条 播出机构应当严格控制酒类商业广告，不得在以未成年人为主要传播对象的频率、频道、节（栏）目中播出。广播电台每套节目每小时播出的烈性酒类商业广告，不得超过2条；电视台每套节目每日播出的烈性酒类商业广告不得超过12条，其中19:00至21:00之间不得超过2条。

第二十五条 在中小学生假期和未成年人相对集中的收听、收视时段，或者以未成年人为主要传播对象的频率、频道、节（栏）目中，不得播出不适宜未成年人收听、收视的商业广告。

第二十六条 播出电视商业广告时不得隐匿台标和频道标识。

第二十七条 广告主、广告经营者不得通过广告投放等方式干预、影响广播电视节目的正常播出。

第四章 监督管理

第二十八条 县级以上人民政府广播影视行政部门应当加强对本行政区域内广播电视广告播出活动的监督管理，建立、完善监督管理制度和技术手段。

第二十九条 县级以上人民政府广播影视行政部门应当建立公众举报机制，公布举报电话，及时调查、处理并公布结果。

第三十条 县级以上地方人民政府广播影视行政部门在对广播电视广告违法行为作出处理决定后5个工作日内，应当将处理情况报上一级人民政府广播影视行政部门备案。

第三十一条 因公共利益需要等特殊情况，省、自治区、直辖市以上人民政府广播影视行政部门可以要求播出机构在指定时段播出特定的公益广告，或者作出暂停播出商业广告的决定。

第三十二条 播出机构从事广告经营活动应当取得合法资质，非广告经营部门不得从事广播电视广告经营活动，记者不得借采访名义承揽广告业务。

第三十三条 播出机构应当建立广告经营、审查、播出管理制度，负责对所播出的广告进行审查。

第三十四条 播出机构应当加强对广告业务承接登记、审核等档案资料的保存和管理。

第三十五条 药品、医疗器械、医疗、食品、化妆品、农药、兽药、金融理财等须经有关行政部门审批的商业广告，播出机构在播出前应当严格审验其依法批准的文件、材料。不得播出未经审批、材料不全或者与审批通过的内容不一致的商业广告。

第三十六条 制作和播出药品、医疗器械、医疗和健康资讯类广告需要聘请医学专家作为嘉宾的，播出机构应当核验嘉宾的医师执业证书、工作证、职称证明等相关证明文件，并在广告中据实提示，不得聘请无有关专业资质的人员担当嘉宾。

第三十七条 因广告主、广告经营者提供虚假证明文件导致播出的广告违反本办法规定的，广播影视行政部门可以对有关播出机构减轻或者免除处罚。

第三十八条 国务院广播影视行政部门推动建立播出机构行业自律组织。该组织可以按照章程的规定，采取向社会公告、推荐和撤销“广播电视广告播出行业自律示范单位”等措施，加强行业自律。

第五章 法律责任

第三十九条 违反本办法第八条、第九条的规定，由县级以上人民政府广播影视行政部门责令停止违法行为或者责令改正，给予警告，可以并处三万元以下罚款；情节严重的，由原发证机关吊销《广播电视频道许可证》、《广播电视播出机构许可证》。

第四十条 违反本办法第十五条、第十六条、第十七条的规定，以及违反本办法第二十二条规定插播广告的，由县级以上人民政府广播影视行政部门依据《广播电视管理条例》第五十条、第五十一条的有关规定给予处罚。

第四十一条 违反本办法第十条、第十二条、第十九条、第二十条、第二十一条、第二十四条至第二十八条、第三十四条、第三十六条、第三十七条的规定，或者违反本办法第二十二条规定替换、遮盖广告的，由县级以上人民政府广播影视行政部门责令停止违法行为或者责令改正，给予警告，可以并处二万元以下罚款。

第四十二条 违反本办法规定的播出机构，由县级以上人民政府广播影视行政部门依据国家有关规定予以处理。

第四十三条 广播影视行政部门工作人员滥用职权、玩忽职守、徇私舞弊或者未依照本办法规定履行职责的，对负有责任的主管人员和直接责任人员依法给予处分。

第六章 附 则

第四十四条 本办法自2010年1月1日起施行。2003年9月15日国家广播电影电视总局发布的《广播电视广告播放管理暂行办法》同时废止。

附录2

广告语言文字管理暂行规定

（1998年1月15日发布，1998年12月3日修订）

第一条 为促进广告语言文字使用的规范化、标准化，保证广告语言文字表述清晰、准确、完整，避免误导消费者，根据《中华人民共和国广告法》和国家有关法律、法规，制定本规定。

第二条 凡在中华人民共和国境内发布的广告中使用的语言文字，均适用本规定。本规定中所称的语言文字，是指普通话和规范汉字、国家批准通用的少数民族语言文字，以及在中华人民共和国境内使用的外国语言文字。

第三条 广告使用的语言文字，用语应当清晰、准确，用字应当规范、标准。

第四条 广告使用的语言文字应当符合社会主义精神文明建设的要求，不得含有不良文化内容。

第五条 广告用语用字应当使用普通话和规范汉字。

根据国家规定，广播电台、电视台可以使用方言播音的节目，其广告中可以使用方言；广播电台、电视台使用少数民族语言播音的节目，其广告应当使用少数民族语言文字。

在民族自治地方，广告用语用字参照《民族自治地方语言文字单行条例》执行。

第六条 广告中不得单独使用汉语拼音。广告中如需使用汉语拼音时，应当正确、规范，并与规范汉字同时使用。

第七条 广告中数字、标点符号的用法和计量单位等，应当符合国家标准和有关规定。

第八条 广告中不得单独使用外国语言文字。

广告中如因特殊需要配合使用外国语言文字时，应当采用以普通话和规范汉字为主、外国语言文字为辅的形式，不得在同一广告语句中夹杂使用外国语言文字。广告中的外国语言文字所表达的意思，与中文意思不一致的，以中文意思为准。

第九条 在下列情况下，广告中使用的外国语言文字不适用第八条规定：

（一）商品、服务通用名称，已注册的商标，经国家有关部门认可的国际通用标志、专业技术标准等；

（二）经国家有关部门批准，以外国语言文字为主的媒介中的广告所使用的外国语言文字。

第十条 广告用语用字，不得出现下列情形：

（一）使用错别字；

（二）违反国家法律、法规规定使用繁体字；

（三）使用国家已废止的异体字和简化字；

（四）使用国家已废止的印刷字形；

（五）其他不规范使用的语言文字。

第十一条 广告中成语的使用必须符合国家有关规定，不得引起误导，对社会造成不良影响。

第十二条 广告中出现的注册商标定型字、文物古迹中原有的文字以及经国家有关部门认可的企业字号用字等，不适用本规定第十条规定，但应当与原形一致，不得引起误导。

第十三条 广告中因创意等需要使用的手书体字、美术字、变体字、古文字，应当易于辨认，不得引起误导。

第十四条 违反本规定第四条的，由广告监督管理机关责令停止发布广告，对负有责任的广告主、广告经营者、广告发布者视其情节予以通报批评，处以违法所得额三倍以下的罚款，但最高不超过三万元，没有违法所得的，处以一万元以下的罚款。

第十五条 违反本规定其他条款的，由广告监督管理机关责令限期改正，逾期未能改正的，对负有责任的广告主、广告经营者、广告发布者处以一万元以下罚款。

第十六条 本规定自公布之日起施行。

附录3

广告影片制作流程（film方式制作）

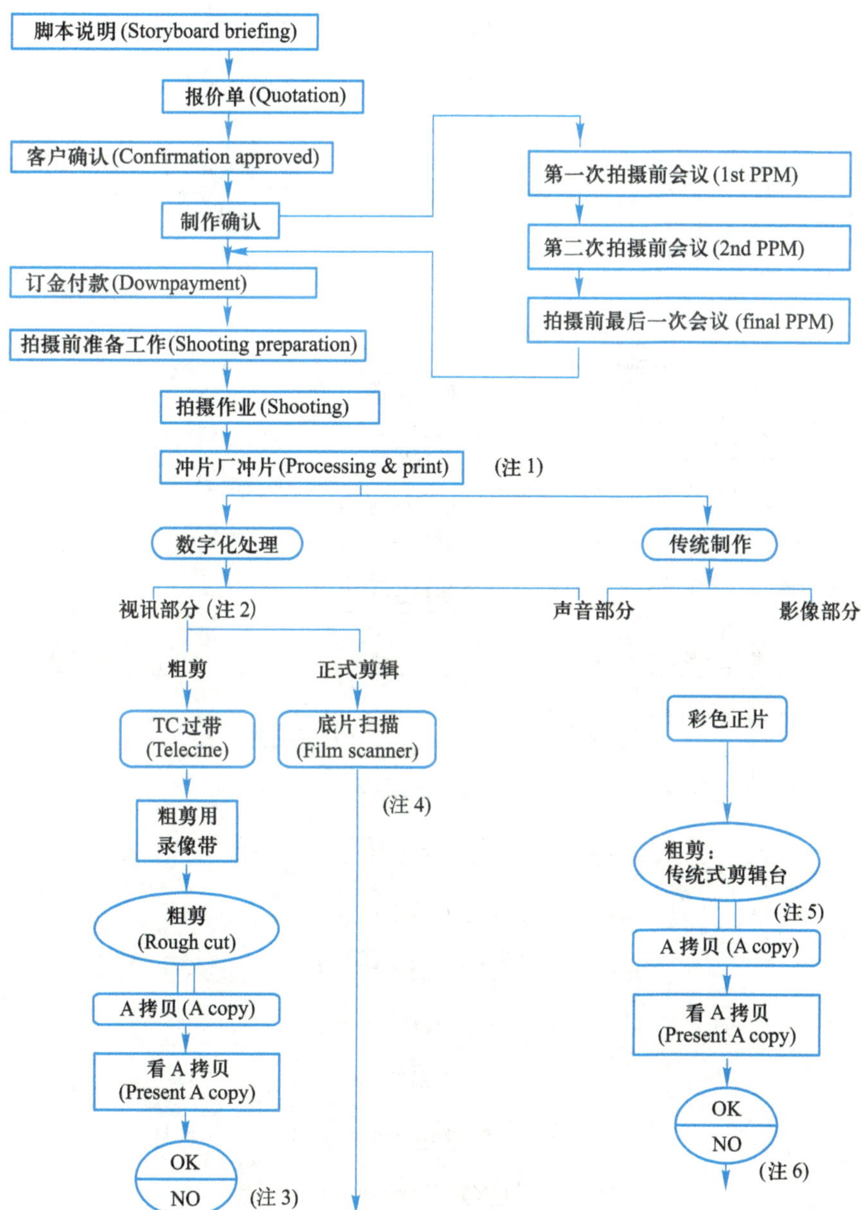

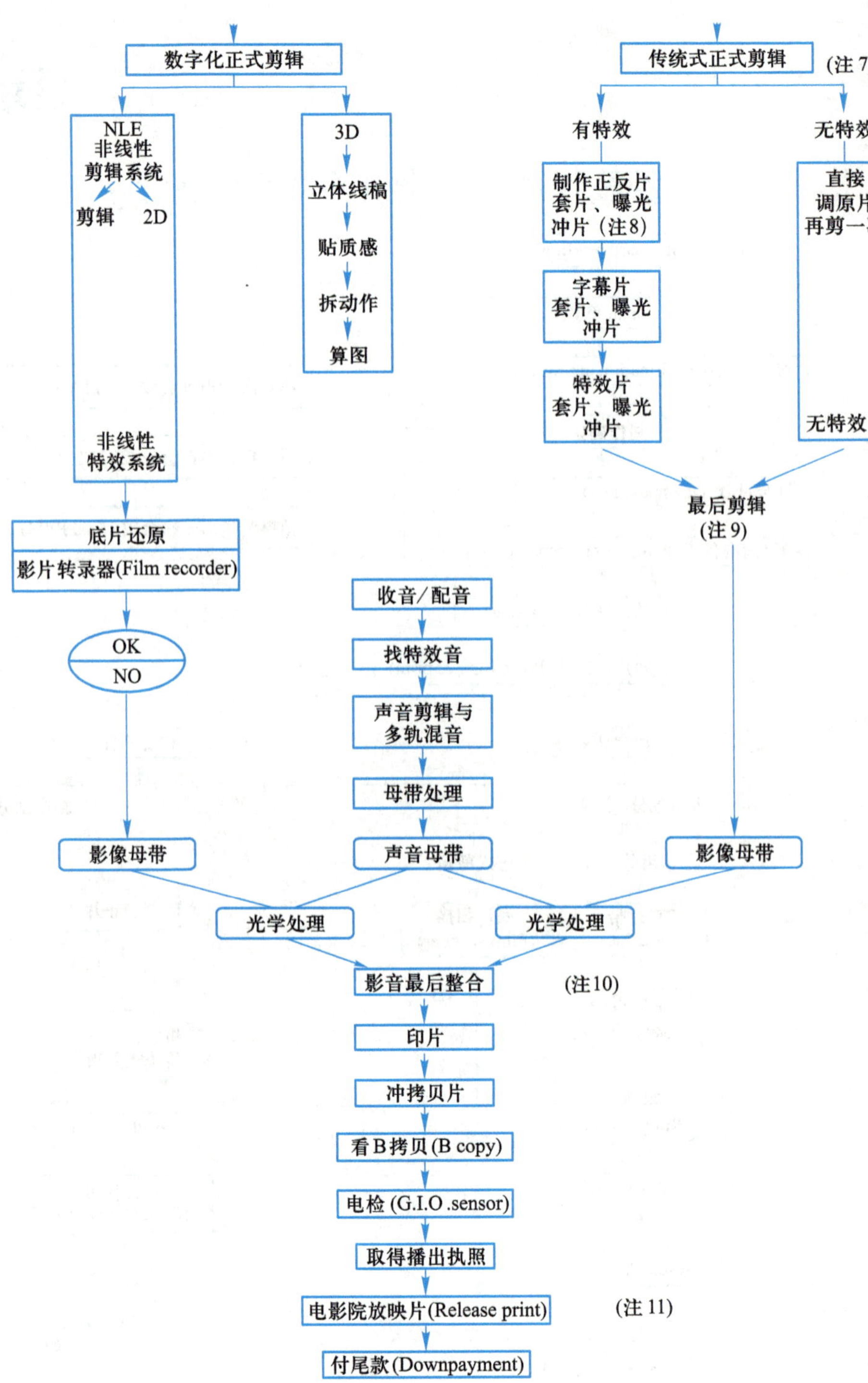

数字化正式剪辑
NLE
非线性
剪辑系统
剪辑
2D
非线性
特效系统
3D
立体线稿
贴质感
拆动作
算图
传统式正式剪辑
(注 7)
有特效
无特效
制作正反片
套片、曝光
冲片（注8）
字幕片
套片、曝光
冲片
特效片
套片、曝光
冲片
直接
调原片
再剪一次
无特效片
最后剪辑
(注 9)
底片还原
影片转录器(Film recorder)
OK
NO
收音/配音
找特效音
声音剪辑与
多轨混音
母带处理
影像母带
声音母带
影像母带
光学处理
光学处理
影音最后整合
(注10)
印片
冲拷贝片
看B拷贝(B copy)
电检 (G.I.O .sensor)
取得播出执照
电影院放映片(Release print)
(注 11)
付尾款(Downpayment)

注1：在冲片厂冲印时，将拍摄底片冲印成原始影像负片。

注2：数字化处理的影像部分，在一开始时，便分两路进行：粗剪作业用的录像带需先由影片TC过带（Telecine）成有时间码（timecode）的VTR带；正式剪辑的录像带则得先通过底片扫描机（Film scanner），把影片转换成解析度2K（2 048条扫描线）以上的数字影像。

注3：看A拷贝，若有问题，则需回头调整（若无效，可能需要重新过带），之后再看修正版的A拷贝。在video方式制作流程，若A拷贝过关即继续进入正式剪辑；然而因film正式剪辑用的是经底片扫描机描过的另一素材，故粗剪到此告一段落。

注4：经由底片扫描机将影片数字化，之后完成剪辑后再经由底片转录器（Film recorder）将数字影像还原成原来的影片。

注5：传统粗剪即使用35厘米平面式剪辑台（Steenback 8盘剪辑桌、Moviola 6盘剪辑桌或者Kem剪辑桌），来做传统剪辑（粘）的工作。

注6：A拷贝若过关，即进入正式剪辑程序，否则需重作粗剪。

注7：一般正式剪辑会依有无特效而分道扬镳：有特效者过程十分繁琐，无特效者只需直接调原始影片来剪辑即可。

注8：先需制作正反片，再曝光两次，最后送冲印厂冲片，且无论是加字幕片或特效片，都需依此步骤进行。

注9：所谓的最后剪辑即将特效片与无特效的原始底片套剪在一起。

注10：影音合成，即加以光学处理，并将影部和声部各自归位。

注11：电影院是放映片（Release print），有别于电视台的播出带（Station copy）。

附录4

广告影片制作流程（video方式制作）

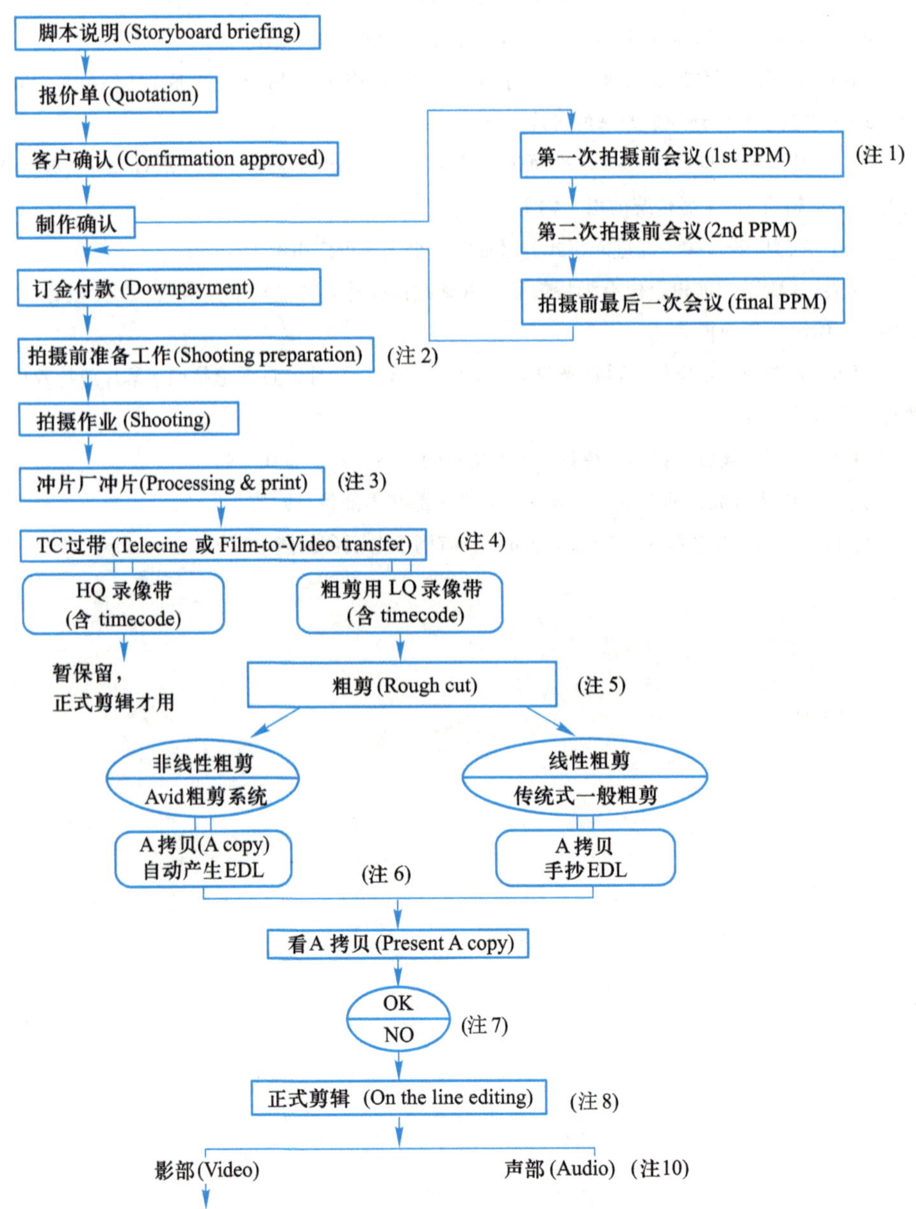

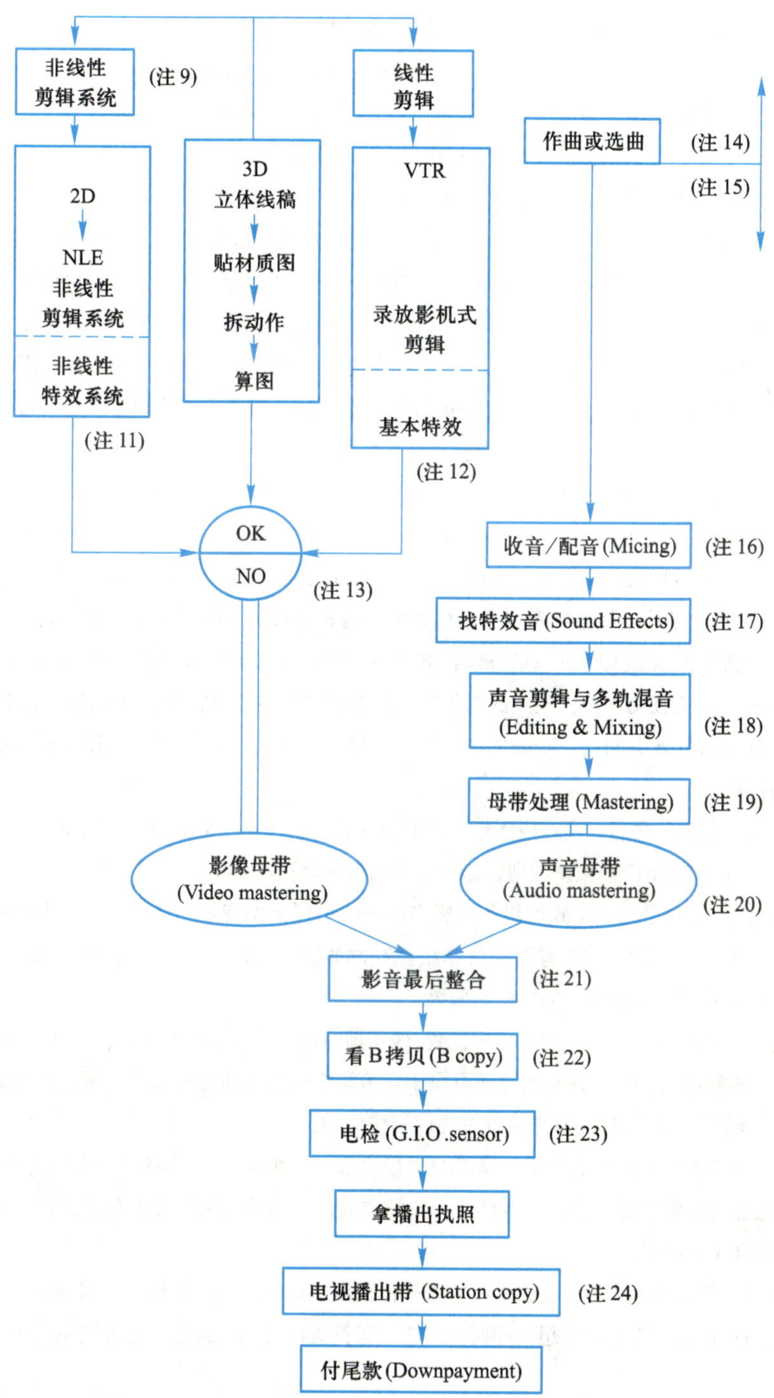

非线性
剪辑系统
(注 9)
线性
剪辑
作曲或选曲
(注 14)
(注 15)
2D
NLE
非线性
剪辑系统
非线性
特效系统
3D
立体线稿
贴材质图
拆动作
算图
VTR
录放影机式
剪辑
基本特效
(注 11)
(注 12)
OK
NO
(注 13)
收音/配音(Micing)
(注 16)
找特效音(Sound Effects)
(注 17)
声音剪辑与多轨混音
(Editing & Mixing)
(注 18)
母带处理 (Mastering)
(注 19)
影像母带
(Video mastering)
声音母带
(Audio mastering)
(注 20)
影音最后整合
(注 21)
看B拷贝(B copy)
(注 22)
电检 (G.I.O .sensor)
(注 23)
拿播出执照
电视播出带 (Station copy)
(注 24)
付尾款(Downpayment)

注1：拍制前会议（PPM）召开的次数不定，如果只召开一次，那么PPM跟final PPM就没什么差别,甚至直接称PPM为“最后一次拍制前会议”。无论是制作脚本、音乐样本带、勘景、布景、道具、演员试镜、演员造型以及拍制进度表等，都需在会议中做最后确认。

注2：这是狭义的拍摄前准备，特指搭景、场地布置、预打灯（pre-light）等；广义而言，包括PPM在内，只要是开拍日之前的准备工作，都算是拍摄前准备。

注3：将多卷底片连冲成一大卷显像负片。此负片还要送去过带，转换成各式录像带。

注4：影片过带（Telecine或 Film-to-Video transfer）成录像带时，会兵分两路，产生两种版本：一种是供特效用的高画质原始录像带，上面有供剪辑用的隐藏式数字时码，例如D1和Digital Betacam，此为原始底片之外，最基本的也是最好的素材；二是供粗剪用画质较差的录像带，例如3/4英寸、Betacam、VHS等画面上叠印有时间码的粗剪带。经过带后，因都是video讯号，已与影片无关，故原始底片会收藏保存起来。

注5：当过带（TC）后的粗剪用录像带要粗剪时，有线性与非线性两种选择方案或系统，一般而言，需加特效的广告大多选择非线性（数字式）粗剪系统（Avid、Division、Strata、Primere等。）无需特效的广告则可选用一般传统的线性粗剪系统（例如3/4英寸带）。

注6：不论是使用线性剪辑或非线性粗剪，剪辑而成的A拷贝上都会有时间码；但只有非线性的电脑粗剪系统（例如Avid）能自动印出EDL,传统式粗剪需以手工抄写时码记录表上。通常，A拷贝是方便与客户沟通用的工作带，只有依序做粗略的剪辑，尚无特效处理。

注7：A拷贝若有问题，则需回头调整，之后再看修正版的A 拷贝。若没有问题，则进入正式剪辑。

注8：“正式”之名，是对应于粗剪时的非正式剪辑作业。粗剪只需粗调粗剪，抓出可能要的画面；正式剪辑则需微调细剪，敲定正确的镜头画面与感觉。

注9：当正式进入“正式剪辑”的影像部分，可以依据特效的技巧、复杂程度来选择线性剪辑系统（即传统的VTR剪辑）或非线性高画质剪辑系统（Quanttel、Discrete logic等），并与3D特效系统相互支援、辅助剪辑效果。

注10：声音制作流程一般无特定位置,像粗剪时即用MIDI作曲子,以便确认作曲风格（待B copy 时再精准对cut），或有些导演习惯于在演员走位时就播放音乐等，所以声音部分可能涵盖整个流程，此广告影片制作流程主要以影像为轴。

注11：2D作业主要是画图、修图与影像合成。一般是先修单张图，再扩为修一段图，接下来是合成多段画面，最后才剪接。一般的非线性高画质剪辑系统本身即涵盖了非线性特效系统的组成与功能。

注12：录放影机式剪辑也能做些特效，但仅限于固定模式，弹性小，创意空间较受限。

注13：正式剪辑未达理想，即回头修正，若都无法解决，甚至可能重调原始底片、重新过带。

注14：“先选再做”是目前我国台湾大部分的声部后期制作流程，即先在录音室的版权

音乐中选曲（即挑选罐头音乐），用不着再创作。

注15：“重V轻A”似乎是目前台湾后期制作的常态，常是Video部分完全结束，才开始考量到Audio的选曲、作曲等部分；不过，有些Audio作业至少会把作词、作曲部分先执行起来（例如在A copy时即挑选一些参考曲或制作一些曲目供选择）。至于收音、录音与混音等工作几乎都是在影像剪辑和特效音皆完成后，才上阵演出。

注16：“收音”收录的声音是以人、动物、环境声等为主，另也录制一些简单音效（例如开门声及脚步声等）；“录音”则主要是对着画面配录旁白。

注17：特效声音可选择音乐资料库（俗称找罐头），或者跟着画面自制音效。

注18：先剪辑，再混音。即把之前的各种收音、环境音、旁白等加以剪辑及整合。

注19：为符合播出（on air）媒介而做的声音平衡等母带处理。有人把母带处理（Mastering）释义成为了要让声音有更圆满表现，而做的细部调音。

注20：符合各播出系统（电视广告、卡拉OK、DVD等）的声音母带。

注21：将依据timing精准的影像与声音规整在影像轨与音轨上。

注22：通常，A copy是剪辑过程中，供客户参考并沟通的版本；B copy则是剪辑、效果都做完，准备提交客户定稿、验收用的版本。换言之，A copy是剪辑最初的沟通带，B copy则是交片前最后的定稿带。不过，客户仍有各自的习惯或坚持，有的直接略过A copy，有的觉得粗剪时即以MIDI 16具备作曲效果，只需看过约等于B copy质感的A copy即可。

注23：即广告影片检查。

注24：依各电视台制订播出带规格制作电视台播出带（station copy）。

附录5

电影演员聘用合同（经纪公司）

合同编号:______________

甲方:______________　　乙方:______________

法定住址:______________　　法定住址:______________

法定代表人:______________　　法定代表人:______________

职务:______________　　职务:______________

委托代理人:______________　　委托代理人:______________

身份证号码:______________　　身份证号码:______________

通讯地址:______________　　通讯地址:______________

邮政编码:______________　　邮政编码:______________

联系人:______________　　联系人:______________

电话:______________　　电话:______________

电挂:______________　　电挂:______________

传真:______________　　传真:______________

账号:______________　　账号:______________

电子信箱:______________　　电子信箱:______________

鉴于:

1. 甲方是依法注册成立并取得合法从事电影片制作资格的电影制作单位，甲方计划摄制电影片《______________》(下称电影片)；乙方是依法注册成立的经纪公司，______________为乙方签约演员，乙方有权代表该演员签订本聘用合同。

2. 乙方的签约演员是具有完全民事行为能力的自然人并且该演员是具有一定表演经验的影视演员，在多部影视剧中出演过重要角色；因此甲方决定聘用该演员在其计划摄制的电影片中担任____________(角色)，乙方表示同意。

3. 鉴于此，双方本着自愿、平等、互惠互利、诚实信用的原则，经充分友好协商，订立如下合同条款，以资共同恪守履行:

第一条　出演角色

在电影片中演员所担任的角色为________。演员应具有娴熟的演技，在拍摄过程中应利用肢体、语言、情感以及外在的道具等尽力地体验角色的情感，动情投入剧集之中。

第二条 工作期限

乙方应于________年________月________日前指派演员到达甲方指定地点，向甲方报到。演员工作正式开始。

演员工作结束的时间按下列第________种方式确定：

1. 需演员出演的剧情全部拍摄完毕之日；

2. 电影片停机之日；

3. 电影片后期录音制作完成之日；

4. ______________________________。

第三条 定金

甲方应于本合同签署之日向乙方支付定金￥________元，本合同得以实际履行之日即乙方工作开始之日，此定金自动转为甲方向乙方支付的酬金。

若因甲方原因导致本合同未得以实际履行，甲方无权要求乙方返还定金；若因乙方原因导致本合同未得以实际履行，乙方应双倍返还定金。

第四条 报酬及支付

甲方应向乙方支付________（税前 / 税后）酬金￥____________元，自演员工作正式开始之日起________日内支付全部酬金的百分之______（￥______元，包含已支付的定金），演员工作结束之日起____日内支付全部酬金的百分之______（￥______元）。

甲方以支票或银行转账之形式向乙方支付报酬。

乙方的银行资料如下：开户行:____________；户名:__________；账号:____________。

甲方应将定金和酬金直接支付至乙方，演员无权就其依据本合同为甲方提供的工作向甲方索取任何性质的酬金，本合同另有规定的除外。

第五条 提供剧本

甲方应于本合同签署之日起________日内向演员提供电影片的文学剧本及其他与电影片拍摄相关的资料。演员接到剧本后，应认真揣摩剧中的人物角色，为拍摄做好各项准备工作。

第六条 参与筹备工作

在电影片开机之前，甲方有权要求演员参加拍摄筹备会、试装、试拍等拍摄筹备期内需要演员参与的工作，无需另行向乙方支付酬金。乙方应协调演员的档期，确保演员能够参加上述筹备期工作。

第七条 参加其他摄制工作

在电影片停机之后，甲方有权要求演员参加配音、补拍、重拍等不超出演员专业职责范围的电影片的其他摄制工作，但累计不得超过________天，否则，每超过一天应向乙方支付________（税前 / 税后）酬金￥________元。乙方应协调演员的档期，确保演员能够参加上述摄制工作。

第八条 工作要求

演员在工作过程中应接受甲方的指导和管理，遵守甲方制定的规章、制度。但甲方不得干预演员的正当权限或违反行业惯例。甲方有权随时检查演员的工作，但不得影响演员的正常工作，演员应予以配合。

演员工作正式开始之日至演员工作结束之日，演员应专职为甲方工作，不得参演与该电影片内容相类似的其他影视作品。演员如违反此规定，应向甲方支付________元的违约金。

演员应于其工作结束之日起________日内将甲方向其提供的文学剧本及相关资料全部归还甲方或按照甲方的要求将其销毁。

第九条 著作权及署名权

甲方依法享有电影片的著作权。

若电影片得以拍摄并成功发行，演员依法享有在电影片及相关衍生产品中的署名权。演员署名的格式、具体位置及字体大小由甲乙双方根据国家的相关规定协商决定。

第十条 姓名、肖像的使用

甲方有权无偿使用或许可播放者、发行者在电影片、电影片的衍生产品、电影片的宣传片或预告片使用演员的姓名和肖像。但仅限于电影片推广、宣传之目的。

第十一条 参加宣传活动

甲方有权要求演员参加电影片的开机仪式、首映式以及其他宣传活动，无需就此向乙方支付酬金。乙方应当积极参加并配合甲方的有关宣传活动。

甲方要求演员参加的宣传活动最多不超过____________次；否则，每超过一次应向乙方支付____________（税前 / 税后）酬金￥________元，乙方亦有权拒绝甲方要求。

第十二条 其他费用承担

从演员工作正式开始之日起至演员工作结束之日止，甲方应负责安排演员工作所需的住宿、饮食和交通，费用由甲方承担。若甲方要求演员到国内其他拍摄场地工作，甲方应承担往返交通费用。若甲方要求演员到国外的拍摄场地工作，甲方应负责办理相关证件和手续并承担一切费用。

甲方要求演员参加本合同规定的工作以及电影片的宣传活动，应承担演员食宿及往返交通费用。

第十三条 提供剧装

演员在电影片中的服装、道具、化装造型等均由甲方负责提供。

第十四条 保险

为确保演员在表演过程中的人身、财产安全，甲方应为演员办理商业保险，具体包括：______________________________。

第十五条 双方保证

甲方：

1. 保证其为取得《摄制电影许可证》并经依法注册和合法存续的电影制片单位；

2. 保证已就计划拍摄的电影片取得《摄制电影片许可证（单片）》并经依法注册和合法存续的法人单位；

3. 保证电影片不会包含任何侵害乙方、演员合法权益或者违反国家法律禁止性规定的内容；

4. 在签署本合同时，任何法院、仲裁机构、行政机关或监管机构均未作出任何足以对甲方履行本合同产生重大不利影响的判决、裁定、裁决或具体行政行为；

5. 甲方为签署本合同所需的内部授权程序均已完成，本合同的签署人是甲方法定代表人或授权代表人。本合同生效后即对合同双方具有法律约束力。

乙方：

1. 乙方保证其为依法注册成立并合法存续的具有文化经纪资格的经纪公司；

2. 乙方与演员依据《中华人民共和国劳动法》的规定建立了劳动关系并订立了劳动合同，演员在本合同中的工作结束之前，其与演员之间的劳动合同持续有效（或者：乙方与导演依据《中华人民共和国合同法》的规定订立了委托代理合同，导演在本合同中的工作结束之前，其与导演之间的委托代理合同持续有效）；

3. 保证在本合同签署之前，不存在任何针对演员的权利纠纷、索赔或者诉讼；

4. 在本合同规定的演员的工作期限内，乙方不会使演员受聘于与该电影片内容类似的影视作品的拍摄；

5. 保证演员有能力履行本合同下的所有义务；

6. 保证演员履行本合同下的所有义务，皆不存在任何法律上的障碍。

第十六条　甲方的除外责任

若乙方与演员之间为劳动关系，乙方作为演员的用人单位，应为演员办理养老、失业、医疗等社会保险，依法履行《中华人民共和国劳动法》及其与演员订立的劳动合同规定的由用人单位承担的其他义务。若乙方未依法履行其作为演员用人单位的相关义务，由此引起的一切后果由乙方自行承担；乙方与演员之间的劳动关系纠纷一概与甲方无关。

若乙方与演员之间为委托代理关系，乙方与演员因委托代理合同所产生的纠纷亦与甲方无关。

第十七条　乙方与演员的连带责任

在本合同生效期间内，不论因乙方或演员任何一方的原因导致乙方与演员订立的劳动合同（或委托代理合同）终止，演员仍应继续履行本合同；若演员因其与乙方订立的劳动合同（或委托代理合同）终止而拒绝继续履行本合同，由此给甲方造成的一切损失，乙方与演员应承担连带赔偿责任。

第十八条　合同的解除

发生下列情形之一，甲乙双方可以通过书面形式解除本合同：

1. 演员因自身原因不能履行本合同规定的义务，累计或连续超过____天；

2. 甲乙双方在本合同中所作保证不真实或未实现的；

3. 演员部分或完全丧失民事行为能力致使其不能继续履行本合同；

4. 甲方拖欠乙方酬金累计达到乙方全部应得酬金的百分之________，经乙方催告后，仍不履行支付义务的；

5. 甲乙双方破产、解散或被依法吊销企业法人营业执照；

6. 甲方被依法吊销《摄制电影许可证》或《摄制电影片许可证（单片）》。

第十九条 合同的终止

本合同在下列任一情形下终止：

1. 电影片后期制作完毕，甲乙双方另有约定的除外；

2. 甲乙双方通过书面协议解除本合同；

3. 因不可抗力致使合同目的不能实现的；

4. 在委托期限届满之前，当事人一方明确表示或以自己的行为表明不履行合同主要义务的；

5. 当事人一方迟延履行合同主要义务，经催告后在合理期限内仍未履行；

6. 当事人有其他违约或违法行为致使合同目的不能实现的；

7. ____。

第二十条 保密

未经甲方同意，乙方或演员均不得在电影片公映之前向任何第三方泄漏剧情、演员、拍摄进度等与电影片相关的一切信息。若本合同未生效，乙方或演员均不得泄露在签约过程中知悉的甲方的商业秘密。

乙方或演员保证对在讨论、签订、执行本协议过程中所获悉的属于甲方的且无法自公开渠道获得的文件及资料（包括商业秘密、公司计划、运营活动、财务信息、技术信息、经营信息及其他商业秘密）予以保密。未经甲方同意，乙方或演员不得向任何第三方泄露该商业秘密的全部或部分内容。但法律、法规另有规定或双方另有约定的除外。保密期限为__________年。

乙方或演员若违反上述保密义务，乙方和演员应对甲方因此而遭受的损失承担连带赔偿责任。

第二十一条 通知

1. 根据本合同需要一方向另一方发出的全部通知以及双方的文件往来及与本合同有关的通知和要求等，必须用书面形式，可采用________（书信、传真、电报、当面送交等）方式传递。以上方式无法送达的，方可采取公告送达的方式。

2. 各方通讯地址如下：__________________

3. 一方变更通知或通讯地址，应自变更之日起________日内，以书面形式通知对方；否则，由未通知方承担由此而引起的相关责任。

第二十二条　合同的变更

本合同履行期间，发生特殊情况时，甲、乙任何一方需变更本合同的，要求变更一方应及时书面通知对方，征得对方同意后，双方在规定的时限内（书面通知发出________天内）签订书面变更协议，该协议将成为合同不可分割的部分。未经双方签署书面文件，任何一方无权变更本合同，否则，由此造成对方的经济损失，由责任方承担。

第二十三条　合同的转让

除合同中另有规定外或经双方协商同意外，本合同所规定双方的任何权利和义务，任何一方在未经征得另一方书面同意之前，不得转让给第三者。任何转让，未经另一方书面明确同意，均属无效。

第二十四条　争议的处理

1. 本合同受中华人民共和国法律管辖并按其进行解释。

2. 本合同在履行过程中发生的争议，由双方当事人协商解决，也可由有关部门调解；协商或调解不成的，按下列第____种方式解决：

（1）提交________仲裁委员会仲裁；

（2）依法向人民法院起诉。

第二十五条　不可抗力及意外事件

不可抗力：

1. 如果本合同任何一方因受不可抗力事件影响而未能履行其在本合同下的全部或部分义务，该义务的履行在不可抗力事件妨碍其履行期间应予中止。

2. 声称受到不可抗力事件影响的一方应尽可能在最短的时间内通过书面形式将不可抗力事件的发生通知另一方，并在该不可抗力事件发生后____日内向另一方提供关于此种不可抗力事件及其持续时间的适当证据及合同不能履行或者需要延期履行的书面资料。声称不可抗力事件导致其对本合同的履行在客观上成为不可能或不实际的一方，有责任尽一切合理的努力消除或减轻此等不可抗力事件的影响。

3. 不可抗力事件发生时，双方应立即通过友好协商决定如何执行本合同。不可抗力事件或其影响终止或消除后，双方须立即恢复履行各自在本合同项下的各项义务。如不可抗力及其影响无法终止或消除而致使合同任何一方丧失继续履行合同的能力，则双方可协商解除合同或暂时延迟合同的履行，且遭遇不可抗力一方无须为此承担责任。当事人迟延履行后发生不可抗力的，不能免除责任。

4. 本合同所称不可抗力是指受影响一方不能合理控制的，无法预料或即使可预料到也不可避免且无法克服，并于本合同签订日之后出现的，使该方对本合同全部或部分的履行在客观上成为不可能或不实际的任何事件。此等事件包括但不限于自然灾害如水灾、火灾、旱灾、台风、地震，以及社会事件如战争（不论曾否宣战）、动乱、罢工，政府行为或法律规定等。

意外事件：

1. 非因双方当事人过错，出现本条第一款规定的不可抗力事件以外的甲乙双方不能控制的情况，包括但不限于天气反常以及电影片导演或其他主要演员生病、受到意外伤害或死亡等，致使电影片的拍摄迟延，甲方应立即采取补救措施，并将拍摄计划顺延的时间书面通知乙方；因此而未能按原拍摄计划完成电影片的拍摄，乙方无需承担违约责任。

2. 若本条规定的情况致使电影片的拍摄迟延超过________天，任何一方皆可通过书面形式通知对方而解除本合同。

第二十六条 合同的解释

本合同的理解与解释应依据合同目的和文本原义进行，本合同的标题仅是为了阅读方便而设，不应影响本合同的解释。

第二十七条 补充与附件

本合同未尽事宜，依照有关法律、法规执行，法律、法规未作规定的，甲乙双方可以达成书面补充合同。本合同的附件和补充合同均为本合同不可分割的组成部分，与本合同具有同等的法律效力。

第二十八条 合同的效力

本合同自双方或双方法定代表人或其授权代表人签字并加盖单位公章或合同专用章之日起生效。

有效期为______________年，自______________年______________月______________日至____________年____________月____________日。

本合同正本一式________份，双方各执________份，具有同等法律效力。

甲方（盖章）:______________	乙方（盖章）:______________
法定代表人（签字）:________	法定代表人（签字）:________
委托代理人（签字）:________	委托代理人（签字）:________
签订地点:______________	签订地点:______________
_______年_______月_______日	_______年_______月_______日

附件1

致____________（《聘用电影演员合同》之甲方，下称甲方）:

鉴于甲方将要（或已经）与本人用人单位即________（《聘用电影演员合同》之乙方，下称乙方）签订《聘用电影演员合同》,聘用本人出演甲方计划（正在）摄制的电影《________》（下称电影）中的________角色，本人特在此作出承诺如下：

一、本人愿意接受乙方的指派，出演电影的相关角色。

二、本人与乙方已根据《中华人民共和国劳动法》的规定建立了劳动关系并订立有劳动合同，且该劳动合同的期限尚未届满；依据此劳动合同，乙方有权与甲方签订《聘用电影演员合同》（或者：本人与乙方已根据《中华人民共和国合同法》的规定订立了委托代理合同；该委托代理合同在乙方与甲方签订《聘用电影演员合同》时仍然有效，乙方有权与甲方签订《聘用电影演员合同》）。

三、本人完全清楚、理解并接受甲方将要（或已经）与乙方签订的《聘用电影演员合同》的所有条款；若此合同得以签署并生效，本人将依法遵守并履行应由本人履行的条款。

四、本人有能力出演电影的角色，且本人出演电影的角色不存在任何法律上的障碍。本人在签署本合同时，任何法院、仲裁机构、行政机关或监管机构均未作出任何足以对本人履行本合同产生重大不利影响的判决、裁定、裁决或具体行政行为。

五、本人保证在与甲方签订的《聘用电影演员合同》中约定的工作期限内，不会参演与该电影内容类似的其他影视作品的拍摄。

六、本人保证向剧组提供的本人的相关资料均为真实、合法、有效，不存在任何虚假。

七、不论因本人或乙方任何一方的原因导致本人与乙方订立的劳动合同（或委托代理合同）终止或无效，本人仍将依法遵守并履行甲方与乙方签署并生效的《聘用电影演员合同》。

八、本人同意甲方将与本人《聘用电影演员合同》中约定的酬金直接向乙方支付，除非本人与乙方订立的劳动合同（或委托代理合同）终止或无效，本人不会向甲方索取任何性质的酬金。

九、无论因何原因导致本人与乙方订立的劳动合同（或委托代理合同）终止或无效，本人将于该劳动合同（或委托代理合同）终止或无效之日起 ________ 日内向甲方出具该劳动合同（或委托代理合同）终止或无效的书面证明，否则，本人无权要求甲方直接向本人支付截至甲方收到书面证明之日尚未发生的酬金。

十、本人若违反上述任何一项承诺，愿意承担相应的赔偿责任。

演员（签字）：____________

______年______月______日

附件2

合同编号：__________________

甲方：________________________	乙方：________________________
法定住址：____________________	法定住址：____________________
法定代表人：__________________	法定代表人：__________________
职务：________________________	职务：________________________
委托代理人：__________________	委托代理人：__________________
身份证号码：__________________	身份证号码：__________________

通讯地址：__________	通讯地址：__________
邮政编码：__________	邮政编码：__________
联系人：__________	联系人：__________
电话：__________	电话：__________
电挂：__________	电挂：__________
传真：__________	传真：__________
账号：__________	账号：__________
电子信箱：__________	电子信箱：__________

鉴于：甲乙双方于________年________月________日签署了《聘用电影演员合同》，甲方聘用乙方签约的演员在其计划摄制的电影《__________》（以下简称电影）中出演________（角色），因电影剧情需要演员裸体或半裸体出演，甲乙双方经充分协商，达成如下条款，作为《聘用电影演员合同》之补充协议，以资共同遵守。

第一条　根据剧情需要，演员可能被要求在电影中以裸体或半裸体出演或其所表演的电影剧本中有相关性行为的情节描写。演员在电影中裸露的程度及性行为情节所要求的身体接触方式，由甲乙双方另行商定。

第二条　演员同意按照本协议第一条的要求出演相关角色。

第三条　甲方要求演员按照本补充协议第一条规定所出演的相关角色不得违反国家有关法律、法规、规章及其他规范性文件的规定，也不得违反社会的公序良俗，否则，演员有权拒绝出演，因此造成的损失由甲方自行承担。

第四条　甲方保证其所拍摄的电影中不会包含任何侵害乙方及演员合法权益的内容。

第五条　乙方保证其有权代表演员签订本协议，并保证演员有能力履行本协议下的各项义务，不存在任何法律上的障碍。

第六条　演员可以选择由替身代替其完成第一条描述的相关情节的拍摄，但必须经甲方同意，替身演员的酬金由________（甲方／乙方）承担。

第七条　本协议未涉及的事项，以《聘用电影演员合同》的规定为准。

第八条　争议的处理

甲乙双方在履行本协议的过程中所发生的争议，按照《聘用电影演员合同》中所规定的争议条款的相关内容来解决。

第九条　本协议自双方或双方法定代表人或其授权代表人签字并加盖单位公章或合同专用章之日起生效。

有效期为______年，自________年________月________日至________年________月________日。

本协议正本一式________份，双方各执________份，具有同等法律效力。

甲方（盖章）：______________

法定代表人（签字）：________

委托代理人（签字）：________

签订地点：________________

______年______月______日

乙方（盖章）：______________

法定代表人（签字）：________

委托代理人（签字）：________

签订地点：________________

______年______月______日

附录6

广告公司与客户合作意向书文本[①]

甲方：

乙方：某广告公司

为表示合作的诚意，经甲乙双方协商，就电视广告制作项目达成如下合作意向：

1. 甲方将项目委托乙方进行创意制作。

2. 本意向委托书签订后，乙方应立即组织创作人员进行拍摄方案设计，待方案完成后提交甲方审阅。甲方若有修改或异议，乙方应该据甲方的意见进行方案修改，甲方认可后确认，乙方制作及甲方验片均以甲方审定的方案为准。

3. 甲方确认方案及预算后，双方签订制作合同书，届时本意向委托书不再起主导作用，以制作合同书条款为准。

4. 为表示合作的诚意，甲方需向乙方支付委托金，本项目委托金为人民币____元。此金额待制作合同签订后纳入制作费中进行计算。

5. 如乙方提供的创意及制作方案未被甲方采纳，乙方应将委托金酌情退还甲方。

6. 原则上乙方不参与竞标行为，这一点希望甲方谅解。如乙方设计方案多次未获甲方认可，甲方认为有必要另行选择其他合作伙伴，乙方表示理解，但乙方原设计方案及设计意念，甲方不应挪用，必要时乙方有保护自己著作的权利。

7. 以上条款未尽事宜，双方协商解决。本委托书一式两份，双方各执一份。签章后生效。

甲方：	乙方：
代表：	代表：
时间：	时间：

---

① 参见郑新安著：《本土品牌梦工厂：电视广告实战案例解析》，清华大学出版社2004年版，第244~245页。

附录7

专业词汇中英文对照

英文名称	中文名称
16mm CAMERA SET	16毫米摄影机组
1st ASST.DIRECTOR	第一副导演
2D ANTMATION	二维动画
2nd ASST.DIRECTOR	第二副导演
35mm CAMERA SET	35毫米摄影机组
3D ANTMATION	三维动画

A

英文名称	中文名称
A copy	A拷贝
AAAA(American Association of Advertising Agencies)	美国广告代理商协会
AAD, Assistant Art Director	助理美术指导
AAD, Associated Account Director	副客户总监
ABC	美国广播公司
account executive,AE	业务代表
account planners	业务企划人员
accountant	会计
Account Servicing	客户服务部
ACOD,Assistant Copy Director	助理文案指导
action photography	动作摄影
action plan	行动计划，表演计划
actors	职业演员
ACD,Aso. Creative Director	副创意总监
AD, Account Director	客户总监
ADAT	数字式录音带

AM, Account Manager	客户经理
addictive process	追加过程
Advertising Age	《广告年代》杂志
advertorial	新闻报道式广告（企业软文）
agency commission	广告公司佣金
agenda	议程表
alternative locations	候选（备用）外景照片
American Federation of Musicans,AF of M	美国音乐家协会
American Federation of Television and Radio Artists,AFTRA	美国广播电视演艺人员协会
AMPEX	精锐公司
AMS Audiofile	数字录音工作站
airing license	电检执照
anachronisms	时态连贯性
analog sound mixing consoles	类比型（非数位化）录音机
animated graphics	动画平面设计
animated titles	动画制作片头
animation	动画
animation stand	动画摄制固定架
animatic storyboard	仿录脚本
animators	动画家
announcement	布告，公告，发布，报道
area marketing	区域营销
arrangement	编曲
art director	艺术指导
art plan	美术设计
Artist	正稿员
Arthur Koestler	亚瑟·克斯勒
ASA	感光度（感光速度系数）
Aso. Copy Director	副文案指导
Aso. Art Director	副美术指导
assistant camera person	助理摄影师
assistant director	助理导演
Association of Independent Commercial	

Producers,AICP	独立广告影片制作人协会
asst. art director	美术助理
Ass.CD,Ass. Creative Director	助理创意总监
Ass. Copy Writer	助理撰文
Ass. Designer	助理美术设计
asst. editor	剪接师助理
asst. set dresser	道具助理
asst. wardrobe designer	服装设计助理
audience	受众
audio	声部
audio file	音频文件
audio master	声音母带
audio mixer	混音师
audio post-production	声音后期制作
audio symbol	声音符号
audition	试镜
auto rental	租车费
authority	权威人士
Avid 2000 Media Composer	Avid 2000型媒体作曲家

B

backdrops	背景布幕
backlit	后面打光
Balance & Proportion	平衡与比例
banner	条幅广告
barcode number	井边条码
barcode standard	条码格式
barn doors,BD	遮光板
best boy	灯光助理
best spot	最佳插播广告
bidding	出价
bidding package	套装议价组合（打包价格）
big close up	大特写
billboards	广告牌

bin monitor	显像储藏室
bisociation	异类联想
blow-up	放大
Blue Danube	《蓝色多瑙河》
blue-screen photography	蓝幕摄影（扣蓝）
body copy	广告正文
boom person	（话筒）吊杆控制员
boom up	把摄影机升高
brainstorming	头脑风暴会,脑力激荡会
brand	品牌,商标
brand equity	商标权
brand loyalty	品牌忠诚度
brand world	品牌世界
braun tube	显像管
briefing	情况简要说明
broadcasting satellite,BS	广播卫星
bust size,BS	胸部以上的近景镜头

C

camera asst.	摄影助理
camera car	摄影车
camera dolly	摄影机移动台车
cameraman	掌机人
camera person	摄影师
campaign	广告战役
cartooning	卡通
casting	选角
casting director	选角导演
catalog	目录
catch phrase	中心广告语，醒目广告语
catering	餐饮费
CBS	哥伦比亚广播公司
Cecil B. DeMile	迪麦尔制作公司
cel animation	赛璐珞动画

celluloid	赛璐珞片
cencorship	审查
chain of command	指挥系统
changing bag	暗袋
check point	要核对、检查的要点
Charmin	卫生纸
checklist for bidding	价格核对清单
Chicago Daily News	《芝加哥每日新闻报》
Chicago Tribune	《芝加哥论坛报》
chief electrician	首席灯光师
choreography	编舞
Chrysler corporation	克莱斯勒公司
Cineon Digital Film System	悉尼安数字影像系统
circulation	发行量
Citibank	花旗银行
clapper board	场记板
click track	节拍音轨
client file tape	客户存档带
clip	画面段
close up	特写
close up shot	特写镜头
CM planner	电视广播广告策划者
CM song	广告歌曲
CM time	广告时间规定
CoD,CopyDirector	文案指导
Colgate–Palmolive	高露洁/棕榄
commercial–program	广告形式的电视节目
commercial film	广告片
commercial message	商业广告
commission	手续费,提成
communication satellites,CS	通信卫星（传送）
compact disc	光盘
composers	作曲者
composite photograph	合成照片（复合摄影）

compositing	影像合成
computer animation	电脑动画
Computer Graphic Imaging,CGI	电脑影像处理
Computer Visualizer	计算机绘图员
concept	核心概念,概念
Concept Board	概念脚本
conforming the picture	套剪影片
connection	连接(接触)
Consumer Insight	消费者洞察
continuity	分镜头脚本
convenience store	日夜营业商店,便利店
copywriter	文案人员
converage	媒体覆盖率
coordination	协调
coordinator	协调人
copy dub	拷贝(复制)
corporate identity	企业形象识别
corporate mark	企业标志
cost-plus-fixed-fee,C+FF	成本加固定费用
Cost Summary Forms	价目总表
counter display	货柜陈列
cours	段落(电视连续播放的单位)
cover	封面
cow catcher hitch hike	在正式节目前后的插播广告
crane operator	摄影升降机操作员
craft service	茶水
creative	创意/策划部
creative director,CD	创意总监
crew salary	人员劳务
Crossmedia marketing	跨媒体营销
customer satisfaction,CS	顾客满意度
cut	镜头
CW,Copy write	文案

D

dailies	毛片,未剪辑的画面素材
David Ogilvy	大卫·奥格威
DCS , Director of Client Service	客户主管
demo	(音乐)样本带
demographic	消费者统计，人口统计
demographic segments	人口区隔
demonstration	演示，样本带
Demonstration and comparisons	展示与比较
demonstration commercial	展示广告、实证广告
diffusion filters	柔焦滤镜或柔光镜
Digital AudioTape,DAT	数字录音带
digital audio workstations	数字录音工作站
digital film system	数字化影像系统
Digital Video Effect,DVE	数字影像效果
digitized computerization	数字化电脑处理
digitizing	数字化
diopters	屈光镜
direct costs	直接成本
direct mail advertising,DM	直邮广告
direct marketing	直销
direct–response	直接回应
director	导演
director of photography,DP	摄影指导
dissolves	叠画
distribution	影剧发行
dolly grip	摄影机车台场务
dolly in	整部摄影机向前移
dolly moves	前后移动
dolly track	摄影机移动轨道
doubles	替身演员
doubling	替身戏
down–the–line renewnals	续约稿费

dresser master	服装师

E

Eastman Kodak	伊士曼柯达公司
EasyCam	玛格纳沃克斯公司的视讯会议套件
edge numbers	片边号码
Edit Decision List,EDL	剪辑点决定表（初剪次序表）
edit-and-assemble monitor	剪辑及组合用的监视器
editing	剪辑
editing bay rental	机房租金
editors	剪辑师
electrician	灯光师
electronic chips	电脑芯片
electronic pen	电子感应笔
electronic pixels	电子像素（图像元素）
erase-and-reuse	洗掉再重录
emotional response	情感反应
emulsions	感光乳剂
event	现场广告活动
exaggeration	夸张效果
executive producer	监制/总制片人
exposed negative film can	曝过光的底片盒
eye catcher	取景器
eye level	与视线水平的角度

F

fade in	淡入
fade out	淡出
Fashion	时装
Federal Communication Commission,FCC	联邦传播委员会
Federal Trade Commission,FTC	联邦贸易委员会
fee	费用，酬金
flesh	新奇性
fiber optics	光纤

file stock	档案资料
film library	影片资料库（现成的影片图库）
film processing	冲片
film magazine	胶片片盒
film scanner	底片扫描机
film stocks	底片材料、拍摄片
film to tape	胶转磁
Final Cost Detail Sheet	成本总计明细表
fine–tuning	微调
finishing	最后完成
finishing facilities	后期制作单位
firm bid	公司竞标
first cut	首次剪辑
first generation	原版
flying camera people	空中摄影师
focus	焦距
focus groups	小组讨论（分组座谈会）
follow	跟拍
footage purchase	影像版权购买
forum	讨论会
frame	帧，格
frame–by–frame filmmakers	逐格影片制作人
free–lance casting director	自由的演员指导
free–lancers	（无固定雇主的）自由职业者
full animation	完全动画
full shot	全景
full size	显露任务全身的小全景
futuristic	未来

G

gaffer	“鱼叉人”，灯光师的俗称
gas	油料费
general	总体，总计
general plot	概括性的创意构想

generator operator	发动机操作员
generator truck	发动机卡车
gio & taioncopy	播带及电检费
gobos	旗板
golden hour	黄金时段
graphic demonstration	图像展示
graphics estimating sheets	影像估价单
grip dept.	场务部门
gross rating point,GRP	总收视率
group interview	小组采访（通过小组座谈来进行调查）

H

hair stylish,hair dresser	发型师
hangs wallpapaer	壁挂纸
harmony	（音乐中的）和声，协调，一致
head electrician	首席灯光师
head line	标题
hearing	听证会
henry	合成
head−to−head comparison	面对面的直接比较
high−angle lights	高角度灯光
high angle	俯拍角度
High Definition Camera	高清摄像机
high−definition TV,HDTV	高解析度电视系统
high key	高光画面
high−lights	强光
high−speed strobe−light flash	高速频闪闪光灯
home builder	房屋营建商
homepage	主页
home economist	食品料理专家
house location	外景房屋
household using TV	家用电视
huge bellows cameras	有蛇腹的相机

I

identification	统一性
ILM（Industrial Light & Magic）	工业光魔公司
Illustrating slogans with images	以影音特效强化标语
image plan	形象设计
immediate sales	立即性销售
in real time	等速或即时
in store merchandising,ISM	店内陈列促销方案
infomercials	资讯式广告
infomercial	信息广告
inherent drama	（商品）与生俱来的戏剧性
In–house advertising departments	客户公司内部的广告部门
in–house production unit	广告公司内部的拍制单位
inkers	动画描图员
inner promotion	（面向流通行业或销售商的）内部促销活动
inside props	室内道具
in–store sales promotion	店内促销
instant production	即席制作
Integrated Marketing Communication,IMC	整合营销传播
interactive TV	互动电视
internal costs	内部成本
International Alliance of Theatrical Stage Employees,IATSE	国际戏剧雇员联盟
interview commercial	访问式广告片
investor relation,IR	针对投资者的宣传活动

J

J.Walter Thompson	智威汤逊广告公司
jerky motions	把场景急拉的动作
jingle	含有品牌象征的广告音乐或声音

K

Kem flat-bed editing table	Kem平台式剪辑台
key frame	主要画格（关键帧）
key station	主播台，主控台
key visual	核心（关键）画面
key word	关键词
Keycode,Kodak	柯达底片边缘印的条码
know-how	解决方案
Kodak Keykode Numbers	柯达片边条码系统

L

Leo Burnett	李奥·贝纳，李奥·贝纳公司
level angle	水平角度
library music	音乐资料库（俗称罐头音乐，在广告里，罐头音乐指为别的产品制作的广告音乐）
light meter	测光表
light asst.1	第一灯光助理
light asst.2	第二灯光助理
line up	校准
lines	台词
lip sync dialogue	对口型对白
lip-syncing	对口型
live-action	实景真人
live-action filming	实景拍摄影片
live-action photography	实景摄影
live-action shooting	实景拍摄
local-access cable channels	地区性有限频道
location hunting	外景选择
location rental	外景租赁
location scouting	外景勘景
location search	勘景
log	拍摄日志

logo music	标识音乐
logo song	标识歌曲
long shot	远景镜头
low angle	仰角度
low key	低光
Lucas Films	卢卡斯影业

M

magnetic tape	磁性录音带
makeup artist	化妆师
manipulation	操纵
marketing segmentation	市场细分（化）
markup	固定利润
Marlboro	万宝路
matte	影像形板
media	媒体，媒介
Media	媒介部
Media Director	媒介主管
media mix	媒介组合
media representative	媒介代理
Media Supervisor	媒介主任
Media Planner	媒介策划
media vehicle	媒介载体
media shot	中景
media size	拍摄身体膝盖以上的中景镜头
memory–hook	回马枪
memory–jogger	回马枪
Mercedes Benz	奔驰汽车
message	讯息
metamorphic animation	变形动画
metamorphosis	变形
micro–markets	小众市场
micro–	微波（线路）
mind share	心理占有率

mixer	混音师
mixing/source	混声技术/录音材料
modeling	模型制作，铸型
monitor	监视器
montage	蒙太奇
morph(ing)	型变
MOS	不需同期录音的无声取景
motion board	活动脚本或动作脚本
motion capture	动态截取
motion control	快慢控制
motion picture film	电影胶片
motion tests	速度测试
motor home	旅宿汽车
mouse	鼠标
mouthpiece	发言人
moving angle	移动角度
multi-city bidding	多城市竞标
music bookends	音乐书签
music demo scoring	音乐小样（样带）
music first	音乐主导
music right	音乐版税权
music scoring	音乐编曲制作
Musical Instrument Digital Interface,MIDI	电子音乐合成器

N

narration	配音，解说
narrator	配音员，解说员
national brand	全国性品牌
National Association of Broadcast Electrical Technicians,NABET	国家广播电子技师协会
National Association of Broadcasters,NAB	国家广播同业公会
National Cash Register	国家收银机公司
National Football League	国家橄榄球联盟
NBC	国家广播公司

negative conformer	底片模式
negative	底片
negative printing	底片洗印
New Yorker	《纽约客》杂志
new media	新媒体（以CATV、卫星电视、因特网等为代表）
NG	不好的（no good）镜头
Nikon camera	尼康相机
nonlinear editing	非线性剪辑
normal key	正常光照
normal mood	正常气氛
NTSC（National Television System Committee）	国家电视系统委员会制式（电视N制式）

O

off line	脱线
off–camera	画面之外
off–key	走调
off–line editing	线下剪辑
on air	播放，赞助
on camera	镜头内
on–camera SAG rates	电影演员同业公会规定的上镜费
on location	外景拍摄现场
on line	联机
online editing	线上编辑
one–light	单一光度
one–light film print	单光影片洗印
one–stop shopping	一站式购买
one–stop operation	一站式作业
opaquer	着色人员
open	开放
open camera	公开摄影
open scales	公开出售
opinion leader	意见领袖

optical house	视觉效果工作室
optical printer	光学印片机
orientation	定向说明会
original arrangement	编曲原著
original recording	录音原著
original score	作曲原著
out–of–pocket	现款支付
outside props	棚外道具师
outtakes	备用镜头

P

Pacific Data Images	太平洋影像公司
PAL (Phase Alternation Line)	逐行倒像制式，电视PAL制式
parody	谐拟
panning	摇摄
pegs	过场用之“遁词”画面
pencil test	铅笔测试稿
perceived value	知觉价值
personalities	知名人士
personality testimonials	名人推荐
persuasion	说服
Photo Board	相片脚本
Photosensibility	感光度
photo CD	影像光碟
pickup footage	从旧有的广告借凑而来的影片
pictures first	图像主导
pixels	像素
planning	前期准备作业企划
planning sheet	策划表
plans review board	广告方案内部审查机构
playback	回放
playback person	录影机播放员
positioning	定位
poster	海报，招贴画

post–production	后期制作
post–scoring	后制配乐
posttesting	后测
PPT（powerpoint）	PPT文件格式
pr tool	公关宣传工具
pre–lite	预先排演
premium	促销礼品，奖品
pre–production meeting	拍制前会议
pre–production stage	制前阶段
prescoring music	拍摄前配乐
presentation	提案（会）
pretesting	前测
price–quote	报价单
prime time	黄金时段
Print Production	平面制作
Print Production Manager	平面制作经理
printed circuitry	印刷电路
process	冲洗
producer	广告公司的制片，制作人
produce	制作，制片
product life cycle	产品生命周期
product shot	商品展示镜头
production assistant,P.A	制作助理
production boutique	制作工作室
production costs	制片费
production cres	制片组
production designer	美术指导
production notes	制作标注
production package	制作议价组合
production office costs	制作办公费用
production specification sheets	制作分工明细表
promotions	促销
prop people	道具师
properties	舞台道具

props	道具
public–domain music	大众共有或版权公有的音乐
publicity	新闻发布式宣传
publisher’s fee	发行费用
pulldown	抓片

Q

quotation	报价单

R

random access	随机存取
Random Access Memory,RAM	随机存取记忆体
raster	屏面
reach	广告到达率
Read Only Memory,ROM	只读记忆体
real opinions	真实反映的意见
real people	消费大众或一般人（非演员）
Real people reactions and opinions	消费大众的真实反应及意见
real time	实时
recording & mixing	录音和混音
recordist	录音师
recruit	人才招聘，招聘广告
Reebok	锐步
reflections	反光
rehearsal	排练
rendering	算图
regular spot	固定插播
rental facilities	出租公司
repeat	重复（广告）
residual	后续付款
Rhapsody in Blue	《蓝色狂想曲》
rhythm & pace	旋律与速度
Rick Thompson	里克·汤普森
right–to–work	自由工作权

ripomatic/stealomatic storyboard	素材合成故事脚本
Roll camera	开动摄影机或“开麦拉”
Rose Bowl Stadium	玫瑰杯橄榄球运动场
Ross Perot	罗斯・菲洛
Rosser Reeves	罗瑟・瑞夫斯
rotoscope	逐格贴合的重复动画动作
rough	草稿，草图
rough cut	粗剪
runner	剧务
rush	工作样片

S

SAD,Senior Art Director	资深美术指导
sales manual	销售手册
sales promotion,SP	促销活动
sales talk	销售用语,宣传词语
sample reels	作品集（录影示范带）
sampling	散发（样带）
scene	场景
scenics artist	布景设计师
SCoD,Senior Copy Director	资深文案指导
scratch track	临时音轨
Screen Actors Guild,SAG	电影演员同业公会
Screen Extra’s Guild,SEG	电影临时演员同业公会
the screening room	试播室
script	脚本，广播稿，讲稿
scripts	场记
script clerk	场记
segmentation	分类,细分
selling point	销售要点,重点
SCW,Senior Copy Writer	资深撰文
SD,Senior Designer	资深设计
sequence	顺序
series advertising	系列广告

set	场景（制作费）
set construction costs	场景费用
set design	布景设计
set designer	布景设计师
set dresser	布景装饰师
set up/pre-light	布景设置/打光之前
shadows	阴影
shape library	模型资料库
sharp focus	清晰对焦
share of market,SOM	市场占有率
share of voice,SOV	广告占有率
shooting board	制作脚本（分镜脚本）
shooting day	开拍日
shooting schedule	拍摄日程
shooting in two	一次两画格的方式拍摄
shot list	拍摄程序表
shutter	快门
sides	台词纸
silent scenes	无声（无对话的）场景
silent takes	无声取景
simplicity	单纯性
singer/band	歌手/乐队
slate	开拍板（场记板）
Slice-of-life episodes	生活片段式对白
snapshot	快照拍摄
soft business	柔性业务
Solid State Screen Sound	数位录音工作站
song-and-dance	歌舞式（广告影片）
sound logo	音响标志
sound people	音效人员
sound stage	隔音摄影棚
sound take	有声摄影
special effect director	特技导演
special effects person	特殊效果人员

special effects	特效
specification sheet	职责明细表
speed	运转正常
splice	捻接
sponsor	赞助商
spot commercial	插播广告
Sprint	斯布林特电话公司
stand–in	替身
stand–in presenters	（广告）演员推荐
Stand–up presenters	播报员推荐
standing sets	常备的布景配置
star personality	知名人物
steady–cam	斯坦尼康（不使用三脚架可以自由移动的摄影辅助设备）
stereo–mixing	立体声混音
sticks	排字手托
stills	剧照
still photos	静态照片
stock footage	底片材料、库存影片
stop–motion	单格拍制
story	故事
story line	故事情节
storyboard	故事脚本
storyboarding	分镜头脚本制作
strobe–light photography	频闪闪光灯摄影法
studio rental	场地租金
stylist	服装设计师
sub total	合计
Subaru automobile	速霸陆汽车
super 16mm format	超16毫米底片格式
superimpose	叠加，重叠
symbol mark	象征标志
sync sound	同步收音
sync.sound recording	同步录音

sync.sound equips	同步录音器材
synchronized	同步

T

takes	取景镜头
talent	演员
talent reports	劳务报酬单
talk show	访谈节目
Taster's Choice coffee	状元咖啡
teacher-welfare worker	监护教育工作者
teamsters	卡车驾驶员
Teamsters Union	卡车驾驶员工会
TC filter	时码过滤器
TC transfer	带时码转录
Ted Bates & Co	达彼思广告公司
teaser advertising	悬念广告
telephone & telegraph marketing	电话营销
teleprompter	读稿机
television space	电视的空间
test commercial	测试性广告
test market	试销
testimonial commercial	证言式广告影片
theater copy	电影院拷贝
theatrical release print	电影院放映片
three-dimensional,3D	三维空间
tie-up	协助，协作，赞助
tight close-up	大特写
till down	从上到下的移动（降）
till up	从下到上的移动（升）
time-code	时码
time rank	时段档次
time sales	卖时段
timing drawing against a sound track	边计时、边抓图与边配乐
tissue sheets	薄绵纸

tone & manner	基调与风格
Tony the Tiger	老虎东尼
top light	顶光
total communication	全方位信息交流
tracing paper	描图纸
track back	后移
track left	摄影机左移
track right	摄影机右移
track shot	移动摄影
track time	音轨时限
track up	上移
trade	通路
trade fair	展销会,展览会
Traffic	平面统筹
Traffic Coordinator	平面制作统筹
transport & castering	交通食宿（费）
transportation	交通杂支
trend	动向，趋势
Tri–X	柯达 Tri–X 底片
trim	剪修
trims	修剪下来的片头尾
trimming	图片修剪
turnarounds	转场
TV Production	电视制作
two–way communication	双向信息交流
Tyco Toys	泰可玩具公司
typography	文字设计

U

Unique Selling Proposition	独特的销售主张
United Airline	联合航空公司
unity	统一性
up shot	结局

V

van truck	厢形卡车（供剧组主创人员和主演使用的临时休息场所）
Vangelis	范吉利斯
variety	变化
VIDEO	视觉或影像部分
video master	影像母带
Video Tape Recording person	录影带录制员
vignettes	（剧本中对人物或场景特点的）简介
virginia slims	维珍妮凉烟
virtual reality	虚拟现实
visual identity	视觉认同
visual symbol	视觉象征
visual timeline	视觉时间尺
visually oriented	视觉导向
Visualize	视觉构成
Visualizer	绘图员
VO talent	旁白演员
voice over	旁白
voiceover announcer	旁白播音员
Volkswagen	大众汽车
VTR	录像机

W

waist size	腰部以上（中景镜头）
Wal–mart	沃尔玛连锁超市
walkie–talkie	对讲机
Walt Disney	迪士尼
wardrobe attendant	服装师
wardrobe rental	服装租借
wild wall	活动墙板

window burn–in	叠印框
Windsor–McCay	温莎·麦凯
wire–frame	立体线稿
words–and–music	旁白加音乐
Words First	文案主导
Working video tape	工作录像母带

Y

Young & Rubican	扬雅广告公司

Z

zoom	变焦
zoom in	镜头向前（场景）推近
zoom in,zoom out	推近,拉出
zoom out	拉镜头
pan	摇（摄）

参考文献

一、著作

1. 苏夏著:《影视广告创意与制作》,上海人民美术出版社2013年版。

2. Gert H.N.Laursen著:《精确营销方法与案例:大数据时代的商业分析》,人民邮电出版社2013年版。

3. [美]西尔弗著:《信号与噪声:大数据时代预测的科学与艺术》,张新、朱辰辰译,中信出版社2013年版。

4. [美]朗恩·萨福科著:《全营销:聚集三大媒体营销正能量》,电子工业出版社2013年版。

5. 董肖宇编著:《广告影视表演》,中国纺织出版社2012年版。

6. 孙会著:《电视广告》,中国传媒大学出版社2012年版。

7. 陈勤等著:《全媒体创意策划攻略》,中央编译出版社2011年版。

8. 聂鑫著:《影视广告学》(第五版),中国广播电视出版社2011年版。

9. 聂艳梅、林永强著:《电视广告创意》,中国市场出版社2009年版。

10. 郝振省主编:《数字时代的全媒体整合营销》,童之磊等编,中国书籍出版社2009年版。

11. 刘萍编著:《影视导演基础》,武汉大学出版社2008年版。

12. 唐锐涛著:《亿万市场:洞察中国新兴消费者》,东方出版社2008年版。

13. 奥美公司著:《奥美的观点Ⅵ》,中国人民大学出版社2006年版。

14. 韦恩·罗特林著:《打开创意的脑》,刘盈君译,中国市场出版社2005年版。

15. 李念芦主编:《影视技术概论》,中国电影出版社2006年版。

16. [美]东尼·博赞著:《思维导图——大脑使用说明书》,张鼎坤、徐克茹译,外语教育与研究出版社2005年版。

17. 唐锐涛、劳双恩著:《智威汤逊的智》,机械工业出版社2005年版。

18. 郑新安著:《本土品牌梦工厂:电视广告实战案例解析》,清华大学出版社2004年版。

19. 刘英华著:《广播广告理论与实务教程》,中国传媒大学出版社2006年版。

20. [美]霍珀·怀特著:《如何制作有效的广告影片》,邱顺应译,企业管理出版社2001年版。

21. 刘友林著:《电波广告实务》,中国广播电视出版社2003年版。

22. 李停战、周炜著:《数字影视剪辑艺术与实践》,中国广播电视出版社

2006年版。

23. 吴冠英、祝卉编著:《动画分镜头设计》,清华大学出版社2005年版。

24. 黎英编著:《影视广告表现技法》,合肥工业大学出版社2006年版。

25. 和群坡著:《影视广告制作教程》,中国传媒大学出版社2006年版。

26. [美]马梅著:《导演功课》,曾伟帧编译,广西师范大学出版社2003年版。

27. 迈克尔·拉毕格:《影视导演技术与美学》,北京广播学院出版社2004年版。

28. 马里奥·普瑞根著:《广告创意完全手册》,初晓英译,中国青年出版社2005年版。

29. 吉姆·艾奇逊著:《卓越广告2》,李志宏译,北京大学出版社2006年版。

30. 胡川妮编著:《广告创意表现》,中国人民大学出版社2003年版。

31. 潘东波著:《平面设计:创意手法72变》,台湾视传文化有限公司2001年版。

32. 张树庭:《有效的广告创意:从实例分析到理论探索》,北京广播学院出版社2005年版。

33. 阿久津聪、石田茂著:《文脉品牌:让你的品牌形象与众不同》,韩中和译,上海人民出版社2005年版。

34. 朱海松编著:《国际4A广告公司基本操作流程》,广东经济出版社2003年版。

二、论文

1. 周伟、赵东:《精准与规模兼得:论新媒体竞争环境下广播广告的精准和互动营销》,《中国广播》2012年第8期。

2. 师建峰:《影片〈非诚勿扰2〉中的植入式广告浅析》,《赤峰学院学报》2011年第5期。

3. 何建平、张薇:《中国微电影研究现状综述》,《当代电影》2013年第6期。

4. 莫康孙:《从"电影植入广告"到微电影》,《中国广告》2011年第8期。

5. 梁再生:《影视技术的新时代》,《影视技术》2003年第2期。

6. 李媛莉:《广播广告语篇的衔接特点研究》,南京师范大学硕士论文,2007年。

7. 王芳:《广播广告音响的运用》,《新闻前哨》2007年Z1期。

8. 李宣龙、郭淑兰:《广播广告中的语言、音乐和音响》,《中国广播电视学刊》2006年第5期。

9. 谭永康:《提高广告语言表达的有效性》,《重庆广播电视大学学报》2006

年第1期。

10. 何建平:《论影视广告与影视作品的本体性差异》,《现代传播》2004年第6期。

三、其他

1.《现代广告》
2.《国际广告》
3.《21世纪广告》
4.《世界广播电视》
5. 中华广告网
6. 中国广告网

高等教育出版社广告专业系列书目

一、“十五”国家级规划教材系列

书号	书名	作者	定价	出版年	重点项目
978-7-04-029622-8	广告学概论(修订版)	陈培爱	27.00	2010	“十五”国家级规划
978-7-04-038187-0	广告经营与管理(第二版)	张金海　程　明	25.00	2013	“十二五”国家级规划、“十五”国家级规划
978-7-04-032138-8	广告心理学（修订版）	黄合水	29.80	2011	“十五”国家级规划
978-7-04-033298-8	广告文案写作（第二版）	初广志	27.20	2011	“十五”国家级规划
978-7-04-031260-7	世界广告经典案例——经典广告作品评析(第二版)	胡晓芸等	29.60	2012	“十五”国家级规划
978-7-04-036878-9	广告策划（第二版）	纪华强　刘国华	30.00	2013	“十五”国家级规划
978-7-04-036508-5	广告摄影与摄像(第二版)	邵大浪　蒋斐然	25.90	2013	“十五”国家级规划
978-7-04-020308-1	企业形象导入——优势整合时代CI计划	刘瑞武	24.50	2006	“十五”国家级规划
978-7-04-020318-9	广播电视广告原理	姚　力	22.30	2006	“十五”国家级规划
978-7-04-020317-0	广告设计与制作	李景斌	12.00	2006	“十五”国家级规划
978-7-04-016109-5	现代市场研究	刘德寰	32.80	2005	“十五”国家级规划
978-7-04-022543-3	中国广告史（修订版）	赵　琛	29.80	2008	“十五”国家级规划
978-7-04-017548-7	简明世界广告史	姚　曦　蒋亦冰	22.40	2006	“十五”国家级规划
978-7-04-017575-4	创新思维学引论	卢明森	28.40	2005	“十五”国家级规划

二、高等学校广告专业系列

书号	书名	作者	定价	出版年	重点项目
978-7-04-025748-9	中外广告史新编	陈培爱	31.00	2009	“十二五”国家级规划
978-7-04-022544-0	广告创意学	金定海　郑　欢	36.00	2008	“十二五”国家级规划
978-7-04-026309-1	媒体策划与营销	黄升民等	25.00	2009	“十一五”国家级规划
978-7-04-031032-0	品牌学	赵　琛	36.00	2011	“十一五”国家级规划
978-7-04-028721-9	现代广告学教程	张金海　余晓莉	25.10	2010	
978-7-04-029329-6	广告策划	张　翔等	35.00	2010	
978-7-04-031634-6	广告策划与创意	丁邦清	36.00	2011	
978-7-04-026498-2	广告设计（配光盘）	胡川妮	39.00	2009	
978-7-04-035617-5	广告效果	王晓华	29.00	2012	
978-7-04-028636-6	影视广告	项建中等	28.00	2013	
978-7-04-029007-3	网络广告	陈　刚	22.00	2010	
978-7-04-028785-1	新媒体广告	舒咏平	25.10	2010	

续表

书号	书名	作者	定价	出版年	重点项目
978-7-04-026308-4	广告法规与管理	刘林清	29.90	2009	
978-7-04-033083-0	中国广告经典案例评析	金定海　吴冰冰	29.80	2012	
978-7-04-035555-0	中国广告通史	杨海军	36.00	2012	
978-7-04-026307-7	品牌学概论	黄合水	32.00	2009	
978-7-04-039354-5	市场营销学	汪　涛　望海军	32.00	2014	
978-7-04-031785-5	广播电视广告(第二版)	何建平　汪　洋	32.00	2014	
978-7-04-013436-5	广告文案写作	胡晓芸	15.00	2003	

三、数字化配套资源

书号	书名	作者	定价	出版年
978-7-89423-022-5	分类广告资源库（1—5）	赵 琛	1000.00	2012
978-7-89423-066-9	网络广告课程智能备课系统	陈 刚	500.00	2012
978-7-89423-067-6	广告法规与管理课程智能备课系统	刘林清	500.00	2012
978-7-89423-493-3	广告创意学课程智能备课系统	金定海 郑 欢	500.00	2013
978-7-89423-492-6	品牌学概论课程智能备课系统	黄合水	500.00	2013
	中外广告史新编课程智能备课系统	陈培爱	500.00	2014
	现代广告学教程课程智能备课系统	张金海 余晓莉	500.00	2014
	广告策划课程智能备课系统	张 翔等	500.00	2014
	新媒体广告课程智能备课系统	舒咏平	500.00	2014

免费赠送授课教师课件，联系方式：709510594@qq.com。

更多资源欢迎加入教师服务 QQ 群：234985060（实名制）。

郑重声明